강/대/국/기/술/패/권
테크노헤게모니와 중국

게이오기슈꾸대학 교수 / 정치학 박사
야쿠시지 타이조 저

기초과학연구지원센터 소장 / 공학박사
강박광 편역

일진사

이 글을 번역하면서 …

　국가 간 기술 격차가 몇 년간의 투자로 간단히 해결될 수 있다면 기술 후진국은 존재하지 않아야 한다. 그렇다면 제2차 세계대전 이후 반세기가 지난 오늘날까지 그 많은 후진국 중 아시아에서 오직 일본만이 기술 선진국이 된 사실을 어떻게 설명할 수 있겠는가? 전후(戰後)에 UN 산하에 수많은 기술원조 기구를 창설해 후진국을 지원하였음에도 불구하고 선후진국(先後進國) 간의 기술격차(技術格差)가 심화(深化)되어 가기만 하는 현상을 어떻게 설명할 것인가? 소련과 중국이 엄청난 국가적 노력을 경주하였음에도 불구하고 서방세계에 비해 기술이 낙후한 이유를 어떻게 설명할 수 있을 것인가?
　과학기술 문제의 해결은 경제문제의 해결, 민주화를 지향한 정치문제의 해결, 국제 역학관계(力學關係)에 얽혀 있는 통일 문제의 해결과 같은 차원에서 보아야 해결의 실마리를 찾을 수 있다. 이들 문제가 국력의 수준과 민도(民度)와 교육의 수준 및 사회 인식구조와 역사적 배경에 얽혀 있듯이, 과학기술도 마찬가지로 맞물려 있다. 반만년의 역사를 통하여 사농공상(士農工商)의 의식이 깊이 뿌리 내려, 지금도 기술 상식에 관한 이야기가 나오면 그것은 기술자들이나 할 이야기로 돌려 버리는 사회 풍조가 짙게 물들어 있으며, 과학기술자들이 자기의 직업을 자식들에게 대를 이어 물려주고 싶어 하지 않는 경향이 강하다. 이러한 분위기를 그대로 두고 기술 선진국이 되겠다고 한다면 무리한 발상이 아닌가 생각된다.
　우리는 60년대 이후 현란할 정도로 급속한 발전을 추구하여 선발개도국(開途國)의 위치를 차지하게 되었다. 이제부터는 선진국을 상대로 경쟁해야 하는 위치에 놓여 있다.

4 이 글을 번역하면서

경쟁 상대가 바뀌면 경쟁해야 할 내용도 바뀌게 마련이다. 걸프전쟁이 기술전쟁이라는 것을 생생히 보았듯이, 선진국 수준에 도달하려면 국방도 경제도, 수출도 제조업도 기술경쟁에 낙오하면 불가능하다. 경쟁의 핵심 내용이 기술경쟁으로 바뀌어야 한다는 것이다.

88올림픽 이후 급격한 소비성향의 선진화로 표면적으로 우리나라 사람들은 선진국민 행세를 하게 되었으나 내용면에서나 실력 면에서는 선진국과의 격차가 그대로 남아있다. 이로 인해 갑자기 국제 경쟁력이 약화되는 단절현상(斷絶現像)을 초래하고 있다. 이렇게 갑자기 형성된 단절과 격차문제(格差問題)를 해결하는 길을 찾아 나서자마자 기술경쟁에 살아남는 것이 문제 해결의 요체라는 것을 이 책을 번역하며 실감하게 되었다. 그러나 기술 격차라는 절벽은 간단히 뛰어 넘을 수 있는 성질의 것이 아니다. 선진국 간의 경쟁은 기술경쟁이라 해도 과언이 아닌 것이 이미 국제정세로 되어있다.

기술 입국을 바탕으로 한 80년대의 일본의 부상(浮上)이 미국경제의 상대적 약화와 미국의 패권국으로서의 위치를 위협하게 되고, 일본의 견제를 겨냥한 EC의 태동 등으로 사태를 몰아감에 따라 기술은 선진국 간의 경쟁에 있어 핵심 무기화 하고 있다.

기술은 돈만 있으면 사올 수 있다거나 노력만 하면 모방할 수 있다는 개념은 이미 과거지사가 된 지 오래이다. 또한 과거에 일본이 발전 전략으로 택했고, 우리도 그대로 답습하고 있는 모방형 기술발전의 안이한 접근방식은 각종 국제규약 등으로 인해 근본적으로 봉쇄당할 수밖에 없는 운명에 처하게 되었다. 다시 말하면 일본이 톡톡히 덕을 본 기술 무임승차는 두 번 다시 허용되지 않는다. 모방형 기술개발전략을 택하지 못하고 독자적 기술개발을 시도할 수밖에 없을 경우, 그 투자와 노력과 시간은 열 배 이상이 필요하다는 의미가 된다.

과학기술이 경제발전으로 연결되는 길고 복잡한 체인을 완성하여 꽃을 피우게 하는 데에는 많은 시간과 노력과 투자가 필요하다. 그뿐 아니라 국력과 사회 수준에 있어 이를 체계적이고 합리적으로 관리하고 수용할 수 있는 역량이 있어야 성과를 거둘 수 있게 된다. 그렇기에 기술 선진국이 된다는 것이 그만큼 어렵고 힘든 것이다. 기술 선진국이 되기 위해서 정치, 경제, 행정, 사회, 학계 등 전 국민적 참여와 노력이 지속적으로 있어야 가능하다는 것을 과거 역사는 증명한다는 것을 이 책은 설명하고 있다.

이 책의 저자 야쿠시지 타이조(樂師寺泰藏) 교수는 과학기술의 발전을 사람들이 피부로 느끼기 시작할 수 있게 된 산업혁명 시대 이후 지금까지 400여 년간의 국제 정치사를 기술이란 시각(視角)에서 예리하게 분석하여, 역사의 변천을 새로운 관점에서 다시 볼 수 있게 한다. 국가의 흥망과 국제간의 갈등, 그리고 세계적 질서를 좌우할 수 있는 국력을 가진 패권국이 생겨나고 사라져 가는 등의 역사의 흐름 속에서 기술이라는 보이지 않는 힘이 배후에서 어떻게 작용했으며 그것이 왜 가히 절대적이라 할 수 있는 영향력을 미쳤으며, 그 힘은 어떻게 길러졌는가를 많은 실례를 들어 설명하고 있다.

새롭고 품질이 좋고, 부가가치가 높고, 기술 집약적인 제품을 만들어 선진국과 경쟁하지 않으면 안 되는 처지에 우리는 몰려 있다. 그러한 다급한 상황을 돌연 맞이하게 된 우리는 기술에 대한 정확한 분석과 이해 이전에, 목적만 강조하는 분위기가 만연하여 총론(總論)만 무성하게 나돌고 실천 가능한 올바른 각론(各論)은 좀처럼 찾아 볼 수 없는 혼돈의 상태를 지속하고 있다.

이러한 풀기 어려운 문제, 그러나 풀지 않으면 번영이냐 쇠락이냐에 걸리는 중대한 문제가 우리에게 주어져 있다. 이야말로 우리가 선진국다운 논리성과 합리성과 정직성을 가지고 차분하고 성숙된 자세로 문제에 접근할 수 있는가를 판가름하는 시험대라 할 수 있다. 과학과 기

6 이 글을 번역하면서

술에는 적당주의와 권모술수가 통하지 않고, 콩 심은 데 콩 나고 팥 심은 데 팥 나기 때문이다.
  이 책은 이러한 상황에 처한 우리에게 큰 방향감각(方向感覺)을 일깨워 주는데 크게 도움을 주리라 믿어 의심치 않는다. 역자는 이러한 의미에서 야쿠시지 타이조(樂師寺泰藏) 교수의 두 권의 저서, 즉 『테크노 헤게모니』(日本 中央公論社刊)와 『테크노 데탕트』(日本PHP硏究所刊)를 발췌해 한 권으로 묶었다. 그리고 원본을 그대로 번역하기보다는 우리의 상황에 보다 적합하게 살을 붙일 데는 붙이고 관심이 적은 부분은 잘라내는 방식의 편역(編譯)을 시도했다. 일례로 13장 내용은 현재 한국 실정에 부합할 만한 내용을 이사신이치(伊佐進一)의 저서에서 발췌해 재구성했다. 이 역서가 우리의 기술입국에 조금이라도 도움이 될 것을 바라 마지않는다.

역자 강 박 랑

저자 서문

이 책은 버클리 캘리포니아대학교에서 시작한 연구를 기반으로 한다. 1980년대 미일마찰(美日摩擦)은 최고조에 달해 당시 미국의 신문 지상에서는 일본을 규탄하는 목소리가 그칠 날이 없었다. 그 이유는 IBM과 히다찌(日立) 간의 문제에서 볼 수 있는 바와 같이, 일본은 목적 달성을 위해서라면 부정도 서슴지 않는 나라라는 것이었다.

이러한 일련의 기사를 읽고, 나의 머릿속에는 의문이 생겨났다. 그렇다면 과연 미국의 과거는 어떠하였는가 라는 것이었다. 과학기술에 관한 미국의 우위(優位)가 자명한 것이라면, 일본이 미국과 동등 또는 그 이상의 과학기술을 갖는다는 것은 특허법이나 지적소유권을 침해했거나 부정한 수단으로 훔친 것이라고 할 수 밖에 없다. 이러한 '미국 기술 우위 자명의 가설'을 무너뜨리면 어떻게 될 것인가. 바로 이 생각에서 미국이 기술 패권을 쥐게 된 원인을 조사하는 연구를 시작했다.

알게 된 사실은 충격적이었다. 조사 연구하는 과정에서 19세기 이후의 미국의 과학기술 제도는 독일의 데드카피(dead copy, 맹목적 복사)였다는 것을 발견했다. 그러면 독일도 조사해 보지 않을 수 없었다. 특히 독일의 인공염료 기술의 발전과정을 알아 볼 필요가 있었다. 이와 같이 조사 범위를 넓혀 본 결과 독일도 역시 영국 기술을 데드카피했다는 것을 알게 되었다. 따라서 영국도 조사해 볼 필요가 생겼다. 이처럼 고구마 덩굴을 캐내는 식으로 미국, 독일, 영국 순으로 거슬러 올라가는 동안에 이번에는 국제정치학의 세계 시스템론과도 접목이 가능하다는 것을 발견하게 되었다.

세계 시스템론이라는 것은 I. 월라스틴과 G. 모델스키가 주창(主唱)

하기 시작한 국제정치 이론으로서, 패권국은 백년 사이클로 흥망(興亡)을 반복한다는 설이다. 이 이론은 그러나 왜 이 사이클이 반복되는지에 대해 아무런 설명도 하지 않는다. 다만, R. 길핀이라는 학자만이 하나의 원인은 기술일지도 모른다는 가능성을 언급했다. 하지만 길핀 자신이 기술에 대해서는 전문가가 아니어서 카를로 치폴라를 인용한 정도였다. 치폴라는 『총포, 범선, 제국(帝國)』이라는 유명한 책을 써서, 영국의 융성은 기술의 모방에 있었다는 설을 내어 놓은 이탈리아가 자랑하는 저명한 경제사가이다.

이 치폴라를 참고함으로써 지금까지 미국에서 시작하여 거슬러 올라 온 조사를 이번에는 영국에서 출발하는 기술의 국제 관계사가 되도록 다시 쓰는 작업을 했다. 이 책은 이러한 작업과정의 한 단계를 정리한 것이다.

이 기술의 국제관계 연구를 버클리대학의 친구에게 보여주었더니 그것은 M. 올슨의 저서와 비슷한 것이 되겠다고 촌평했다. 올슨은 『The Rise and Decline of Nations』라는 책을 1982년에 출판한 사람이다. 그러나 그의 책은 이전에 출판된 『집단행위의 이론』이라는 책의 국제 비교판에 지나지 않고, 패권국의 흥망을 묘사하기보다는 매우 추상적인 공공재(公共財)의 이론, 노동협력의 이론 등으로 국가의 경제성장을 설명한 것이다. 따라서 본인이 추구하는 책의 내용과는 전혀 다르다고 보아야 할 것이다.

그런데 1987년 말경, 영국 태생의 역사학자 폴 케네디가 『The Rise and Fall of the Great Powers(강대국의 흥망)』라는 책을 출판하여 미국에서 대단한 베스트셀러가 되었다. 이전에, 국제정치학자 A. 오간스키 등은 열강(列强)의 교체를 인구, 생산성, 정부의 정책력 등의 국가 능력으로 설명했다. 케네디의 책은 이 오간스키 류의 국가능력설의 한 부류에 해당한다고 할 수 있다.

국가의 능력은 인간에 비유하면 완력이나 지력(知力)에 상당하다. 인간의 완력·지력은 인체의 '내부상태'에 의존하므로 나쁠 때는 능력도 떨어진다. 이 점에서 오간스키와 케네디는 모두 외부에 표출된 결과로서의 완력이나 능력을 설명하고 있지만 내부의 상태에 관해서는 별로 언급하지 않고 있다.

나는 이 책을 집필함에 있어서 내부적인 기술발전 과정을 묘사하려고 시도했다. 그 결과 어느 특이한 기술발전 프로세스를 갖는 나라만이 국제정치 무대에 대두되는 것일지도 모른다는 잠정적인 결론에 도달했다. 그 특이한 형태라는 것은, 이 책에서 여러번 예시되는 에뮬레이션(Emulation)이다.

어느 나라나 훌륭한 민족과 문화를 균등하게 갖고 있다. 그런데도 왜 어떤 나라만이 다른 나라를 추월하여 돌연히 그리고 급격하게 국제무대에 대두하게 되는 것일까. 이 책은 누구나가 가질 수 있는 이러한 극히 소박한 의문을 풀어보고자 한다.

야쿠시지 타이조

차 례

chapter 01　기술은 세계를 어떻게 디자인하는가

1. 밀리테크 헤게모니의 종언과 소프트 헤게모니의 개막 ············ 16
2. 기술의 에뮬레이션이 국가를 대두케 한다 ······················· 17
3. 테크노 헤게모니에서 본 미·일 간의 마찰 ······················ 20
4. 국제정치 측면에서 기술을 보는 시각을 ························ 24

chapter 02　서　론

1. 170년 전의 코콤사건 ; 역사는 반복한다 ······················· 28
2. 국제정치를 보는 세 가지 시각 ································· 30
3. 에뮬레이션, 헤게모니, 헤게몬 등의 의미 ······················ 32

chapter 03　팍스 브리태니커

1. 15세기까지 영국은 후진국 ···································· 35
2. 해양국가로의 발돋움 ··· 37
3. 모직물 기술과 산업혁명 ······································ 40
4. 돌연 무기 대국으로 성장 ····································· 42
5. 하이테크 이민, 위그노의 엑소더스 ····························· 48
6. 면포가 산업혁명의 기폭제 ···································· 50
7. 우마가 증기기관으로 변했다 ·································· 52

chapter 04 영국의 헤게몬

1. 나폴레옹전쟁은 기술전쟁 …………………………………… 56
2. 헤게몬의 두 가지 조건 …………………………………… 59
3. 기술의 전파와 통상국가 ………………………………… 62

chapter 05 분단국가 독일의 원점

1. 분단의 역사 때문에 늦게 출발한 독일 ………………… 66
2. 농업기술로 출발한 독일 ………………………………… 69
3. 독일의 부상에 대한 각국의 반응 ……………………… 72

chapter 06 독일의 부상과 기술패권주의의 대두

1. 위그노 교도의 이민과 독일의 개화 …………………… 76
2. 왜 독일인이 내연기관을 발명했는가 …………………… 79
3. 메르세데스(벤츠)는 프랑스 아가씨 …………………… 82
4. 인공염료의 등장 ………………………………………… 86
5. 독일의 에뮬레이션 ……………………………………… 89
6. 더 포뮬러 ………………………………………………… 94

chapter 07 미국은 어떤 나라인가

1. 보호주의와 자유주의 공존 ……………………………… 98
2. 프랑스형 국가로 출발 …………………………………… 102
3. 독일형 국가로의 급선회 ………………………………… 104

차 례 **13**

chapter 08 　아메리칸 시스템

1. 프랑스의 호환성 기술의 에뮬레이션 ················ 106
2. 아메리칸 시스템의 출발 ···························· 108
3. 영국 기술이민과 하버드 졸업생 ···················· 113
4. 천재 에디슨의 실상 : 기업 발전과 특허전략 ········ 116
5. 자동차 산업과 미국형 산업정책 ···················· 121
6. 리스 회사 AT&T ································· 128

chapter 09 　팍스 아메리카나

1. 팍스 브리태니커의 종말과 팍스 아메리카나의 태동 ········ 132
2. 미국 주도의 가트체제 정립 ························ 135
3. 헤게몬 미국의 정책 변화 ·························· 137
4. 민생기술을 군사기술로 ···························· 139
5. 과학기술 담당부서 설립의 좌절 ··················· 141

chapter 10 　일본의 대두와 미일 마찰

1. 총을 버린 일본 ··································· 145
2. 친영론과 외국인 전문가 고용 ······················ 149
3. 미국형 일본의 원점 ······························· 154
4. 점령군에 순종한 우등생 ··························· 159
5. 1930년대의 망령 ································· 166
6. 일본은 보통의 나라가 되어야 ······················ 169

chapter 11 철새 인생 이론과 하이테크

1. 스탈린으로부터의 편지 ··· 173
2. 철새 인생의 포르쉐 ·· 178
3. 마이너리티 레짐 시시스(Minority regime thesis)와 하이테크 ··· 185
4. 국제정치가 기술을 움직인다 ··· 192

chapter 12 팍스 소비에티카

1. 몽골리안 메모리(Mongolian Memory) ···························· 197
2. 프러시안 커넥션 ··· 202
3. 독일 기술과 소련의 군사기술 대국화(라팔로에서 카친까지) ····· 211
4. 군사기술 대국인 반면 산업기술 소국인 소련의 고민 ············ 219
5. 무력과 석유에 바탕을 둔 패권국 소련 ······························ 221
6. 독일의 로켓 두뇌 쟁탈전과 미·소의 우주경쟁(페이퍼클립 계획) ··· 224

chapter 13 기술대국을 향한 중국의 포효

1. 우수인재는 과학입국의 알파요 오메가 ······························ 232
2. 중국의 IT 분야 하이테크 기업 ·· 241
3. 맹렬히 추격하는 중국의 바이오테크 ································· 245
4. 우주개발 대국 ·· 258
5. 중국식 기술혁신 전략 ··· 268
6. 돈이 넘쳐나는 연구개발 현장 ··· 273
7. 맺는말 ·· 277

● 찾아보기 ·· 279

chapter 01

기술은 세계를 어떻게 디자인하는가

│저자와의 대담│

국가의 패권을 좌우하는 요소에는 여러 가지가 있다. 정치력, 경제력, 군사력, 그리고 기술력도 결코 예외일 수는 없다. 지난날의 대영제국, 독일, 미국, 그리고 현재의 일본……. 언제나 후발 신흥국은 새로운 기술과 더불어 등장했다. 기술이 세계를 어떻게 디자인해 나갈 것인지를, 기술과 국제관계론 전공자이며 『테크노 헤게모니』를 쓴 야쿠시지 타이조 씨와의 대담을 통해 알아보았다.

1. 밀리테크 헤게모니의 종언과 소프트 헤게모니의 개막

Q「한 나라는 기술로 흥하기도 하고 망하기도 한다.」 1989년에 출판된 『테크노 헤게모니』(中公新書)의 부제에는 이렇게 적혀 있습니다. 테크노 헤게모니, 직역한다면 '기술패권'이란 말이 되겠지요. 나라가 부강하게 되거나 혹은 힘을 잃는 데에는 산업기술이 큰 작용을 한다. 그런 개념이라고 생각되는데, 국제정치를 해명하는 열쇠로서 기술에 주목하게 된 것은 어떤 계기에서 인가요.

A 나는 본시 전기 공학과 출신입니다. 그러나 대학원은 매사추세츠공과대학(MIT)에서 정치학을 전공했습니다. 결과적으로는 나의 이러한 배경이 국제정치를 기술 측면에서 바라보게 했다고 생각합니다. 직접적인 계기는, MIT 이후 1784년부터 1년간, 캘리포니아대학 버클레이 캠퍼스에서 객원교수로 재직했던 때의 경험이 바탕이 되었습니다. 마침 그 무렵 재팬 배싱(Japan Bashing), 즉 일본 성토가 극렬했습니다. 하이테크 기술 등으로 돌출해 나오는 일본에 대해서 미국은 일본이 부정을 저지르고 있다. 미국의 기술을 훔쳐 갔다는 비난을 퍼부었습니다. 대일(對日) 하이테크 배싱이라 할 수 있는 것인데, 만약 그것이 사실이라면 미국 자신은 어떠했는가, 미국이 강한 나라가 된 것은 대략 1920년대부터였다고 생각되는데, 미국도 그 무렵 마찬가지로 유럽으로부터 기술을 훔쳐 성토를 당하지는

않았는가. 어디 한번, 미국의 산업기술이 어떻게 구축되었는가를 알아보아야겠다고 마음먹고 작업한 결과를 정리한 것이 『테크노 헤게모니』라는 책입니다.

2. 기술의 에뮬레이션이 국가를 대두케 한다

Q 미국이 기술력을 어떻게 구축하였는가. 그 결과로 미국이라는 나라가 어떻게 부강하게 되었는가를 알아보자는 의도였군요.

A 그렇습니다. 그렇게 살펴보니까, 미국은 역시 당시의 영국과 독일에서 기술을 배웠습니다. 아니, 더 정확하게 말하면 훔쳤습니다. 그럼 영국과 독일은 어떠했겠는가, 부강한 나라가 된 배경에는 역시 산업기술이 바탕이 되었습니다.

같은 무렵, 아시는 바와 같이 폴 케네디가 『대국의 흥망』이라는 책을 내었습니다. 그는 흥망의 과정을 정치적, 군사적으로 설명했습니다. 나는 이에 대한 설명을 기술적으로 모색하여, 테크노 헤게모니란 개념을 내어놓게 된 것이지요. 기술이 기반이 되어 경제가 강하게 되고, 나라가 강하게 된다. 간단하게 말한다면 그런 논리입니다.

국제정치의 측면에서 볼 때 기술이 어떤 나라를 매우 강하게 만든다는 것은 틀림없는 사실입니다. 국가는 온갖 시련을 극복하며 강한 나라가 되기 위한 기술을 가지려 합니다. 그러한 기술은 이공계의 기술자가 생각하는 것과는 매우 양상이 다릅니다. 기술은 우수한 것이면 그것으로 좋은 것이다. 기술은 높은 곳에서 낮은 곳으로 자연히 전파되는 것이다 — 이렇게 기술자들이 이제까지 낙관적으로 생각했던 것과는 달리, 국가의 패권을 좌우할 만한 기술은 역시 훔쳤거나 탈취하는 형태로 전달되어 왔습니다.

『테크노 헤게모니』는 기술자 여러분들에게 좀 충격을 주어야겠다는 의도를 가지고 쓴 것입니다.

Q 저서에서, 국가가 강해지는 데에는 '에뮬레이션'이라는 메커니즘이 작용한다고 지적하신 걸로 아는데…….

A 그렇습니다. 하이테크 헤게모니를 생각하는데 있어서 중요한 용어의 하나로 에뮬레이션(Emulation ; 대항, 모방)이라는 개념을 도입했습니다. 이것은 어떤 나라이든 나라가 힘을 키워 나가는 과정에는 우선 기술의 모방이 있다. 그 모방에 개량이 추가되어야만 비로소 나라가 대두하게 된다는, '모방 플러스 개량'의 개념입니다. 즉 어느 나라나 나라를 강하게 할 수 있는 기술을 호시탐탐 노리고 있을 것이다. 그러한 기술을 우선은 모방합니다. 그러나 모방하는 것만으로는 안 되고, 거기에 새로운 개량을 추가하지 않으면 안 됩니다. 그렇게 함으로써 비로소 강한 나라로서 대두하게 됩니다. 역사적으로 보더라도 이 패턴은 모두 설명될 수 있습니다.

Q 영국, 미국 등의 대두를 에뮬레이션의 메커니즘으로 설명해 주실 수 없을까요.

제1장 기술은 세계를 어떻게 디자인하는가 **19**

A 우선 영국의 경우를 생각해 볼까요. 산업혁명(18세기 중반)이 일어나기 전, 사실 영국은 매우 뒤떨어진 나라였습니다. 그러한 처지에 프랑스로부터 네덜란드를 경유하여 위그노라는 신교도(新敎徒)가 이주(移住)해 왔습니다. 위그노 교도는 프랑스의 산업기술과 금융을 장악했던 사람들로, 그들이 영국에 고도의 기술을 가져오게 된 것입니다. 아마도 그 으뜸이 될 만한 것이 제철기술(製鐵技術)이 아니었나 생각됩니다. 영국에서는 이것을 모방하여 개량을 가하고, 에뮬레이션에 성공하여 특유한 기술이 발전했습니다. 그 하나로 만들어진 것이 대포(大砲)입니다. 그리고 영국은 최종적으로 스페인의 무적함대를 격파하는 데까지 이르게 되었습니다.

증기기관도, 제철에 필요한 석탄 채굴(採掘)을 효율적으로 수행하기 위해 탄생한 기술이었습니다. 증기기관은 크면 클수록 효율이 좋고, 그러기 위해서는 자본을 필요로 했습니다. 이렇게 해서 산업혁명이 일어나고 경제적으로는 자본주의가 싹터 대영제국(大英帝國)이 뿌리를 내렸으며, 패권이 구축되어 팍스 브리태니커라 불리는 체제(體制)가 자리를 잡아 나갔습니다.

한편, 미국에서는 생산기술에 에뮬레이션이 일어났다고 볼 수 있습니다. 자동차를 예로 든다면, 미국은 특별히 어떤 좋은 자동차를 발명한 것도 아닙니다. 세계에서 처음으로 자동차 산업을 일으킨 나라는 프랑스였습니다. 미국은 프랑스의 자동차를 가져와 모방하여 어떻게 했습니까? 대량 생산을 한 것입니다. T형 포드라는 값싼 자동차를 대량 생산했습니다. 그리고 자동차라는 것의 개념을 바꾸어 놓았습니다. 에뮬레이션에 의해서 강력한 생산기술을 움켜쥔 미국은 팍스 아메리카나라 불리는 패권체제를 확립해 나가게 되었습니다.

  나라마다 새로운 개량이 가해짐에 따라서 커다란 기술의 중심부분이 작용하게 됩니다. 그에 따라서 기술이 경제를 움직이고, 경제가 국력을 만들며, 국력은 그 나라를 패권으로 몰고 가는 거지요. 테크노 헤게모니는 바로 이렇게 작용해 나가는 것입니다.

3. 테크노 헤게모니에서 본 미·일 간의 마찰

Q 배싱을 받은 일본 역시 마찬가지의 에뮬레이션이 있었던 것일까요.

A 글쎄요. 기술에 국한해서 본다면 분명히 그렇다고 대답할 수 있습니다. 제2차 세계대전 후의 냉전체제(冷戰體制)에서 하나의 전기(轉機)가 된 것으로는 1957년에 소련이 세계 최초의 인공위성을 쏘아 올린 스푸트니크 쇼크를 들 수 있습니다. 그 결과 미국은 소련을 두려워하여 군사기술에 큰 힘을 쏟게 되었지요. 그로 인하여 민생기술(民生技術)에는 공동화(空洞化)가 생겨나고, 미국은 그 부분을 서방(西方) 여러 나라에 의존하게 되었습니다. 일본이란 나라는 그러한

환경에서 기술을 익혀 발전했다고 볼 수 있습니다.

예컨대, 비디오데크를 들면, 처음에는 소니가 만들어서 암팩스 사의 이름으로 팔아먹는 소위 데드카피(맹목적 모방) 방식이었습니다. 그러나 데드카피를 하는 사이에 일본에서는 베타방식, VHS방식 등을 연이어 새로이 개량해 나가서 에뮬레이션이 일어났습니다.

가장 치열했던 것은 자동차로, T형 포드가 실현한 대량생산의 염가방식을 더욱 발전시켜 저스트 인 타임(Just In Time), 즉 부품재고 제로의 시스템을 창출하여 에뮬레이션에 성공했습니다.

Q 에뮬레이션의 성공으로 일본은 현재 테크노 헤게모니를 성취했다고 말할 수 있을까요.

A 기술만이 강해졌다고 해서 테크노 헤게모니가 성취되지 않습니다. 헤게모니(패권)란 것은 국제정치의 개념으로 '내가 대장이다, 너희들은 모두 무력적으로 나를 따르라.' — 대개 일반적으로는 이런 식으로 인식되고 있지 않습니까. 그러나 현재는 비대칭성(非對稱性)과 추종자의 존재라는 두 가지 관점에서 파악되고 있습니다. 비대칭성이란 것은 예컨대 자기 나라의 시장은 개방하지만 상대국에는 관세를 인정해 주는 것 같은, 대등성(對等性)이 결여되는 상황을 말합니다. 그리고 추종자라는 것은 어떤 나라가 세계 질서를 잡아나가는 역할을 할 때 그 역할을 인정하는 다른 나라, 즉 주변국을 말하는 것입니다.

기술을 구사하여 추종자에 대한 비대칭적인 관계를 구축한 나라야말로 테크노 헤게모니를 성취했다고 할 수 있는 것입니다. 그러므로 우리만 돈을 벌면 된다고 생각하는 일본은 도저히 테크노 헤게모니를 잡았다고는 말할 수 없습니다.

Q 그렇다면 테크노 헤게모니 측면에서 본 경우, 미·일 간의 기술마찰은 어떻게 설명할 수 있을까요.

A 포인트는 바로 그것입니다. 이 문제를 파악하기 위해서는 냉전시대의 정치가 진실로 어떤 것이었는가, 다시 한 번 되짚어 볼 필요가 있습니다.

기술 측면에서 본다면, 그 냉전시대라는 것은 사실은 미국형의 테크노 헤게모니와 소련형의 테크노 헤게모니가 맞부딪쳐 생긴 균형상태였다고 볼 수 있습니다.

소련은 제2차 세계대전 이후, 빠른 속도로 군사기술을 발전시켰습니다. 그러나 그 결과 국내에 민생기술의 공동화가 생기게 되었습니다. 소련은 동유럽의 체코슬로바키아 등에 민생품을 공급하도록 하고 그 대가(代價)로 석유와 천연가스 등의 연료(燃料)를 지불함으로써 비대칭성과 추종자를 유지했습니다. 소련형의 테크노 헤게모니는 이런 것이었습니다.

이에 비해서 미국은 세계대전이 끝난 시점에서 세계 GNP의 절반을 보유하고, 동시에 압도적인 군사력까지 소유하고 있습니다. 그러한 형편에서 동맹국에 기술을 지원하여 비대칭성과 추종자가 있는 테크노 헤게모니를 실현해 나갔습니다. 그런데 앞에서도 언급한 바와 같이 1957년에 스푸트니크 쇼크가 있었습니다. 그 쇼크로 인하여 상황은 변했습니다.

당시의 군사기술은 원자폭탄 등은 미국이 우위에 있었지만 로켓이라든가 위성(衛星) 등은 소련이 압도적으로 강했습니다. 그래서 초조한 입장에 처한 미국은 일대 방향 전환을 한 것이지요. 소련이 저 정도의 군사기술로 공격해 온다면 서방 진영은 위험하지 않겠는가, 군사기술에 더욱 힘을 쏟아야겠다고 생각한 것이지요.

그리하여 소련과 마찬가지로 미국에서도 우수한 기술자들이 항공우주 분야를 지원하게 되었습니다. 군사기술로서 컴퓨터를 연구하고, 로켓을 만들며, 아폴로 계획으로 NASA에 모여들었습니다. 이렇게 되자 텔레비전과 자동차, 세탁기, 냉장고 등을 만드는 사람들은 점차 열등의식을 갖는 분위기가 되어, 일손을 놓고 떠나는 풍조가 형성되기 시작했습니다. 즉 공동화 현상이 나타난 것입니다. 그러니 이 부분을 어디선가 다른 곳에서 공급하도록 해야 하지 않겠습니까. 이리하여 일본 등이 발을 뻗치게 된 것입니다. 미국의 테크노 헤게모니와 동시에 팍스 아메리카나라는 체제는 이러한 환경 속에서 유지되어 왔다고 볼 수 있습니다.

현재의 미·일 마찰문제 등은 이러한 국제정치와 기술관계를 도외시 하고는 생각할 수 없습니다. 게다가 최근에는 군사기술에 반도체를 비롯한 민생기술이 사용되기 시작한 관계로 사태가 더욱 치열한 양상을 띠고 있습니다. 군사기술이 민생기술에 파급하는 '스핀 오프(spin off)' 현상에 대하여 그와 반대되는 흐름은 '스핀 온'이라 할 수 있는데, 이렇게 되면 민생기술을 담당하는 일본과 같은 나라가 미국의 테크노 헤게모니에 위협적인 존재가 되는 것이지요.

미국의 군사시설의 상당한 부분은 일본으로부터 부품공급을 받지 않으면 안 되게 되었습니다. 미국의 처지로서는 이렇게 되면 군사시설을 일본에게 너무 좌우당할 가능성이 있는 형편이 되어 곤란한 입장이 되겠지요. 예컨대 일본이 반도체 공급을 좌지우지 한다면 미국의 안전보장 그 자체가 위험에 처하게 된다. 미국으로서는 일본을 일정한 틀 속(자기의 영역권)에 묶어두지 않으면 안심할 수 없다. 그래서 반도체 협정이라든가 기술을 개방하라고 줄기차게 요구하고 있는 것입니다.

미·일 간(米·日間)의 기술마찰에는 이러한 배경이 있습니다. 긴장관계에 있던 소련이 없어지고, 서방 여러 나라의 결속이 약화된 현재, 이와 같은 마찰은 더욱 심화될 것으로 전망됩니다.

4. 국제정치 측면에서 기술을 보는 시각을

Q 그러면 일본, 그리고 일본의 기술자는 그러한 상황에 어떻게 대처해야 한다고 생각하시나요.

A 지금까지 말씀드린 것을 종합해서 내가 기술자 여러분들에

게 말씀드리고 싶은 것은, 기술이 국제정치를 움직인다는 인식과 함께 이제부터는 그 반대의 인식도 꼭 가져주기 바란다는 것입니다. 즉, 국제정치의 측면에서 기술을 보는 시각이 필요하다는 것입니다. 국제정치는 현재 기술에 깊은 영향을 미치는 상황에 이르렀습니다. 국제정치를 잘 인식하지 않고서는 기술이 어떠한 상태에 처해 있는지를 알 수 없습니다. 일본의 기술자 여러분들도 그렇게 될는지 모릅니다.

미·일 간의 기술마찰은 그 전형적인 예일 것입니다. 미국의 민생기술이 퇴약상태에 빠졌다고 하지만 그것은 미국 사람이 물건을 만들지 않는다거나 해이해져 있다는 것은 결코 아닙니다. 국제정치가 그러한 상황을 만들어내고 있는 것입니다. 그런 것을 일본은 강하고, 미국은 쇠약했다고 일본사람 혼자 떠든들 미국사람은 절대로 시인할 리 없습니다. 오히려 일본은 교만하고, 일본은 기술을 훔쳐간 게 아니냐고 소리치는 것입니다.

미국은 일본사람들이 생각하는 만큼 그렇게 약한 것도 아니고, 어리석지도 않습니다. 일본이 만든 물건을 잘못 만들었다, 품질이 나쁘다고 성토하는 것이 아닙니다. 그러한 물건을 만들 수 없는 고충을 감내하면서 세계의 질서를 잡아나가는데 공헌하고 있다. 그것을 왜 이해하지 못하느냐고 질책하고 있는 것입니다. 이러한 부분은 국제정치를 이해하지 못하면 대응할 수 없습니다.

일본이 강하다고 미국이 인정하는 기술에 있어서도 다만 그것을 반기고 있어서만은 안 될 것입니다. 그것은 '우리가 포위해 들어갈테니 보라.'라는 미국의 메시지이기도 하니까요.

　기술 측면에서 국제정치를 보는 동시에, 국제정치 측면에서 기술을 보는 인식이 필요하다는 것은 이러한 의미인 것입니다.

Q 미일관계가 중심이었습니다만 테크노 헤게모니의 관점에서 본다면 EC와 아시아는 어떻게 보아야 할까요.

A EC는 1992년에 성립되는 시장 통합에서 볼 수 있듯이, 가급적 무리 없이 공동시장을 만들려 하고 있습니다. 기술 측면에서 보면 역내(域內)의 경쟁이 사라져 에뮬레이션이 없어질 위험성을 안고 있지 않은 것은 아닙니다. 그러나 예컨대 일본과 같은 타 지역의 기술을 모방하여 개량하고자 하는 다이너미즘이 작용한다면 그 문제는 해소될 수도 있습니다.

　아시아는 위협적일 것입니다. 특히 타이, 말레이시아 등은 정치적으로도 어느 정도 안정되어 있고, 일본이 부품 공장을 설치하고 있기 때문에 부품을 만들 수 있다는 기반이 있습니다. 이러한 조건은 모두 에뮬레이션에 있어서 중요한 요건이며, 앞으로 더욱 대두가 예상됩니다. 다만 일본의 모방만으로는 안 되고, 자국 내에서 더욱 나은 것을 바라는 욕구가 충만할 때 에뮬레이션이 작용할 것이라 생각됩니다.

　일본은 몰릴지도 모른다는 것을 걱정하지 말고, 아시아에는 더욱 많은 기술을 내어놓아야 한다고 나는 믿습니다. 그렇게 해야 일본 성토를 완화시킬 수 있기 때문입니다. 너무 지나치게 얻어맞으면 반대로 갑자기 굳어져 유아독존에 빠질 수도 있습니다. 그렇게 되었을 때 기술은 물론 국가 자체가 쇠퇴의 길을 걷게 됩니다. 그것을 회피하는 의미에서도 아시아에는 기술협력을 추진해야 한다고 생각합니다.

Q 테크노 헤게모니 입장에서, 앞으로 중요성을 띨 기술로는 어떠한 것이 있다고 보십니까.

A 나는 환경, 에너지, 안전성 등, 인간사회의 생활에 관계되는 소프트한 기술이 아니겠나 생각합니다. 국제정치 측면에서 보면 돈벌이가 되는 것만이 아니라 공공재(公共材)적인 기술이겠지요. 예컨대 일본이 그러한 기술을 개발하게 된다면 국제정치상의 지위는 훨씬 향상될 것입니다. 그러한 기술개발을 추진할 수 있는 풍토조성이 필요할 것입니다.

　끝으로 한 가지 의문을 제기해 봅니다. 그것은 일본의 기술이 진실로 강한 것인가 하는 점입니다. 장차 어떤 새로운 기술이 출현했을 때 과연 일본은 효과적으로 대처할 수 있을 것인가. 이런 말을 왜 하느냐 하면, 이 나라는 획일적인 경향이 매우 농후하여, 예컨대 초전도(超傳導)다 하면 초전도 기술에 집중하기 쉬운 경향이 있습니다. 여러 가지 방법을 공존시키려는 여유가 없으므로 상황이 변했을 때 모두 함께 넘어질 위험이 있습니다.

　무슨 일이 일어났을 경우를 예상하여 평소부터 대비하는 것이 안전보장, 즉 위기관리의 발상인 것입니다. 기술에 관한 이공계 교육의 경우도 이러한 발상이 어느 정도 필요하지 않나 생각됩니다.

chapter 02

서 론

1. 170년 전의 코콤사건 ; 역사는 반복한다

19세기 초 세계적으로 기술 헤게모니를 잡고 있던 영국은 국가의 기술 누설 문제에 크게 골머리를 썩고 있었다. 영국의 기술사학자(技術史學者) D. 제레미는 이 문제를 다음과 같이 기술하고 있다.

1820년경에 영국의 산업기술을 훔쳐 가려고 하는 나라는 많았다. 그것을 방지하기 위해서 업계와 정부는 여러 가지로 손을 쓰고 있었다. 우선 기술자는 중요 기술을 누설하지 않겠다는 선서를 하여야 했고, 공장 견학은 극단으로 제한되었다. 그럼에도 불구하고 기술을 갖고 싶어 하는 여러 나라는 온갖 수단과 방법을 다하여 기술정보를 수집하려고 애썼다. 어떤 나라는 지방도시에 영사(領事)를 파견하여 송두리째 기술정보를 본국에 밀송(密送)했다.

영국 정부는 사태의 중요성을 인식하여 법률 개정에 착수했다. 이민법(移民法)과 무역관리령(貿易管理令)을 엄하게 개정하여 기술자가 해외로 이민 갈 때는 국적을 박탈하는 조치를 취하고, 기술을 누설하였을 때에는 많은 액수의 벌과금을 물리거나 때로는 1년 이하의 실형에 처하기도 했다. 또한 생산기계나 공작기계 등의 전략적 중요 기술을 밀반출한 자는 엄벌에 처했다. 그렇게 하여도 기술자의 출국이 단번에 감소하지는 않았다. 영국 정부는 귀국하는 기술자에 대해서는 이사 비용을 지원하는 약속을 하기도 했다.

이러한 일련의 노력에도 불구하고 별 효과는 없었다. 기계의 밀반출은 온갖 수단과 방법으로 자행되고 있었다. 기계를 산산이 분해하여 분산 포장해 수출하거나 전혀 다른 이름의 기계 시방서를 제출하고는 세관원의 일손 부족을 이용하여 빠져 나가기도 했다. 어떤 항구에서 당국이 조사하여 적발한 기계 중에는 신원 불명의 기계 부품이 20퍼센트에 달하기도 했다.

여기에서 기술을 소유하고자 한 나라는 미국과 프랑스였으며, 기술정보를 본국에 몰래 보낸 사람은 리즈에 주재하는 미국 영사였다. 훔치고자 하는 기술은 섬유기계, 제조용 공작기계 등이었다. 이야말로 170년 전의 코콤사건이라 할 만한 것으로, 얼마 전의 일본 도시바 회사의 코콤사건과 맥을 같이한다. 이는 기술을 둘러싼 국제정치 환경의 한 단면이기도 하다.

19세기 중반에는 세계에서 생산되는 상품의 3분의 1이 영국 제품이었다. 영국은 전 세계 철과 면제품의 절반을 생산하고 무역의 4분의 1을 관장하였으며, 금융, 상업의 대부분을 컨트롤하고 있었다. 그의 기반이 되는 것은 산업혁명의 주역, 특히 면제품(綿製品) 제조 기계였다. 즉, 영국의 섬유기계는 영국 자산의 패권과 안전을 보장하는 기술 그 자체였던 것이다.

도시바(東芝) 사건의 경우는 프로펠러 제작용 9축 수치제어(9軸 數値制御) 공작기계로서 품명만 다를 뿐이다. 이 첨단 공작기계가 미국의 안전보장과 연관되는 이유는, 소련이 이 기계를 가질 경우 원자력 잠수함의 스크류에서 나는 소리를 대폭 줄일 수 있어 미국의 첩보망을 피할 가능성이 있기 때문이다.

이와 같이, 기술은 국가의 핵심 정책과 연관되어 발전해 왔다. 역으로 말하면 국가는 기술에 의해서 안전보장과 산업발전을 확보할 수 있다. 좀 더 강하게 말하면 국가는 기술에 의해서 헤게모니를 쟁취할 수 있다. 도시바의 코콤사건으로 대표되는 현대의 국제 기술 마찰은 이러한 큰 테두리 안에서 파악하지 않으면 전모가 보이지 않는다.

2. 국제정치를 보는 세 가지 시각

국제정치의 역학관계(力學關係)를 각 국가 간의 밸런스 오브 파워(Balance of Power : BOP)란 관점에서 보는 것이 첫 번째 시각이다. 국가는 본래 무력투쟁, 영토를 위한 패권투쟁으로 흥망성쇠 한다는 전제 아래 각 국의 안정된 영토 보전 가능성을 생각하면, 무력과 영토의 밸런스가 전제(前提)되어야 하고, 그것이 밸런스 오브 파워(BOP)인 것이다.

역사적으로 BOP는 1648년의 베스트팔렌 조약으로부터 1914년의 제1차 세계대전까지의 국제 시스템을 컨트롤한 메커니즘을 말한다. 즉 균형 있게 이루어진 배분 룰(rule)을 어기는 나라가 있으면 타국(他國)이 연합하여 그 야심을 분쇄하는 묵계(黙計)가 성립하며, 이때 작동하여 국제 질서를 자동 조정하는 메커니즘을 말한다. 17세기에서 19세기에 이르는 3백 년 동안 비교적 큰 전쟁이 적었던 것은 BOP 메커니즘이 훌륭히 기능했기 때문이라고 보는 견해가 지배적이다.

  국제정치를 경제정책의 관점에서 보는 것이 제2의 시각이다. 16세기 이후 네덜란드나 영국에 의한 중상주의(重商主義) 세계, 19세기 이후의 영국에 의한 자유무역주의 세계, 즉 팍스 브리태니커(Pax Britanica)의 세계 시스템 이후 국제정치는 경제문제를 무시하고는 논의될 수 없게 되었다. 특히 경제가 국제정치에 대폭 반영되기 시작한 계기는 1929년의 세계 대공황 이후부터라 할 수 있다. 제2차 세계대전 후, 소위 말하는 팍스 아메리카나(Pax Americana)라 불리는 세계 시스템 하에서는 국제정치를 무역 시스템인 가트(GATT) 제도라던가 금융 레짐(regime)인 IMF 체제 등 경제문제 관점에서 이해하여야만 한다.

  이상이 국제정치의 대표적인 두 개의 시각이다. 이들의 이면에는 항상 가려져 보이지 않는 한 개의 차원이 존재한다. 그것이 곧 기술적 차원이다. 이 기술적 차원은 기존의 두 개의 차원과 밀접한 관계를 가지고 있다. 무력행사에는 전쟁기술이나 무기기술이 필요하다. 경제가 기술을 베이스로 하고 있다는 것은 누구나가 알고 있다. 그러나 국제정치와의 관계에서 기술의 문제는 전자(前者)와 같이 명확히 이해되고 있지 않는 것이 사실이다. 그러나 근대사는 국가 차원에서 기술을 훔치고, 국가 차원에서 기술의 누설을 저지하는 국제관계를 엄연히 보여주고 있다.

영국이 팍스 브리태니커를 구축한 것은 동질(同質), 염가의 제품을 대량(多量)생산하는 복제가능(複製可能) 기술을 개발했기 때문이다. 근대사는 복제가능 기술이라면 필히 누설이 가능했고 기술의 확보 여부에 따라 국가의 부침이 생겨났으며, 그에 따라 국제마찰도 일어났다는 것을 실증하고 있다. 이러한 기술의 관점에서 국제관계 공간을 규정하는 차원을 제3의 시각으로 명명하고 그러한 안목에서 과거 4백년간의 국제 정치사를 분석한 것이 이 글이다.

3. 에뮬레이션, 헤게모니, 헤게몬 등의 의미

기술의 에뮬레이션(Emulation)이란, 기술의 모방 + 알파라는 의미를 갖는다. 여기에서 알파가 일어나는 두 가지 경우를 살펴보자.

첫 번째 경우는 민간 기업 간의 경쟁적으로 모방이 일어나 어떤 별도의 외부 기술을 연결하거나 융합시켜 알파를 형성하는 경우이다. 예를 들어 19세기 후반의 일대 발명품인 백열전등(白熱電燈)의 경우를 보자. 인공적인 백열광 발생 기술은 영국인 한프리 데뷔가 발명했다. 그 후 많은 사람들이 모방 경쟁을 했다. 그러나 하만 스프렝겔이 고효율의 진공펌프를 발명했을 때 전혀 다른 움직임이 나타났다. 이로써 백열전등의 필라멘트가 공기 중에서 산화(酸化)하여 타지 않기 때문에 여러 가지 필라멘트 소재를 생각해낼 수 있게 되었다. 이 경우 진공펌프가 외부 기술이며, 기존의 백열등 기술과 결합하여 에뮬레이션으로 이행한다. 에뮬레이션이 발생하면 어느 나라가 돌연 대두된다. GE사와 웨스팅 하우스가 속하는 미국이 영국의 스완 전등 회사를 추월하여 급속히 부상한 것을 그 예로 들 수 있다.

두 번째 경우는, 그 나라가 당면한 고유의 정책문제를 해결하려는 국가적 노력이 특정 기술을 급속히 발전하게 하는 경우이다. 예를 들면, 16세기 후반의 영국은 스페인이나 프랑스의 침략 위기에 놓여 있었다. 이로 인해 당시에는 후진국이었던 영국은 서둘러서 대포(大砲) 기술을 개발할 필요가 있었다. 결국 영국은 당시 대륙의 값비싼 청동제 대포를 염가로 대체할 수 있는 철제 대포 기술 개발에 성공하게 되고, 결국은 무기 대국이 되었다. 또한 19세기의 독일은 급속한 인구 팽창에도 불구하고 척박한 토지로 인하여 식량문제 해결이 심각한 문제로 대두되었다. 독일의 농업화학 기술의 발달은 이때가 계기가 되었다.

이와 같이 어느 나라의 돌출 기술은 에뮬레이션에 의해 생겨나고, 에뮬레이션은 그 나라의 역사적 특징과 깊은 연관성이 있다. 다시 말하면 그 나라의 성격(性格)을 이해하지 않고서는 그 나라의 돌출 기술의 발전과정을 이해할 수 없다. 역으로 말하면, 그 돌출 기술에 의해서 그 나라의 국력과 대외 환경이 결정된 경우가 역사상 빈발했기 때문에 기술을 모르고서는 국제관계를 정확하게 이해하기 어렵다.

 큰 나라의 흥망성쇠와 연관하여, 헤게모니(hegemony)라던가 헤게몬(hegemon)이란 말이 쓰인다. 헤게모니란 말은 두 개의 의미를 갖는다. 그 하나는 절대적 의미의 패권을 뜻하고, 다른 하나는 국제 시스템의 한 형태로서 상대적 의미의 패권이다.

 헤게모니의 첫 번째 의미는 단순한 물리적, 무력적 영토 제패를 말한다. 3차에 걸친 포에니전쟁 후, 신흥대국(新興大國)로마는 지중해 무역과 이베리아 반도를 지배하던 선행 통상대국 카르타고를 멸망시켰다. 이로서 로마의 헤게모니는 확립된 것이다. 나폴레옹이나 히틀러는 첫째 의미의 헤게모니를 추구했다.

 이에 반해서 제2의 헤게모니 개념은 국제 시스템의 어느 국면에서 그 시스템을 주도하는 국가, 즉 헤지모닉(hegemonic)한 국가가 있어 그 나라를 중심으로 여러 나라가 어떤 국제 질서를 이루는 경우를 말한다.

 예를 들면 팍스 브리태니커는 영국을 중심으로 자유무역 체제에 기반을 둔 국제 시스템이다. 이 국제 시스템에서 영국은 무력적으로 절대적 헤게모니를 잡은 것은 아니다. 그러나 영국은 당시의 국제 시스템의 중심에 위치하여, 영국을 둘러 싼 대국들도 영국의 자유무역 체제를 인정하고 이에 참가했기 때문에 이루어지게 된 것이다.

chapter 03

팍스 브리태니커

1. 15세기까지 영국은 후진국

지금으로부터 450여 년 전, 즉 15세기 중반만 하더라도 영국은 유럽 가장자리의 가난하고 뒤떨어진 나라였다. 영국이 주변 국가들로부터 인정받기 시작한 것은 16세기 말부터이다. 그 당시 뒤떨어진 나라는 영국뿐만이 아니었다.

북해 연안지방, 동구(東歐) 지역에는 많은 후진국이 있었다. 그런데 왜 영국만이 그 당시 급성장했을까. 산업혁명(産業革命) 때문이라고 간단히 말할지도 모르나, 산업혁명은 그 후 200년이나 지난 17세기의 일이다.

영국은 14세기 초반까지 제도적으로나 문화적으로나 프랑스 계통의 국가였다. 그때까지 영국은 양(羊)을 치는 나라로, 양털을 프랑스의 북부 플랑드르 지방(현재의 네덜란드 및 벨기에를 포함하는 지역)에 팔아서 살아가고 있었다. 플랑드르 지방은 예부터 모직물 산업이 발달한 곳으로, 영국으로부터 양모(羊毛)를 수입하고 있었다. 14세기 중반 영국의 에드워드 3세는 프랑스에 대항하기 위한 전략으로 플랑드르 지방에 대한 양모의 수출 금지령을 내렸다. 그러나 이에 분노한 프랑스의 필립 6세는 프랑스 서부의 영국 영토를 몰수할 것이라고 선언했다. 이것이 영불간의 길고 긴 백년전쟁의 시작이었으며, 1337년부터 1453년까지 계속되었다.

그러나 영국의 기술역사(技術歷史)는 이 전쟁 때문에 하나의 커다란 전기(轉機)를 맞이했다. 플랑드르 지방에는 그 당시 최고의 섬유 기술 수준을 보유한 시민이 살고 있었다. 그들은 전쟁 발발 후 원료인 양모 구득난(求得難)으로 프랑스를 떠나 영국이나 주위의 다른 나라로 이주(移住)를 했다. 이것이 기술수준이 높은 로컨트리(Low Country) 민족(현재의 벨기에, 네덜란드 등 해수면보다 낮은 지방)로부터 영국으로의 제1차 기술 이전이며, 훗날 영국의 산업혁명의 기술 기반 형성의 밑거름이 되었다.

백년전쟁의 결과 영국은 패했고, 대륙과의 발판이 되는 영토를 잃었다. 그 이후 영국은 완전한 섬나라로 되돌아갔으나 두 가지 중요한 의미를 남겼다. 그 하나는 프랑스 계통의 국가로부터의 탈피이고, 다른 하나는 유럽 대륙 이외의 해외 영토를 중심으로 한 해양 국가로의 전환의 계기가 되었다는 것이다.

2. 해양국가로의 발돋움

일반적으로 국제 무대에서 영국의 대두는 1588년 여름에 일어난 도버해협에서 일어난 무적함대와의 해전(海戰)에서 승리했기 때문이라고 알려진다. 그러나 이는 실력에 의한 승리라기보다는 천운(天運)에 의한 승리였다. 그 당시 스페인의 무적함대는 반월형 전투대형까지 취할 수 있는, 전투기술이 뛰어난 정규 해군인데 반해, 영국의 함대는 해적선의 집합체나 다름없었기 때문에 전투기술이 형편없는 영국함대가 승리하리라는 것은 도저히 기대하기 어려웠다. 무적함대가 패배한 것은 리스본을 떠나 스코틀랜드로 돌아갈 때 폭풍을 만나 함대가 대파했기 때문이다. 그러나 이를 계기로 당시의 패권국 스페인은 쇠퇴의 길을 걷게 되고 영국은 축복받는 패권 도전국의 길을 가게 되었다.

15세기 말까지 유럽의 상업활동에 불가결한 발트해와 지중해의 무역은 이탈리아 사람들이 독점하고 있었다. 그들의 상선(商船)은 노예가 노를 저어가는 가래선이었다. 이즈음 이탈리아인 콜럼버스가 아메리카를 발견하고 포르투갈인도 해양으로 진출하여 서부 아프리카로부터 노예무역을 시작했다.

포르투갈은 신흥국으로서 노동력이 부족했고, 따라서 노예는 어떤 상품보다 부가가치가 높은 무역상품이었다. 가래선을 움직이는 데에는 노 젓는 수많은 인부를 필요로 했으므로 어느 나라나 노예가 필요한 시대였다. 이것이 15세기부터 시작한 대항해시대(大航海時代)의 실상이었다. 그 당시 가장 수익률이 높은 사업은 아프리카에서 노예를 사다가 유럽 또는 식민지 개척용으로 팔고, 그 대금으로 해외에서 향료(香料)나 면화(綿花)를 수입하는 소위 삼각무역이었다.

15세기와 16세기에 걸친 시파워(sea power) 레이스에서 영국은 행운의 어부지리(漁父之利)를 차지하게 되었다. 이 당시의 해양 패권 경쟁은 포르투갈, 스페인, 프랑스, 영국, 네덜란드 등, 5개국 간의 각축전이었다. 이 중에서 포르투갈과 영국은 약소국이었으므로 유럽 내의 대륙이나 내해(內海)에서 세력을 구축할 길은 없었고 오로지 외양(外洋)에서 시파워를 찾을 수밖에 없는 나라였다.

프랑스와 스페인은 대국으로서 해양에 진출하였으나 북미(北美)에서의 양국 간 전쟁처럼, 대국 간의 투쟁으로 국력소모전(國力消耗戰) 양상으로 발전하고, 급기야 프랑스는 국내의 종교내란으로 시파워 대열에서 탈락했다. 또한 포르투갈도 1580년 스페인에 정복되어 탈락하게 되었다. 네덜란드는 스페인의 속국이었으므로 결국 대결은 스페인과 영국으로 압축되었다.

이러한 상황에서 영국의 헨리 8세는 스페인을 가상 적국으로 보고, 외양용(外洋用) 범선(帆船)인 대형 가래온선을 기반으로 해군을 창설했다. 결국 1588년 스페인의 무적함대와 영국 함대 간의 해전이 발발하게 되었고, 이는 시파워 패권투쟁 구도에서 보면 일어날 수밖에 없는 싸움이었다. 이 해전에서 영국은 천운을 맞아 시파워의 패권을 잠정적으로 차지하게 되었다.

그러나 네덜란드가 스페인으로부터 독립하게 되자 네덜란드와의 일전이 최후로 남게 되었다. 네덜란드는 11세기 이래 기술과 산업적으로 가장 수준이 높았던 로컨트리(저지대)에 위치한 나라이다. 이곳은 10세기경에 급격한 인구 증가가 있었고, 호구지책으로 그때까지 농가 부업으로 하던 모직물 가공을 가내공업(家內工業) 형태로 전환할 수밖에 없었다.

그 후 모직물업은 급속히 발전하여, 15세기경에 네덜란드는 세계의 모직물 공급 기지가 되어, 부(富)를 축적했다. 그 당시 이 지역은 스페인의 관할 하에 있었으나 신교도가 많이 거주한 홀랜드주를 중심으로 한 북부 7개 주가 동맹하여 종주국 스페인에 반기를 들고 독립을 선언했다. 그에 대한 보복으로 스페인은 네덜란드의 상권을 박탈하였다. 네덜란드는 살기 위해 이때부터 외양에 진출하게 되고, 그 후 네덜란드는 해양 통상국가로 눈부신 발전을 하여 1600년경에는 유럽 내해상(內海上) 무역의 절반, 북구 어업의 절반, 서구 상선대(商船隊)의 절반을 지배하게 되었다.

네덜란드의 해양국가로서의 부상(浮上)은 해외 무역으로 살아나가지 않으면 안 되는 영국과 대립할 수밖에 없게 마련이다. 영국은 네덜란드 상인에 의한 인도의 후추 가격 조작에 대항하기 위해서 1600년 동인도회사(東印度會社)를 설립했다. 네덜란드도 대응 조치로서 1602년에 총사령부를 자카르타에 두고, 같은 이름의 동인도회사를 설립했다. 1600년대 중반에 영국에는 크롬웰 혁명정부가 들어서고, 통상보호법(通商保護法)을 통과시켜 1651년 항해조례(航海條例)를 발표했다. 이 법률은 영국 식민지와의 무역이나 영국 제품의 무역에는 영국선(英國船) 이용을 의무화하고, 네덜란드에 대해서는 양모의 수출 금지조치를 취했다. 양모의 금지조치는 백년전쟁 이래 두 번째 취해진 것이었다. 당연한 귀결로, 그 다음 해에 영국과 네덜란드 간의 영란(英蘭)전쟁이 시작되어 3차에 걸친 전쟁을 치르게 되었다. 1차전은 무승부, 2차전은 영국의 승리로, 네덜란드령 뉴암스테르담(지금의 뉴욕시)를 영국이 양도받아 일단 결말을 보았다. 최후의 3차전은 대국 프랑스의 루이 14세가 영국을 도와 네덜란드는 대패했다. 이로써 17세기에 들어 영국은 해양 패권의 기틀을 잡게 되었다.

3. 모직물 기술과 산업혁명

팍스 브리태니커를 뒷받침한 것은 산업혁명이다. 영국은 세계의 공장으로서 상품을 공급하여 부를 축적했다. 스페인은 비옥한 토지와 당시의 유럽의 공장이었던 네덜란드 지방 및 이탈리아 지방의 해운업을 관장했다. 그러나 산업혁명은 왜 영국만이 성공했었는가?

어떤 민족이 고도의 고유문화를 갖고 있을 때 외부의 문화를 모방하려 하지 않는다. 자존심이 허락하지 않기 때문이다. 혼혈민족은 새로운 아이디어가 외부에 있으면 그것을 섭취하는 경향이 있다. 민족적 문화적 헤테로제니티(heterogenity), 즉 혼합성이 높은 민족은 에뮬레이션성이 높다.

로컨트리 지방은 민족의 회랑(回廊)과 같았기 때문에 발트해,

지중해 등에까지 가서 외부 문화나 민족과 접촉할 기회가 많았다. 이러한 로컨트리 지방에서 초창기 공업화가 시작된 것은 필연적 귀결이라 할 수 있다. 그들의 탁월한 기술 중에는 앞서 말한 모직물 기술은 물론, 주목할 만한 것이 많다. 네덜란드 상선대의 활약은 네덜란드인 헤르하르트 크레멜이 발명한 해도(海圖) 작성법이 다대한 공헌을 했다. 청어잡이 어업이 발달한 것은 그들이 발명한 발효기술과 보존기술 때문이다. 청어의 특수 소금절임 기술과 깡통을 만들어 보존하는 기술개발로 영국의 전 모직물 수출 총액과 맞먹는 수출을 했다. 이것이 소위 말하는 로컨트리의 하이 테크놀로지이다.

  백년전쟁 때 로컨트리의 모직물 기술자들은 영국에 이주해 기술을 이전했다. 이로써 영국은 단순한 원료 공급국으로부터 모직물 생산국으로 변모하게 되었다. 이것이 로컨트리로부터 영국으로의 제1차 기술이전이다. 그러나 기술이전이 되었다고 해서 단시간에 품질 좋은 제품을 생산할 수 있는 것은 아니었다. 영국이 1단계로 할 수 있었던 것은, 최종 마무리 이전의 반제품 정도였다. 따라서 최종 가공을 위해서 그것을 네덜란드에 보내지 않으면 안 되었다.

  모직물 제조업은 원래부터 로컨트리의 남부(南部)인 플란드르 지방의 독점 산업이었다. 다른 나라에서는 재래식 가내공업형 직물밖에 만들지 못하던 때에, 그들은 일관(一貫) 공정형으로 가는 실로 만든 직물을 제조할 수 있는 고도 섬유산업 기술을 보유하고 있었다. 그들은 신교도가 주축이 된 네덜란드의 독립전쟁이 일어났을 때, 모직물업 종사자의 대부분이 신교도였기 때문에 스페인의 보복을 피하여 대거 북부의 라이덴시 등에 이주했다. 이때 그들의 일부가 영국에 이주하게 되어 영국 직물업의 하이테크화를 돕게 된 것이다. 이것이 영국으로의 제2차 기술이전이며, 최종적으로 영국의 산업혁명의 기초가 되었다.

4. 돌연 무기 대국으로 성장

청동제(靑銅製)의 대형 총포 제조기술은 전통적으로 이탈리아가 으뜸이었다. 독일이나 로컨트리 국가들은 그 기술을 배워서 동등 수준(同等水準)의 질 좋은 총포를 생산하고 있었다. 이탈리아가 청동 주조기술을 독점하고 있었던 까닭은, 예부터 교회의 종을 만들어 왔기 때문이다. 15세기 이후 대항해 시대의 개막과 더불어 상선이 급증하고, 동시에 이를 약탈하는 해적선도 늘어났다. 따라서 상선은 무장을 할 수밖에 없었고 대포의 수요는 일거에 증가하게 되었다.

영국의 철제(鐵製)무기 제조는 15세기 말 헨리 7세가 처음 시도했다. 그는 무력으로 왕위를 탈취했기 때문에 무기 개발에 남다른 정열을 기울였다. 프랑스 기술자를 초빙하여 철제무기 개발을 의뢰하는 등, 적극적인 장려책을 폈다. 금상첨화로 영국은 철광산이 풍부하고 연료로 쓸 산림이 많았다. 청동은 점도(粘度)가 높고 가공이 용이하여, 대포를 만들기 적합하다. 따라서 청동제 대포는 발사해도 잘 부서지지 않지만 당시에는 너무 값이 비싸 일반 상선에 쓰기에는 부담이 너무 컸다.

영국이 철제무기 개발을 시작한 것은 기술 수준이 높아서가 아니라 가난한 나라였으므로 고가(高價)의 청동을 쓸 수 없었기 때문이었다. 그러나 그 당시까지 철을 다루는 기술 수준은 철을 뜨겁게 달구어 두들겨 모양을 만드는 간단한 단조기술 정도였으므로 그러한 수준의 기술로 대포를 만들 수는 없었다. 대포의 포신을 만드는 데는 철의 순도를 높게 정제하여 강철을 만들고, 완전히 녹여 형틀에 부어 원하는 모양을 만드는 주철기술이 필요한데 그때까지는 이만한 기술이 개발되어 있지 않았다.

주철포 기술개발을 위한 노력은 16세기 초 헨리 8세시대까지 이어졌다. 그는 왕립 제출소를 설립하고, 윌리엄 레빗이라는 사제를 소장으로 임명하여 기술개발에 박차를 가했다. 마침 그 때 영불 간에 백년전쟁이 발발하였으므로 우선 청동제 대포 개발을 시작한다. 레빗 소장은 국내의 유명한 기술자를 모으고 하이테크 지역인 로컨트리로부터 실력 있는 기술자를 유치하여 청동포의 생산 체제를 정비했다. 그런데 운 좋게도 그곳의 랄프 핫트라는 유명한 기술자가 용광로를 이용하여 선철(銑鐵)을 만드는 기술을 개발했다. 이어서 그는 곧 주철포를 만드는데 성공했다.

이것이 서색스 지방 철강업의 효시가 되었고, 영국 각지에 용광로가 건설되어 엘리자베스 왕조의 1570년대에는 합계 9개소로 늘어났다. 영국제 대포는 철제 대포였으나 포신이 터져 찢어지지 않고, 소형이지만 위력이 컸다. 이로써 영국은 16세기 후반에 별안간 무기 대국으로 변모하게 되었다. 이는 또한 신무기기술의 새로운 장을 여는 계기이기도 했다. 나아가서 철제 무기는 영국의 패권 전쟁에 대단한 공헌을 했고, 산업혁명의 싹이 되었다.

그 후 철제 무기는 점차로 영국의 중요한 무역품이 되었다. 청동제 무기에 비해서는 품질이 떨어지지만 무엇보다도 가격이 3분의 1 내지는 4분의 1 정도로 경이적으로 저렴했다. 이는 무력 충돌을 거듭하고 있던 대륙의 제국(諸國)에 대해서는 커다란 매력이었다. 그래서 철제 대포는 날개 돋친 듯 팔려 나갔다.

팔린 것은 대포뿐만이 아니었다. 영국의 주철 기술자도 서로 끌어가려고 하였다. 상당한 기술자가 대륙으로 건너갔다. 여기에서 엘리자베스 여왕은 랄프 홋지에게 철제 대포 제작의 독점권을 주고, 밀조를 금했다. 그러나 밀조는 단절되지 않았고 오히려 스웨덴, 덴마크, 프랑스, 스페인 등에 밀수출 되었으며, 그 대부분은 해적선에 탑재되었다. 이에 엘리자베스 여왕은 철포를 전략물자화(戰略物資化)하고 수출 허가제를 도입했다. 그러나 프로테스탄트 우호국에는 수출 제한을 풀었다. 그 우호국은 네덜란드였다. 이리하여 수출을 금지당한 여러 나라는 철포의 독자 개발, 즉 에뮬레이션을 시작하게 되었다.

네덜란드는 앞에서 본 바와 같이, 스페인에서 독립한 후 해양 무역의 패권국으로 성장하게 되었고, 급기야는 영국과 마찰의 관계로 발전하게 되었다. 동시에 무역선의 보호를 위한 무기의 수요도 급증하여 대량의 철제 대포를 영국으로부터 수입하고 있었다. 이러한 상황 변화에 따라서 엘리자베스 여왕은 1574년 무차별의 대포 금수령을 내리고, 특히 네덜란드에 대한 밀수출을 엄하게 감시토록 했다. 이리하여 네덜란드는 철포 기술을 자체 개발하지 않으면 안 되게 되었다.

네덜란드는 기술적으로는 영국에 비해 선배였다. 이미 청동제 총기류의 제조기술은 최고 수준에 있었다. 암스테르담 등의 주요 도시에는 많은 총기류 제작 회사가 난립해 있었다. 네덜란드 정부는 철포기술 개발 촉진책으로 이들 회사에의 인센티브를 부여하는 방법으로 특허장 발행제도를 고안했다. 이것이 세계 최초의 특허법이다. 이 제도 하에서 그들은 큰 어려움 없이 철포기술을 모방 개발했다. 이때에 영국에서 이주한 주물 기술자가 참여해 크게 공헌했다.

네덜란드 철포기술 개발에는 성공하였지만 그 생산에는 철광석과 연료재(燃料材)가 국내에 없어 난관에 봉착했다. 이 문제의 해결을 위하여 그들은 자원이 풍부한 외국을 선정하여 반제품 가공까지의 기술을 제공하는 대신, 그 나라의 자원을 활용하는 전략을 추진하게 되었다. 이에 가장 적합한 나라로 스웨덴을 선택했다.

스웨덴은 각종 광물이 풍부하게 보존되어 있고, 총기류 산업이 정착되는 단계에 있었다. 또한 완전한 종교의 자유를 보장하여 가톨릭이나 프로테스탄트의 구별 없이 고급 기술자를 우대하였으므로 많은 외국 기술자가 이주하고 있었다. 즉 대륙 국가가 오랜 세월에 걸쳐 도달한 기술 수준을 수십 년에 도달하려고 노력하고 있었다. 그러나 스웨덴에는 숙련공이 크게 부족하고 자본력도 영세하여 소기업 형태의 산업 구조였으므로 자력으로 무기의 대량 생산업에 도전하기는 어려운 실정이었다. 이러한 조건은 바로 네덜란드가 노리는 조건이었다. 네덜란드는 스웨덴에 대규모 직접 투자를 실시하여 자회사를 만들고, 자국의 숙련공을 대거 파견했다.

이리하여 스웨덴에서 반제품을 생산하고, 그것을 본국으로 수송해 와서 완제품으로 가공하여 판매하는 것이 가능하게 되었다. 한편 스웨덴은 처음에는 철제 대포의 반제품 생산기술 수준에서 출발하였으나 단기간에 기술을 흡수하였고 17세기에는 급속한 기술혁신에 성공하여 유럽 최상위권(最上位圈)의 하이테크 국가로 부상하고, 북구의 무력 강국으로서 흔들리지 않는 위치를 굳히게 되었다.

1630년경까지 영국제 철포에 비견할 만한 대포는 없었다. 그러나 네덜란드제 대포가 등장하여 비용 대 효과 면에서 영국제를 능가하게 되었다. 반대로 영국제는 점차 가격이 상승하는 문제가 발생했다. 그 이유는 연료비가 상승했기 때문이다. 1500년대 말 이미 엘리자베스 여왕은 산림의 남벌을 금지했다. 그러나 1650년대에 연료 위기가 도래했다. 1640년부터 1650년까지 10년간 목탄의 가격은 66퍼센트 이상이나 올랐다. 이 때문에 왕년의 독점 생산국 영국에서조차 철제 대포를 수입하지 않으면 안 되게 되었다.

영국은 철 이외에 석탄의 매장량도 풍부했다. 그러나 당시의 기술로는 석탄은 선철을 만드는 데까지 사용할 수 있으나 정련용(精鍊用)으로는 화력(火力)이 낮아서 사용할 수 없었다. 아브라함 더비가 코크스의 사용법을 발명한 것은 훨씬 뒤인 1709년의 일이다.

17세기에 들어서 제임스 1세의 시대가 되자 새로운 용광로가 등장했다. 특히 청교도혁명 시대가 되어서는 내화(耐火)벽돌로 된 용광로가 등장했다. 원래 벽돌은 도로의 포장, 건물, 교량 건설 등에 사용되었으나 영국은 이것을 노(爐)에 사용하는 방법을 개발했다. 철이 녹아내리는 섭씨 1000도 근처의 높은 온도에서는 이를 담을 수 있는 녹지 않는 용기(容器)의 재료는 찾기가 어렵다. 그러나 내화벽돌은 높은 온도에 견딜 수 있어, 용융(熔融)된 고온의 철을 담을 수 있는 용기의 재료가 될 뿐만 아니라 보온기능이 탁월하여 연료의 열효율을 비약적으로 상승시킬 수 있기 때문에, 목재 대신 석탄을 연료로 사용할 수 있게 된다. 내화벽돌은 처음에는 유리 세공(細工)에 사용되었으나 어느 틈에 다른 분야에도 광범하게 사용하게 되어 영국의 심각한 에너지 위기는 노(爐) 기술의 혁신에 의해서 구제되었다.

그런데, 내화벽돌로서 노에 석탄을 사용할 수 있게 됨에 따라 예상 밖의 일이 전개 되었다. 우선 설비 투자가 대폭 상승하여 재래식 노동 집약적 산업을 자본 집약적 산업으로 바꾸어 놓았다. 설비 투자가 늘어난 반면 저렴한 석탄을 연료로 사용하므로 유동 비용이 적어졌다. 17세기의 영국에서는 석탄을 가정용 난로의 연료로 사용하는 사람은 가난한 사람으로 간주했다. 석탄으로 만든 유리제품은 목탄으로 만든 유리제품에 비해 비교가 되지 않을 정도로 가격을 낮추어 판매해야만 했다. 그러나 값이 싸지자 역으로 박리다매(薄利多賣)로 시장이 확대되었다. 즉 자본주의 경영의 포인트인 규모의 경제 개념이 생겨나기 시작한 것이다.

5. 하이테크 이민, 위그노의 엑소더스

1500년대 중반 프랑스에는 대규모의 종교 내란이 일어났다. 이 내란은 정권을 잡은 가톨릭교의 부르봉가에 대한 신교도 측 위그노의 반란으로, 정치투쟁 성격의 종교 내란이었다. 위그노란, 프랑스의 신교도를 뜻한다. 이 내란에서 위그노는 패배의 비운을 맛보았다.

가톨릭이 금전(金錢)을 부정(不正)한 것이라 하여 상업행위를 경멸한데 반해, 신교도, 즉 프로테스탄트는 경제 및 상업활동을 시인했기 때문에 신교도들은 금융, 산업, 기술 등의 분야에 적극 참여하고 있었다. 신교도 지역인 로컨트리가 산업 및 기술 수준이 높았던 것은 이러한 배경 때문이었다.

프랑스의 위그노 역시 신교도였기 때문에 프랑스의 금융, 상업, 공업을 장악했고, 지방의 가장 부유한 부르주아층은 위그노였다. 또한 그들은 고도의 기술력을 가진 하이테크 보유 그룹이었다. 그러나 투쟁에 패하고 낭트칙령(勅令)이 포고되어 신교도에 대한 탄압이 가해지자 중산계급인 위그노들은 일제히 국외 탈출, 즉 엑소더스를 시작했다. 그 후 1600년대 말까지 백여 년간 합계 1백만 명 정도의 위그노가 전 세계 각지로 흩어져 이주했다. 특히 영국, 아일랜드, 네덜란드, 독일, 스위스 등에는 그들의 마을을 이루어 살게 되었다. 위그노가 이주하여 정착한 지방들은 하이테크 기술이 전파되고, 모직물 기술을 중심으로 한 고도 기술이 개화하여 하이테크 센터로서 발전했다.

위그노가 영국에 전파한 고도 기술을 살펴보기로 하자. 영국은 1600년대 말까지도 비단을 생산할 수 있는 기술이 없어 프랑스로부터 비단을 수입하고 있었다. 그 당시 견직물은 부가가치가 가장 높은 제품인 동시에 유럽의 귀족층에 침투되는 대형 시장 상품이었다. 프랑스는 견직물 생산에 있어서는 로컨트리 보다 높은 수준의 기술을 보유하고 있었다. 여기에 종사한 사람이 리옹 등의 위그노들이었다. 영국은 프랑스로부터 견직물 수입 의존도를 낮추는 것이 오랜 동안의 꿈이었다.

그래서 위그노 이민을 장려하고 있었으며, 특히 견직물 기술자를 이민으로 받아들이기를 희망하고 있었다. 드디어 1695년 위그노 기술이민들을 중심으로 왕립 러스트링(광택이 좋은 견직물) 제조 회사를 설립하고, 그 회사에 독점권을 부여함과 동시에 견직물의 수입금지 조치를 취했다. 위그노는 반제품 밖에 만들지 못하던 영국의 견직물 기술 수준을 고급 벨벳 직물과 가벼운 모자를 짤 수 있는 기술로 끌어올려 셜록 홈스란 유명 상표의 모자를 탄생케 했다.

위그노들의 기술은 비단이나 모직물에만 한정된 것이 아니었다. 염색기술, 유리, 보석, 단추, 자수, 스타킹 등 많은 기술을 이전했다. 결국 그들은 역사에 빛나는 산업혁명의 주역으로 활동했다.

6. 면포가 산업혁명의 기폭제

역사 학자 D. 란데스는 산업혁명의 발생 원인으로 다음 3가지를 들고 있다.

첫째는, 영국의 시장 조건이다. 그 당시 유럽 여러 나라에서는 그물눈처럼 널려 있는 통행세 시스템이 존재하여 시장의 확대를 방해하고 있었다. 통행세와 관세는 국가와 제후(諸侯)의 중요한 재원이 되고 있었다. 그러나 영국에서는 이러한 시장 저해 요인이 없었다.

둘째는, 영국의 완비된 수송 시스템을 들고 있다. 이미 유료도로가 존재했고 운하도 매우 발달해 있었다. 영국은 유럽의 다른 어떤 나라보다 도로, 교량을 포함한 물류(物流) 시스템이 발달해 있었다.

셋째는, 석탄의 사용으로 영국인의 머리에 깊이 침투된 질보다 양의 사고방식을 들고 있다. 즉 영국에는 규모의 경제 사상이 널리 퍼져 있었다. 그러나 이들은 소위 환경 요인설로서 하부 구조의 정비가 산업혁명을 유발했다고 주장한다. 그러나 도대체 무엇이 직접적인 원인이 되었는가에 대한 설명이 부족하다.

영국의 산업혁명은 분명히 섬유산업을 중심으로 시작됐다. 그러나 섬유산업 중에서도 면직물의 기여가 컸다. 모직물 공업 쪽은 로컨트리와 프랑스 쪽이 앞서 있었다. 견직물도 리옹의 기술에 영국이 필적할 수 없었다. 영국에 고유한 산업혁명이라면 영국 섬유산업에도 고유한 특징이 있어야 한다. 그것이 분명하지 않으면 산업혁명의 영국 발생 이유가 완결되지 않는다. 여기에서 면포에 주목할 필요가 있다.

원래 면포(綿布)는 최초에 손작업 제품이 동인도로부터 영국에 수입되었다. 면포는 당연히 비단이나 모직물보다 값이 싸서 중산계급 이하도 살 수 있었다. 면포는 간단히 세탁할 수 있기 때문에 속옷으로 착용되기 시작했다. 모직물은 손세탁이 되지 않아 속옷으로는 적합하지 않았다. 이리하여 면포의 시장은 급속히 확대되었다.

면포의 수요 증대는 자연히 생산 확대를 요구했다. 업자들은 생산 효율을 높이기 위해 기계화에 생각이 닿게 되었다. 소규모 생산으로는 수요를 따라갈 수가 없었다. 바로 이 시점에서 기계화를 가능하게 했던 것은 고도 기술을 소유한 위그노였다.

그들은 모직물과 견직물의 기계화도 시도하였으나 기계로 짠 털실은 인장강도(引張强度)가 낮아 쓸 수가 없었고 고급품의 이미지에도 손상을 주었다. 반대로 면사는 기계로 짜도 인장강도가 우수하고, 속옷 등 염가품이라 고급 이미지 문제도 없었다. 원료 확보 면에서도 면은 우수했다. 누에나 면양은 동물성인 관계로 공급이 불안정 했지만 목화는 식민지의 대규모 경작에 의해서 대량 안정 공급이 가능했다. 뿐만 아니라 면은 쉽게 염색할 수 있으므로 컬러풀한 제품 생산이 가능했다. 표백 기술 면에서도, 그때까지의 모직물은 우유를 사용하여 표백해야 했으나 면화의 표백은 무기질 표백제로 충분했다. 이와 관련하여, 영국의 특출한 무기화학(無機化學) 기술은 그 근원이 면 표백 기술에서 유래한다.

여기까지 설명하면 영국이 최초로 산업혁명에 성공한 가장 중요한 열쇠는 바로 면섬유 생산업의 도입에 있었다는 것을 이해할 수 있을 것이다. 그러나 면포는 다만 기폭제에 지나지 않았다. 그것을 이어받아 산업혁명을 추진하는 데에는 역시 에너지 기술혁명이 필요했다.

7. 우마가 증기기관으로 변했다

내화벽돌로 된 노를 발명한 이후, 영국에서는 고가의 목재 연료를 대신하여 석탄을 더욱 많이 사용하게 되었다. 그 과정에서 시행착오를 거치면서, 어떤 석탄이나 같은 열량을 가지는 것이 아니라 역청탄(瀝青炭)이 가장 연비효율(燃比效率)이 우수하다는 것을 알게 되었다. 그런데 역청탄은 깊은 지층에 있어, 매우 깊이 파지 않으면 양질의 석탄을 얻을 수 없었다. 이 때문에 또 다른 큰 문제에 봉착하게 되었다. 즉 깊이 파면 팔수록 대량으로 솟아나는 지하수가 문제였다.

여기에서 우선, 흘러나오는 지하수를 배수하는데 말이 등장했다. 그러나 산업용 석탄 수요가 급속히 증가함에 따라 배수용 말의 조달이 어렵게 되었다. 그래서 말을 대신할 수 있는 동력원이 필요했다. 말의 값이 비싸다고 해서 곧바로 스팀엔진이 발명될 정도로 세상일은 쉬운 것이 아니었다. 많은 사람들이 노력하고 시행착오를 거듭하여 비로소 목적을 달성한다.

크리스천 호이헨스라는 네덜란드 사람이 파리에 살았다. 그는 철포를 만지다가, 탄약이 폭발한 뒤 포신 안에 진공이 생겨나 그 속의 실린더가 움직이는 것을 발견했다. 여기에 힌트를 얻어, 그는 1673년 탄약 폭발을 이용한 엔진을 발명했다. 이것이 세계 최초의 엔진 원형이다. 15년 후, 그의 조수이면서 의사인 데니스 파핀이 위험한 폭약을 사용하지 않아도 실린더 안에 증기를 넣고 이를 냉각하면 진공이 발생하여 실린더가 움직인다는 것을 발견했다. 그는 프랑스 종교 내전에 패한 위그노 중 하나였다. 그 때문에 프랑스에서는 희망이 없다는 것을 깨닫고 영국으로 이주하여 그때 막 신설된 왕립협회에서 일하게 되었다.

그는 유명한 후크의 법칙을 발견한 로버트 후크 선생의 조수로 일하며 생계를 유지했다. 그는 그의 증기엔진 아이디어를 왕립협회에서 발표할 기회를 얻어 내는데 어렵게 성공했다. 그 결과 그의 아이디어는 뜻밖에 큰 반향을 얻었다. 그러나 그의 아이디어는 토머스 뉴코멘이란 금속 기술자에게 넘어가고, 이후 대폭 발전하여 최초로 실용화 가능한 증기기관이 발명되었다.

왕립협회는 영국 과학의 빛나는 인큐베이터(부화기)로 높이 평가되고 있다. 그러나 설립 당시의 왕립협회는 후진국 영국의 유니크(unique)한 조직으로, 대륙의 새로운 발명을 조사하여 그 효과를 확인하고 영국 내에 전파하는 것이 주 임무였다.

뉴코멘은 자기의 발명품을 탄광 배수기(排水器)에 응용하여 기업화하려 하였지만 문제에 봉착했다. 이미 발 빠르게 '화력을 이용한 탄광 배수 시스템'을 왕립협회에 발표하고 특허를 취득한 기업가가 있었다. 뉴코멘은 하는 수 없이 그 특허를 취득한 토머스 사베리란 기업가와 합작하여 1711년 탄광 배수 회사를 설립했다.

뉴코멘의 증기기관은 얼마간 큰 활약을 했다. 그러나 오래지 않아 기계의 효율을 대폭 향상시키지 않으면 더 이상 사용할 수 없는 예상치 못한 사정에 봉착했다. 영국의 석탄이 국제 경쟁력을 잃어가고 있었다. 경제성이 있는 깊이의 역청탄은 채굴이 끝나고 엄청난 깊이의 지층만 남게 되었다. 뿐만 아니라 깊이 파면 팔수록 배수량이 늘어나 석탄 생산가격은 외국산에 비해 경쟁이 불가능할 정도로 높아졌다. 이를 해결할 수 있는 유일한 방법은 효율이 월등하게 좋은 엔진을 개발하는 일이었다.

제임스 와트의 개량형 엔진은 이러한 석탄 시장의 요구에 부응하기 위하여 1759년에 등장했다. 그의 개량형 엔진은 믿을 수 없을 정도로 효율이 좋았다. 소형인데다 강력하고, 석탄 소비량도 뉴코멘 엔진의 4분의 1 정도로 경이적인 효율을 과시했다. 플라이휠을 새로 붙이고, 실린더에 직접 증기를 주입하는 방식으로 바꾼 것만으로 이 정도의 차이가 나타난 것이다. 그는 그의 발명으로 '제임스 와트 증기엔진 제작소'를 설립하여 기업화했다. 그 후 영국은 이 와트 엔진을 섬유산업에 투입하여 일거에 산업혁명으로 질주하게 된 것이다.

영국의 산업혁명은 우연히 일어난 것일까? 분명히 면포라고 하는 우연과, 프랑스 사람 파핀이 영국 왕립협회로 옮겨온 것 등은 우연이라 할 수 있다. 그러나 16세기서부터 영국이 국력을 쏟은 모방주의, 즉 에뮬레이션의 강도는 우연히 이루어진 것이라고는 할 수 없다. 그것은 헨리 8세 이래의 후진국 영국의 결의이며, 의지라 할 수 있다. 이 나라의 국세(國勢)가 우연을 필연으로 바꾸고, 청동을 철로, 목탄을 석탄으로, 모직을 면직으로, 파핀으로부터 뉴코멘으로 연이은 혁명적 모방 개량을 거듭하여 최후의 산업혁명에 도달했다고 할 수 있다.

chapter 04

영국의 헤게몬

1. 나폴레옹전쟁은 기술전쟁

나폴레옹전쟁은 프랑스의 탁월한 공병기술력(工兵技術力)에 대항하여 민생기술력을 비약적으로 발전시킨 영국이 격돌한 전쟁이었다.

전쟁기술의 측면에서 보면, 프랑스가 영국에 이기지 못한 것은 하나의 불가사의한 일이다. 그것은 마치 16세기 말 스페인의 무적함대가 작은 나라 영국에 이기지 못한 것과 비슷하다. 나폴레옹의 유럽 대륙 제패는 물론 이탈리아계 프랑스인인 나폴레옹의 천재적 수완에 의한 바가 크지만, 세기 전환기 프랑스 육군의, 유례를 찾아 볼 수 없는 기술력으로 보면 당연한 것으로 생각된다. 그 정도로 프랑스는 군사기술에 있어 다른 열강의 추종을 불허했다. 나폴레옹전쟁에서는 새로운 군사기술이 많이 등장했다.

첫째로, 증기 무궤도 차가 병사와 물자 수송에 처음으로 투입되었다. 그때까지의 군마 수송에 비해서 15배의 스피드로 전선을 확대할 수 있었다. 그러나 궤도차, 즉 기차는 나폴레옹전쟁 후 영국에서 발달했다.

두 번째 신기술은 전보(電報) 시스템이었다. 이것은 철도의 신호기와 비슷한 시스템으로서, 나폴레옹 시대에 프랑스에서는 전국에 이 시스템이 설치되어 어느 나라 보다 신속한 정보전달체제를 완비했다.

셋째는 라이플형 머스킷 총의 원추형 탄환이었다. 이 탄환은 총에 탄약을 장전하는 방법이 대폭 간소화된 것이었고 뇌관도 새로 개발한 것이었다. 이는 대단한 무기 발명이어서, 프랑스 육군이 강했던 것은 이 총을 대량생산할 수 있는 노하우 때문이라고 해도 과언이 아니었다. 이러한 혁신적 무기개발을 위해서 프랑스는 엘리트 양성 대학인 에콜 폴리테크니크를 1795년에 설립하여 과학적 공병기술 교육을 조직적으로 시작했다. 나폴레옹은 이러한 첨단기술을 사용하여 쾌속의 진격을 계속했다.

나폴레옹전쟁은 1793년에 시작되었다. 전쟁 발발의 배경을 보면, 1789년 프랑스에 혁명정부가 수립된 것이 전 유럽의 열강에 대해 강력한 경계심을 불러 일으켰다. 그것은 왕정에 대한 강렬한 도전이었기 때문이다. 그러한 상황에서 국외 망명에 실패한 루이 16세를 프랑스 혁명정부가 길로틴에 처형하는 사건이 기폭제가 되었다. 이것을 계기로 영국, 네덜란드, 스페인, 프로이센, 오스트리아 등 5개국이 연합하여 프랑스와 싸우게 되었다.

나폴레옹군과 영국군의 접전은 나폴레옹이 이집트 원정을 갔을 때 시작되었다. 영국의 유명한 넬슨 제독이 이끄는 해군은 나폴레옹군이 이집트로 가는 동안 후방 보급로를 차단했다. 그 결과 나폴레옹은 이집트를 포기하고 최초의 패주를 감수했다. 이것이 직접적인 원인이 되어 1803년 나폴레옹은 영국에 대한 공격을 시작했다.

나폴레옹은 조기에 영국에 상륙하여 군사를 점령할 의도로 2만의 병력을 도버 해협에 집결시켰다. 나폴레옹의 육군은 무적의 군대였지만 프랑스 함대는 그러하지 못했다. 이때에 오스트리아와 러시아 함대가 영국을 도와 참전했다. 사태가 불리함을 깨닫고 나폴레옹은 함대를 되돌려 스페인의 카디스 항구에 대기시켰다. 영국의 넬슨 함대와 나폴레옹 함대 간의 운명의 격돌은 1805년 지브롤터 해협 근해에서 일어났다. 여기서 넬슨 제독은 장렬하게 전사했지만 프랑스 함대에 치명적 손실을 입히고 간신히 승리했다. 이로써 나폴레옹은 영국 점령을 포기하는 대신 영국 제품의 수입을 금지하는 대륙봉쇄령을 내렸다.

영국은 1700년대를 통하여 혁신적 기술과 산업 발전을 지속했고, 특히 1759년 제임스 와트의 개량형 증기엔진이 등장한 이후로는 본격적인 산업혁명기에 들어선 관계로 1800년대 초에는 영국 제품에는 고급품이 많았다. 예컨대, 당시 설탕은 대단한 고급 식품이었으며, 영국이 유럽 대륙에 공급하고 있었다. 이러한 시점에서, 영국 제품의 판로를 차단하기 위한 대륙봉쇄령은 나폴레옹과 같은 천재가 구상할 수 있는 정책임에는 틀림없었다. 그러나 하이테크 제품의 유입을 인위적으로 막는다는 것은 무리한 정책이어서, 오히려 이 대륙봉쇄령으로 인하여 영국은 팍스 브리태니커의 확고한 주역의 자리를 굳히게 되었다.

당시 영국의 최대 무역 상대국은 포르투갈이었다. 포르투갈은 대륙봉쇄령을 어기고 영국 제품의 밀수를 시작했다. 이 밀수품은 스페인에 대량 공급되고, 그 일부는 프랑스 본국으로도 흘러 들어가 날개 돋친 듯 팔렸다. 이 사태를 참고 보고만 있을 수 없던 나폴레옹은 포르투갈 토벌을 위하여 군대를 파견한다. 이에 대응하여 영국은 웰링턴 장군 지휘 하의 군대를 파견하여 포르투갈을 지원했다. 이 이베리아 반도전쟁에서 프랑스는 40만 명에 달하는 대규모 전사자가 발생했다. 이 전사자의 수는 러시아 출병 때의 전사자 수와 거의 같은 수에 해당한다. 대륙봉쇄령은 나폴레옹으로 하여금 너무나 큰 값을 치르게 했던 것이다.

바로 이 나폴레옹전쟁 후, 막강한 산업 및 기술력을 보유한 전승국(戰勝國) 영국은 국제 시스템을 지배하게 되었다. 이는 제2차 세계대전 후 자유주의 진영에서 압도적인 산업력을 보유한 미국이 군림하게 된 것과 흡사한 일이었다. 그러나 영국은 자진해서 패권국이 된 것은 아니다. 그 전부터 당시의 세계 시스템이 그것을 요구하고 있었던 것이다.

2. 헤게몬의 두 가지 조건

영국이 개방경제 체제로 이행하고, 자유무역 체제 하의 국제 시스템을 지배하는 패권국이 되는 조건을 갖추기까지에는 여러 가지 우여곡절이 많았다. 영국도 애당초에는 다른 열강들과 마찬가지로 국내주의 또는 보호주의 국가였다. 1651년의 항해 조례가 자국선에 의한 무역을 의무화 하고, 자국 산업을 보호하기 위해 섬유기계와 공작기계를 수출금지 조치한 것 등이 그 실례이다. 또한 나폴레옹전쟁 후인 1815년에도 영국 농산물보다 낮은 가격의 곡물 수입을 금지하는 콘로(곡물법)를 제정했다. 이는 전시 동안은 곡물 가격이 고가로 유지되었으나 전후(戰後) 가격이 폭락하자 지주를 보호한 법이었다.

이러한 보호주의에 반대하여 정부에 압력을 가하기 시작한 것은 상공업자들이었다. 그들은 높은 기술 수준을 이미 확보하고 있었으며 면직물업, 염색업 등으로 재산을 모아 자본을 형성하고 있었다. 따라서 그들의 제품을 수출하기 위해서는 자유무역 체제가 필요했던 것이다. 그들은 우선 곡물 가격이 다시 상승하게 되면 노동자의 임금 상승이 불가피하다는 이유로, 곡물법의 폐지를 주장했다. 결국 영국 정부는 1846년 보호주의 법인 콘로를 폐지하고 3년 후에는 항해조례까지 폐지하여 자유무역 체제를 굳히게 되었다.

그런데 영국이 자유무역으로 이행하는 데에는 자국 제품의 우월성이 확보되지 않으면 어렵기 마련이었다. 아이러니컬하게도 이 문제를 해결해 준 것이 나폴레옹의 대륙봉쇄령이었다.

대륙봉쇄령에도 불구하고 영국의 제품이 포르투갈을 통하여 프랑스에 대량 밀수입 되고, 급기야 전쟁으로까지 사태가 확대됨으로 인하여 전 세계 사람들에게 영국 제품의 우수성이 판명된 결과를 가져왔다. 그 후 전 세계, 많은 사람들에게 영국 제품은 일상생활에 빼어 놓을 수 없는 것이 되었다. 이것은 영국이 세계시장을 상대로 자유무역주의를 도입해도 문제가 없다는 것을 실증적으로 확인해 주었다는 의미가 된다.

자유무역주의에 대한 영국의 국가적 선택은 1860년에 대외정책으로 명확히 나타났다. 즉 그 해에 프랑스와 조약을 체결하여, 프랑스에서 수입되는 와인(wine)의 관세를 대폭 인하했다. 그러나 중요한 것은, 영국 제품에 대한 프랑스의 수입 관세 25퍼센트 부과는 그대로 묵인한 점이었다. 바로 이것이 영국이 헤게몬으로서의 요건을 구비했다는 의미가 된다.

헤게몬으로서의 첫째 요건은, 헤게몬의 지도력에 동조하여 추종하는 주요국이 존재해야 한다는 것이다. 앞에서 말한 영불 간의 조약으로 프랑스는 추종국이 된 것이다.

헤게몬으로서의 둘째 요건은, 추종국에 대해서는 비대칭성을 인정하는 것이다. 여기에서 비대칭성은 영불 간의 관세율의 차이가 그 예이다. 무력에 의한 헤게모니가 아닌 제2의 헤게모니, 즉 상대적 의미의 헤게모니는 이러한 두 개의 요건을 그 구조로 갖는다.

개방체제로 이행하는 데에는 영국이 앞섰으나 그 국제 시스템을 확대 발전시키는 데에는 프랑스가 더욱 큰 기여를 했다. 프랑스는 대륙 국가로서 쌓아 올린 외교력으로 여러 나라를 모아 관세 조약을 체결함으로써 영국 독트린의 수행에 크게 공헌했다. 영국은 나폴레옹전쟁으로부터 제1차 세계대전까지 백여 년간 통상 질서에 대한 헤게몬으로서 생존할 수 있었다. 그러나 그것은 영국 독자의 힘으로 쟁취한 헤게모니가 아니라, 추종국의 지원을 받은 이를테면 '군주형 컨소시엄의 세계'였다고 할 수 있다.

3. 기술의 전파와 통상국가

영국은 어느 나라보다 먼저 산업혁명을 달성했다. 그것은 면섬유산업의 기계화와 증기기관의 개발에 의해서 가능했다. 영국의 제품은 세계시장에 팔려나갔고 원료는 전 세계로부터 조달 가능했다. 이러한 영국의 통상국가로서의 대두는 양산기술(量産技術)을 완성했기 때문에 가능했다고 할 수 있다. 양산기술이란, 같은 물건을 신속하게 대량으로 복제하여 만들 수 있는 민생용의 생산기술이다.

앞에서 기술한 바와 같이, 영국에서의 석탄 사용은 공업제품의 박리다매를 촉진했다. 즉 규모의 경제를 실현시킨 것이다. 대량 생산에 의한 박리다매를 위해서는 같은 물건을 빠른 속도로 보다 값싸게 만드는 것이 절실히 필요했다. 영국의 기술자는 이러한 목적의 양산기술 개발을 실현한 것이다.

같은 물건을 신속하게 대량 생산하는 기술은 오늘날에 와서는 쉬운 일이지만 당시에는 거의 불가능했기 때문에 대단한 하이테크 개발이었다. 품질관리 기술이 없으면 같은 기계를 사용하여 같은 방법으로 만들어도 균일한 물건이 나오지 않고, 투입된 원료와 성공적으로 만들어진 제품의 비율, 즉 수율(收率)도 나빠진다. 영국인은 산업기계의 정밀도를 높이고 공자기계 기술을 개발했다. 즉 양산기술을 완성한 것이다.

이러한 양산기술 개발에 있어 위그노의 기술과 경험이전(經驗移轉)은 앞에서 언급한 바와 같이 커다란 기여를 했다. 여기에서 특히 주목해야 할 것은, 남의 기술을 복제하는 것은 결코 쉬운 일이 아니라는 점이다. 우선 과학기술에 대한 광범한 기초지식과 경험, 그리고 복제하고자 하는 기술에 대한 기본 지식과 경험의 축적 없이는 불가능하다. 양산기술의 기초기술이 되는 선반기술, 단조기술, 절삭기술 등은 그 당시에는 어느 것이나 고도로 경험을 축적한 기술자를 필요로 했다. 그 당시에는 기술의 복제 개발을 위해서는 그러한 고급 기술자를 초청해 오는 방법 밖에 없었다.

그 당시의 기술이전은 주로 두 가지 형태를 취하고 있었다. 그 하나는 기술자를 파견하여 도면을 취득하고, 기술연수를 통해서 그 기술의 지식을 획득하는 것이고, 다른 하나의 형태는 기술이민을 받아들이는 것이었다. 특히 고도기술의 경우는 기술이민 방법 밖에 없었다.

이러한 이유로, 영국은 외국으로부터의 기술이민, 특히 신교도 기술자의 유입을 적극 장려했다. 그 대표적인 예가 위그노의 이민을 받아들이기 위한 찰스 2세의 이민법이었다. 이 법률은 이민의 자녀를 무차별로 영국의 학교에 편입하고, 그들이 반입하는 이사 물품은 면세 혜택을 주었다. 또 도착 항구까지 출입국

관리를 파견하여 무료로 출입국 서비스를 제공하도록 규정했다.

 양산기술을 확보했기 때문에 영국은 세계시장을 상대로 자유무역주의를 채택했다. 보통 기술은 기술자의 이동이나 지식과 경험의 전수를 통해서 외국에 전파하기 마련이다. 양산기술의 유출은 통상국가 간의 경쟁을 유발하고, 경쟁에서 뒤떨어지면 통상국가는 쇠락한다. 양산기술의 유출은 다른 나라에서도 영국 제품과 동등하거나 월등한 제품의 생산을 가능하게 했다.

 이것이 기술의 유출로 인하여 국제간에 통상문제가 야기되고, 결국 국가의 흥망에 결부되는 메커니즘이다. 헤게모니의 두 가지 요건 중에서 비대칭성 원리가 이러한 기술의 유출을 촉진했다. 비대칭성 원리라는 것은 헤게몬인 영국은 시장을 개방하지만 추종국은 국내시장을 보호해도 좋다는 것이다.

 영국 제품이 압도적으로 우세했던 시대에는 이 원리는 훌륭하게 기능했다. 상대국의 약점(자국 시장의 협소성)을 인정해 주는 대신, 자유무역 체제를 인정하는 추종국으로 종속시켜 헤게몬이 됨으로써, 무력에 의해 헤게몬이 되는 경우에 비해 국제 시스템의 운영 코스트를 절약할 수 있었다.

 그러나 추종국의 제품은 유출된 기술에 뿌리를 두고 있으므로 일단 타국이 그 기술을 습득하게 되면 영국 제품의 우월성은 도전을 받게 마련이고, 자유 통상국가로서의 헤게모니는 근본으로 뒤흔들릴 가능성을 갖는다.

 기술 전파에 따라 그러한 나라는 필연코 나타나게 마련이다. 영국에 도전하여 선두로 부상한 기술 강국은 독일이었다. 원래부터 농업국가였던 독일은 눈 깜짝할 사이에 양산기술을 습득하고, 미국으로부터의 소맥 수입 제한을 핑계 삼아 관세를 높여 영국 제품을 배척하기 시작했다. 동시에 특허법을 개정하여, 개량된 기술이 유출되지 않도록 규제했다. 영국은 당연히 이러한 독일의 대두에 위협을 느끼고 비난을 시작했다. 독일의 대두와 영국과의 관계 전개는 다음 장에서 살펴보겠다.

chapter 05

분단국가 독일의 원점

1. 분단의 역사 때문에 늦게 출발한 독일

사람들은 독일이라 하면 우선 무엇을 생각하게 될까. 많은 사람들은 먼저 독일의 기술력을 생각하게 될 것이다. 그러나 그 기술력은 오랫동안 분단의 역사로 살아온 독일의 분단국가적 성격에 깊이 관계되고 있다.

19세기 이전까지만 해도 영국은 마음속 바탕으로부터 독일을 미워한 적은 없었다. 1740년의 오스트리아 계승전쟁(繼承戰爭)에서 영국은 독일 편이었으며, 나폴레옹전쟁에서도 두 나라는 같이 싸웠다. 19세기 후반의 국제정치 환경으로 보아 영국의 가상 적국은 스페인, 네덜란드 그리고 프랑스였다.

그럼에도 불구하고 영국은 독일을 최대의 적국으로 의식하고 제1차 세계대전에 돌입했다. 그것은 독일이 무력 대국으로 급성장했기 때문이라기보다, 본래 농업국이었던 독일이 영국 헤게모니의 기초가 되는 기술과 통상 면에서 매우 위험한 존재가 되었기 때문이라 할 수 있다.

19세기말 독일의 무역량은 영국의 5분의 3 정도였다. 상선대의 숫자도 겨우 6분의 1 수준이었다. 그때까지 독일은 영국에는 비할 바가 안 되는 나라였다. 그러나 그것은 겉으로 독일을 보았을 때의 평가이지, 발전 속도로 볼 때 독일의 약진 속도는 눈부신 것이었다. 멀지 않아 영국을 따라잡을 것은 불을 보듯 명확했다. 즉 영국인들에게 독일은, 발전의 흐름 또는 이미지로 포착할 때 영국 헤게모니의 기초를 뿌리째 뒤엎을지도 모르는 최대의 도전국으로 비추어졌다.

1618년 외국 세력을 업은 독일 내 보헤미아 신교도의 반란으로 시작된 음울하고 지루했던 30년전쟁은 독일 민족의 패망으로 막을 내렸다. 1648년에 전쟁은 끝났지만 독수리의 성주로 불리는 9세기 이래 독일의 명문 귀족인 함스부르크가의 권위는 여지없이 실추되고, 신성 로마황제의 이름은 유명무실하게 되었다. 함스부르크가 소유의 광대한 독일 영토는 외국인에 빼앗겼으며, 독일이 지배하던 네덜란드와 스위스는 독립하고, 프랑스는 독일에 대한 내정 간섭권을 갖게 되었다.

독일은 이와 같이 신성 로마 제국이 사실상 몰락한 이후 오랫동안 분열국가로서 비애를 맛보았다. 1648년 이후 220년간 독일에는 제후가 군웅할거 하여 국가 통일을 이루지 못하고 후진국으로 전락했다. 이렇게 오랫동안 분열의 역사를 간직한 독일이 1871년에야 통일을 이루게 되었다.

신성 로마 제국을 제1제국, 나치스 독일을 제3제국이라 한다면, 제2제국은 1871년에 건국된 프로이센을 중심으로 한 통일

국가였다. 그러나 제2제국은 정치적인 통일국가라기보다는 독일 지역의 여러 개의 소국들이 프로이센을 중심으로 경제적 결합을 기반으로 통일을 성립했다는 것이 특징이다. 즉 제2제국은 관세동맹으로 통일이란 형태를 취한 것이다.

독일 통일 전의 프로이센을 포함한 각 지역은 각기 다른 조세 제도를 갖고 있었다. 그 때문에 각 지역에는 탈세를 목적으로 하는 밀수꾼이 만연하고 있었다. 프로이센 정부는 밀수를 근절하기 위해 저율 세제(低率稅制)를 도입했다. 특히 농산물의 수입은 무세(無稅)로 하고, 그 대신 소금과 트럼프는 정부가 전매(專賣)했다. 또한 프로이센 정부는 중세 이후 분권국가에서 전래된 징세제도, 즉 각 지역의 경계를 통과할 때 받던 불편한 통행세 제도를 폐지하고, 각 지역이 경제 통합을 달성하여 광역 경제권을 형성함으로써 상품의 교역을 자유롭게 했다. 대신 권역 단위로 통과세를 받는 제도, 즉 관세동맹을 결성하도록 교섭을 추진했다. 즉 중앙 유럽에 위치한 교통 요충지로서의 지리적 이점을 최대한 이용하여 상품 교역의 저해 요인을 제거함으로써 교역량의 증가 및 그에 따른 관세 수입의 증가로 재정 증대를 추구하자는 구상이다. 이러한 프로이센의 정책은 독일 지역에 산재했던 바이에른, 작센, 하노버 등 여러 소국들의 호응을 받아 1834년에 관세동맹이 완결되어 실천에 들어갔다. 독일은 이러한 관세동맹을 기반으로 통일을 이루었다.

그 후 독일은 영국을 모델로 하여 영국형의 산업발전을 추구했다. 따라서 질 좋은 영국 제품이 독일의 관세동맹권에 쏟아져 들어왔다. 그러나 독일은 후진국으로서 대처해야 할 국내 유치

산업의 보호정책을 적절히 추진했다. 예를 들면, 특정 영국 제품에 대해서는 고율의 관세를 부과했다. 그리하여 독일은 오래지 않아 면제품과 선철 등, 영국의 주종 무역품과 같은 수준의 제품을 생산 가능하게 되었다. 이러한 독일의 발전은 결국 영국을 위협할 수 있는 수준에 도달했다.

2. 농업기술로 출발한 독일

1648년에 끝이 난 30년전쟁은 국토의 황폐와 인구의 반감(半減), 그리고 극심한 식량난을 남겼다. 전쟁 동안 농민은 선조로부터 물려받은 토지를 버리고 전선으로부터 멀리 떨어져 있는 북부 또는 동부의 독일 지방으로 이주를 했다. 주된 격전지는 쾰른으로부터 뮌헨을 잇는 선상(線上)의 남서부 지역이었다. 그러나 북부와 동부 지방은 남서부에 비해서 토지가 척박하고 메말랐다. 그 당시 독일은, 남서부는 대국 프랑스와 접경하고 북쪽은 무력 대국 스웨덴이 버티고 있었으므로 독일 민족의 생활권 확대는 얼마만큼 동쪽으로 진출할 수 있느냐에 달려 있었다.

동부 지방은 토지가 척박할 뿐만 아니라 태양의 일조시간(日照時間)도 짧고 겨울은 길고 모질게 추웠다. 그러한 가혹한 조건에서 농사를 지으려면 국력을 기울여 농업기술을 개발하는 길 이외에는 살길이 없었다. 비료 개발, 농토 개간기술, 영농(營農) 장비의 기계화 등 '농업의 과학화'는 이렇게 시작되었다. 독일의 과학기술이 농업기술과 농업화학에 그 기초를 두고 발전한 것은 이러한 역사적 배경에 국가 존망을 기술에 거는 독일의 특수성이 더해졌기 때문이다. 다음 장에서 상술하게 되지만, 이 농업기술로부터 인공염료 기술이 꽃을 피우게 되고, 의약, 화약, 석유화학 등이 파생되어 나왔다.

중세로부터 독일인의 기술력은 탁월한 편은 아니었으나 영국과 프랑스에 비해서 특별히 뒤떨어진 것도 아니었다. 만약 독일이 국가 통일을 200년 먼저 이룩했더라면 영국이나 네덜란드와 함께 그 기술력을 국력에 수렴하여 통상 패권 투쟁에 참가하였을 것이다. 그러나 나라가 분단되어 정치가 혼란한 긴 세월 동안 독일의 기술자들은 네덜란드나 영국으로 가는 편이 수입이 좋았기 때문에 우수한 기술 두뇌가 많이 국외로 유출되었다.

독일의 경우 독창적 원천 기술이 적은 것도 이러한 이유 때문이다. 그러나 국가 통일이 시작된 1870년대부터 독일의 기술 환경은 급격히 호전되었다. 국가 차원의 전략적 지원으로 농업화학이 급격히 발전하고, 농기구의 기술혁신을 국가에서 강력하게 뒷받침 했다. 따라서 리비히를 필두로 하는 저명한 유기화학자가 연이어 배출되었다.

이 시대에 특히 관심을 둘만 한 기술은 사탕무로부터 설탕을 제조하는 기술개발에 성공한 점이다. 그 당시 설탕은 고급품으로서 전략물자였다. 당시의 설탕은 남미 또는 아시아로부터 사탕수수를 들여와 제조하고 있었다. 고가의 수입운반 코스트 때문에 설탕 공급이 국가 재정을 압박하는 정도였다. 그 때문에 나폴레옹은 러시아 원정을 시작한 후 유럽에서 많이 생산되는 사탕무로부터 설탕을 제조하는 기술을 개발한 사람에게는 특별 보상을 할 것을 선언했다. 그러나 프랑스는 그 기술개발에 성공하지 못했다.

한편, 독일 정부는 설탕 제조업자를 대상으로 원료인 사탕무의 양과 설탕 완제품 수출량을 업체별로 계산하여 그 차이가 적을수록 많은 액수를 보상하는 보조금 제도를 실시했다. 즉 효율이 우수한 설탕 정제기술을 개발한 업자는 막대한 이익을 올릴 수 있도록 보장된 제도였다. 이 보조금 제도는 크게 성공을 거두어, 19세기 말에는 설탕이 독일의 전 수출품 중에서 1위를 차지했다. 1893년의 총 수출에 대한 면직물과 기계 수출의 비율이 각각 4.8퍼센트 및 2.0퍼센트였는데 비해 설탕은 6.8퍼센트로 단연 톱이었다.

독일은 식량문제 해결을 위한 국가적 노력에도 불구하고 인구 팽창으로 인하여 식량의 자급자족은 불가능했다. 부족한 식량은 수입할 수밖에 없었고, 특히 러시아로부터 많은 양을 수입했다. 그러나 수입 대금을 지불하기 위해서는 영국형의 산업화를 추진하여 수출을 촉진할 수밖에 없었다. 그리하여 독일은 면제품과 모직물 제품의 대량 생산기술을 영국으로부터 모방 개발하고, 수출 진흥을 촉진하여 1903년에는 면제품 수출이 1위를 차지하게 되었다. 그 결과 독일은 영국과 정면 경쟁관계에 서게 되고, 상호 간의 충돌이 시작되었다.

3. 독일의 부상에 대한 각국의 반응

소니의 모리타 아키오(盛田昭夫) 씨의 저서 『메이드 인 재팬』이 미국에서 베스트셀러가 되었다. 일본의 강력한 기술력, 방대한 무역 흑자 등이 미국인에게 위협으로 비춰진 관계로 이 책이 잘 팔렸다는 것이다. 백여 년 전 영국에서 비슷한 책이 베스트셀러가 된 적이 있다. 1896년에 발간된 어니스트 윌리엄즈 씨가 쓴 『메이드 인 저머니』란 책이 그것이다. 그 책에 기술된 윌리엄즈 씨의 논지는 다음과 같다.

"영국은 독일 제품이 영국 제품으로 포장되어 세계시장에서 유통되는 것을 저지하기 위해 1887년에 상표법을 개정했다. 영국 제품 이외에는 '메이드 인 잉글랜드'란 상표를 붙이는 것을 금지시킨 것이다. 그러나 겉포장만 독일제로 표시하거나, 영국에서 조립만 하여 영국 제품이라 조작하거나, 제품의 한 구석지에 눈에 뜨이지 않게 '메이드 인 저머니'라 표기하는 등의 수법으로 이 법을 피해 나가는 업자가 많았다.

상표법의 효과는 뜻하지 아니한 데서 나타났다. 식민지의 바이어가 영국에 주문을 내면 그때까지 영국 제품이라 믿어왔던 제품이 상표법 때문에 '메이드 인 저머니'란 마크를 선명하게 부쳐 배달되었다. 그것을 보고 식민지 바이어는 영국의 무역상이 차지하는 중간 마진을 절약하면 보다 값을 내려 팔 수 있다고 생각하여, 그들은 그 다음부터는 직접 독일에 주문을 하게 되었다. 다시 말해서, 이 상표법은 독일 제품의 품질을 보증해 주는 결과를 낳았다."

이러한 논의에 근거하여 윌리엄즈 씨는 다음과 같은 세 가지 결론을 도출했다. 첫째는, 영국의 자유무역주의 때문에 독일은 대두될 수 있었다. 따라서 영국은 자유무역주의를 포기하고 공정무역주의로 전환해야 할 필요가 있다. 둘째로 영국 본국과 식민지 간에는 보다 연계된 통상정책을 취해야 한다. 이 주장은 제1차 세계대전 후 대영제국 내의 특혜관세 제도로 실현되었다. 셋째는 아메리카, 러시아, 프로이센 등으로부터 수입하는 곡물에 대해서 차별 관세를 부과할 수밖에 없다. 그 밖에도 윌리엄즈 씨는 독일의 교육제도를 모방하라든가, 통상 외교를 전개하라는 등의 여러 가지 주장을 했다.

윌리엄즈 씨의 책이 다소 센세이셔널 한 내용인데 비해 비교적 차분한 시각에서 독일의 대두를 분석한 것이 미국인 알 하워드가 쓴 책이다. 이 책은 1907년에 간행되었다. 하워드 씨는 독일의 대두를 우선 19세기의 인구 팽창에서부터 풀기 시작했다. 1815년부터 1845년까지의 30년 동안, 독일의 인구는 2500만에서 3450만으로 급증했다. 그리고 금세기(今世紀) 초에는 5800만으로 증가했다. 이로 인해 독일인이 살기 어려워졌던 것은 쉽게 상상할 수 있다.

20세기 초엽에 독일의 식량공급 능력은 1500만 톤이었지만 소비는 2000만 톤에 이르렀다. 따라서 그 차이 500만 톤은 수입에 의존할 수밖에 없었다. 이에 대한 해결책의 하나로 600만 내지 700만 명의 독일인이 해외로 이주했다. 그러나 식량문제 해결을 위한 이민정책은 최후의 수단이 되어야 함은 자명한 일이다. 최선책은 산업발전에 의한 수출로 식량을 수입하는 것이다. 그러나 그 길은 쉽지 않았다. 그 당시 해군력이 약하면 상선의 보호가 어려워, 원료와 제품 수송에 난관이 발생하고, 선진국인 영국의 견제에 정면 대결해야 하며, 뒤따라오는 미국과 일본의 추격에도 대응해야 했다.

하워드 씨는 이러한 독일의 사정에서 돌파구를 찾는 길은 세 가지 밖에 없었다고 분석했다. 그 첫째는 해군력을 증강시켜 상선대를 보호하고, 둘째는 식민지를 늘려 나가고, 셋째는 영국 제품을 모방하고 개량하여 수출하는 것이라고 했다.

그가 부각시킨 흥미 있는 부분은, 독일의 교육제도 중에서 고등 상업전문학교였다. 독일의 고등 공업전문학교는 잘 알려져 있지만 라이프치히 등에 설치된 5개의 고등 상업전문학교는 별로 알려져 있지 않았다. 이러한 독일의 독특한 교육제도에 대해서 어떤 학자는 다음과 같이 설명하고 있다.

19세기의 영국에서는, 산업에 관계된 교육은 기업이 담당해야 하는 것으로 인식되어 있었다. 산업혁명의 선구자들은 모두 산업 현장의 개인 경험을 토대로 산업기술의 발명을 성취했다. 따라서 산업 현장에는 고등교육의 필요가 없다고 하는 의견이 우선했다. 그 대신 기업에서는 대졸(大學卒業者)이건 비대졸이건 구별을 하지 않았다. 고등교육은 사회적 특권을 의미할 뿐, 캠브리지나 옥스퍼드를 나왔다고 해서 급료를 우대하지도 않았다. 오히려 특권계급으로서 사회에 대한 의무를 지켜야 한다는 풍조가 강했다. 영국류의 '노블레스 오블리주'(귀족의 사회적 책무)의 사고방식이 여기에도 적용되었다.

한편, 독일의 교육관은 영국과는 전혀 반대였다. 우선 중세의 독일 제후(諸侯)는 이탈리아의 르네상스의 영향을 받아 예로부터 예술가나 과학자를 비호하는 관습이 있었다. 또한 학교와 연구소 등을 건설하기도 했다. 당시 영국은 신흥 국가인 관계로 문화적으로 뒤처져 이러한 시대를 경험하지 않은 채 산업혁명에 돌입했다.

이 산업혁명을 급속히 모방하는 데에는 교육이 가장 중요하다고 독일의 귀족들은 생각했다. 그러기 위해서는 이탈리아의 예술이나 프랑스의 철학과 수학을 모방하던 때처럼 방법을 택하면 된다고 생각했다. 그리하여 1880년에 영국이 의무교육을 시작했을 때 이미 프로이센의 취학률은 97.5퍼센트에 달해 있었다. 독일에서는 누구나 교육을 받을 수 있었다. 그리고 교육받은 정도와 질에 따라 임용 시에는 차별화를 실시했다. 명문 학교의 졸업생은 좋은 대우에 좋은 회사에 취직이 가능했다. 특히 중소기업이 대졸자를 모두 채용했다. 양질의 노동력이 독일 기업의 기술력을 높인 커다란 밑거름이 되었다. 영국에서는 대졸이건 아니건 구별하지 않음으로써 기업의 민주화를 시도했고, 독일에서는 누구나 교육을 받을 수 있게 함으로써 사회의 민주화를 시도했다. 이러한 차이점은 논리의 차이라기보다는 각국의 고유한 역사의 차이에 기인한다.

chapter 06

독일의 부상과 기술패권주의의 대두

1. 위그노 교도의 이민과 독일의 개화

　독일의 기술을 논하려면 아무래도 영국의 기술과 비교하지 않을 수 없다. 그것은 영국 헤게모니에 독일이 도전했기 때문만이 아니라 다른 이유들이 있기 때문이다.
　첫째 이유는, 영국과 마찬가지로 프랑스의 기술이민인 위그노 교도가 독일, 특히 프로이센에 대량 이주하여 오늘날 독일의 기술기반을 만들었기 때문이다. 이 점에 대해서는 선진국인 영국과 후발국인 독일의 출발은 꼭 같다고 할 수 있다. 일부 학자들은 오히려 위그노 교도의 공헌은 영국보다 독일 쪽이 컸다고 주장한다.
　제2의 이유는, 독일이 발명한 휘발유 엔진, 즉 내연기관은 영국이 발명한 증기기관의 연장선상에 위치하기 때문이다. 말하자면 후발국 독일에는 증기기관을 설치할 자본과 사회경제적 하부구조가 없었기 때문에 대체 기술로서 내연기관이 발명되었다.

우선 독일에 이주한 위그노 교도에 대해서 살펴보자.
영국의 찰스 2세가 위그노 교도를 영입하기 위하여 이민법을 제정한 것을 앞에서 설명한 바 있다. 거의 같은 시기에 독일의 프레드릭 윌리엄 제후는 포츠담 포고령을 통하여 암스테르담과 함부르크 대사에게 위그노 교도의 베를린이나 프로이센 도시로의 이주를 돕도록 지시했다.
예를 들면 위그노 교도에게 무상으로 주택을 제공하고, 가구의 반입은 세금을 면제하였으며 보조금 형식으로 사업 자금을 지원하는 등, 그들에 대한 환대는 영국에 비할 바가 아니었다.
이리하여 3만 명 정도의 위그노 교도가 국경을 넘어 독일로 이주했다. 당시의 독일은 여러 개의 미니 국가로 분할되어 있었으나 그 국가들 중에서도 특히 프로이센은 이민정책에 열을 올려 위그노 이민 중 3분의 2는 프로이센에 정착했다. 당시 프로이센의 인구는 백만 명을 웃도는 정도로서 50명에 한 명 꼴로 프랑스 이민이었다. 프로이센 중에서도 집중적으로 이주한 곳이 베를린이었다. 6000명의 위그노 교도가 그 곳에 모여 성벽으로 둘러싸인 구시가 교외에 정착했다. 이것이 3세기 전의 베를린 장벽이다. 베를린의 인구가 당시 3만 명이였으므로 5명에 1명꼴이 위그노 교도였다.
그러면 위그노 교도는 어떤 기술을 독일로 가져 왔는가. 우선 최대의 이전 기술은 모직물 생산기술이었다. 독일이 로컨트리, 네덜란드, 그리고 영국에 뒤이어 모직물 생산국이 된 것은 위그노 교도의 공헌이었다. 그러나 독일의 모직물은 우선 국내시장을 중심으로 발달하기 시작했다. 이 부분이 통상국가인 네덜란드나 영국과 차이가 난다. 예를 들면, 프리드리히 윌리엄 제후는 자기 군대의 제복을 전부 위그노 이민에게 주문했다. 이리하여 베를린, 브란덴부르크, 카셀 등의 도시에 모직물 산업이 돌연히 번창했다.

모직물 산업이 흥하면 당연히 그 연관 산업도 번창하기 마련이다. 독일의 염료 산업, 세정 산업 등 유기화학 산업이 일어난 것이 그 예이다. 당시 독일제 모직물은 값싸고 품질 좋다는 평판을 받았다. 이는 위그노 이민들이 본국이나 다른 선진국과 경쟁하기 위해서는 임금을 낮추고 품질을 높여 승부할 수밖에 없다는 자각에서 그러한 제품 생산에 노력한 결과였다.

위그노 이민에 의해서 이전된 기술은 이 밖에도 부드러운 가죽을 만드는 기술(유피기술), 보석 가공기술 등이 있다. 18세기 초엽 프로이센은 이제까지 신었던 나막신을 가죽신으로 바꾸기 위해 나막신 금지령을 내렸다. 독일의 유피기술과 혁화기술이 급속히 발전한 것은 이 때문이었다. 오늘날 세계적으로 유명한 독일 가죽제품의 기초는 바로 위그노 교도가 구축한 것이다.

농업기술 개발에 있어서도 그들은 크게 기여했다. 30년전쟁으로 황폐화 된 농지를 회복하는데 있어서도 그들은 기계화 된 개간기술을 도입했다. 또한 신종(新種)의 농작물을 도입하여 부농의 기반을 닦는데 크나 큰 공헌을 했다. 견직물용의 뽕나무, 염료용의 나무, 담배, 아스파라거스, 감자 등을 척박한 토지에서 재배할 수 있게 만든 것은 모두 그들이 이루어 놓은 공적이다.

오늘날 감자와 독일인은 끊으려야 끊을 수 없는 관계에 있다. 독일에 가면 특히 맛있는 것은 맥주와 소시지와 감자라고까지

평한다. 1913년이 되어서는 전 세계 감자의 3분의 1을 독일이 생산했다. 심각했던 식량 문제를 감자로 해결하려는 노력은 독일을 세계 제일의 감자 생산국으로 만들었던 것이다. 실로 감자는 독일 흥륭의 토대였다고 해도 과언이 아니었다.

2. 왜 독일인이 내연기관을 발명했는가

산업혁명의 동력원이 되었던 증기기관을 왜 영국인이 발명하게 되었던가는 앞에서 살펴보았다. 그러면 왜 독일인이 휘발유 엔진을 발명하게 되었는가를 살펴보자.

증기기관과 휘발유 엔진, 즉 내연기관과는 깊은 관련이 있다. 그것은 구조적으로 거의 같다는 이유뿐만 아니라 증기기관을 운용할 수 없었던 후발국 독일의 국가적 사정이 소형이었으므로 능률이 좋은 '증기기관의 유사품' 즉 내연기관을 발명할 수밖에 없도록 만든 것이다.

증기기관은 두 가지의 커다란 문제점이 있었다. 하나는 규모가 너무 크다는 것이었다. 즉 증기기관은 크면 클수록 효율이 좋아지는 기계이다. 따라서 거대 자본이 없으면 효율이 좋은 증기기관을 이용하기 힘들었다. 후발국인 독일에게 그러한 거대 자본은 있을 리가 없었다. 따라서 증기기관이 독일에 보급될 소지가 없었다. 독일은 소규모 증기기관 도입을 몇 번 시도하였으나 효율이 좋지 못하여 어찌할 수 없었다.

두 번째 문제는, 증기기관은 광범한 지역에 급수시설이 되어 있지 않으면 사용할 수 없는 것이었다. 증기기관은 물을 사용하기 때문에 상하수도 시설이 완비되지 않은 지역에서는 사용이 불편하기 마련이다. 독일은 그 당시만 해도 상하수도 시설이 낙후되어 있을 정도로 후진국이었다. 즉 자본금이 적게 소요되는 공장과 소규모 시설 위주의 지역, 그리고 급수시설이 완비되지 않은 시골 지역에서는 증기기관이 적합하지 않았다. 독일과 같은 영세 규모의 기업밖에 없고, 대량 생산기술이 아닌 길드 이래의 수공업 기술밖에 없는 지역에서는 소마력이라도 융통성이 있는 소형 기관이 절실히 필요했다.

증기기관은 우선 융통성이라는 점에서 그 거대한 보일러가 걸림돌이 되고 있었다. 뉴코멘의 증기기관 엔진을 와트슨이 개량했을 때 바로 이 보일러를 외부에 붙임으로써 효율을 비약적으로 올릴 수 있었다. 그러나 독일의 기술자에게는 효율보다 이 보일러의 크기가 도저히 견딜 수 없는 불편이었다. 좌우간 대단한 스페이스를 차지하기 때문에 현재의 공장을 헐고 새로이 큰 공장을 짓지 않으면 사용할 수 없었다.

1850년경 스웨덴의 기술자로서 미국에 이민 간 존 에릭슨이란 사람이 있었다. 그가 결국은 보일러를 떼어내고 실린더 안에 고온의 공기를 넣었다 빼내는 방식으로 피스톤을 움직이는 히트(heat) 엔진의 아이디어를 발표했다. 이는 수증기 대신 다만 공기를 실린더에 넣는다는 것만 다를 뿐이다.

그로부터 10년 후에 프랑스의 기술자 에치느 레노르가 당시 사용되기 시작한 석탄에서 만든 가스 엔진의 특허를 취득했다.

이것이 세계 최초의 내연기관의 시발점이다. 이 레노르의 엔진은 같은 크기의 증기기관에 비해 3배의 능력을 발휘했다. 그러나 연료인 가스의 값이 너무 비싸 불과 13대만 만들어 보고 그 이상의 발전을 보지 못했다.

이 단계에서 드디어 독일인이 등장했다. 니콜라우스 오토라는 독일인이 지금까지의 엔진을 개량하여 싼 연료인 알코올을 사용하는 4사이클 엔진의 특허를 얻었다. 이는 1863년의 일이었다. 이로서 오토 씨는 1864년에 게르만인으로서 세계 최초의 엔진 양산 공장을 쾰른에 건설했다. 영국에서는 크로스레 형제들이 이 오토 엔진의 라이센스를 얻어 1869년에 맨체스터에서 엔진 생산에 들어갔다.

그 후 오토의 공장은 G. 다임러 씨를 주임 기술자로 영입하고, 어시스턴트로서 W.메이바하라는 기술자를 채용했다. 이 메이바하 씨가 그 후 메르세데스(벤츠)라는 모델의 경기용 자동차를 개발했다.

다임러 씨는 슈트트가르트의 고등공업학교에서 교육을 받은 학력이 높은 엔지니어였다. 다임러 씨가 오고부터 오토사의 엔진은 크게 개량되어, 특히 소규모 공장과 수도용 펌프로서 판로가 확대되었다.

1872년에 오토 사는 덴츠 엔진 제조 회사로 이름을 바꾸어 경영권도 자금을 제공한 유진 란젤 씨에게 넘어갔다. 이때부터 기술보다 경영전략이 중요시되게 되었다. 따라서 다임러와 덴츠사는 특허문제에 의견이 맞지 않아 다임러 씨는 회사를 떠나게 되었다. 그의 조수 메이바하 씨도 그를 따라 같이 회사를 떠났다. 이 덴츠 사는 그 후 온갖 특허소송을 일삼아 오다가 2사이클 엔진도 자사 특허를 침해했다고 소송을 제기했다. 그러나 재판소는 오토 특허는 4사이클 엔진에 한한다는 판결을 내려 덴츠 사는 경영 기반을 잃었다.

3. 메르세데스(벤츠)는 프랑스 아가씨

1882년에 오토 사를 떠난 다임러 씨는 이미 42세였다. 그러나 연구개발 의욕은 여전히 왕성하여 3년 후에는 획기적인 신형 엔진을 개발했다. 다임러 씨는 대단한 발명을 했다. 그것은 1886년부터 1889년 사이에 연구하여 개발한, 자전차나 마차에 달아서 쓸 수 있는 휘발유 엔진이었으며 이것은 세계 최초의 자동차가 되었다. 이 특허를 가지고 1890년 다임러 자동차 회사를 설립했다.

다임러 사 자동차는 세계 각지에 판매되었으나 미국만은 예외였다. 그 자세한 이유는 후에 설명할 것이지만 미국에는 셀던 특허라는 자동차 특허가 있었기 때문이었다. 다임러 자동차는 미국 진출에는 실패했지만 프랑스 진출에는 성공을 거두었다. 이 사실은 자동차의 역사를 결정적으로 바꾸어 놓은 계기가 되었다.

우선 프랑스에는 1870년대부터 오토 엔진이 E. 사라진이란 사람에 의해 파리를 중심으로 판매되고 있었다. 그러나 그는 돌연 사망하고 그의 부인은 루바쏠이란 사람과 재혼했다. 루바쏠은 부인의 전 남편인 사라진의 유지(遺志)를 계승하여 휘발유 엔진의 판매를 시도했다. 한편 루바쏠은 빠날이라는 사람과 공동으로 다임러 엔진의 프랑스 내 총 판매권을 취득하고 처음에는 선박용 엔진을 중심으로 시장을 개척했다.

 다임러가 자동차를 발명한 것에 자극을 받아, 루바쏠 등도 프랑스에서 이제까지 자전차를 제작하고 있던 푸조 회사에 자동차의 시제품을 만들어 보도록 지원했다. 이것이 기대 이상으로 성공했다. 이에 용기를 얻은 그들은 자기들의 자동차 회사를 만들기로 결심하고 결국 빠날 에 루바쏠 자동차 회사를 설립했다.

 당시의 자동차는 원시형 자동차로 '버기'라고 하는 마차의 뒷부분에 엔진을 붙인 간단한 것이었다. 그러나 빠날 에 루바쏠의 1891년형 모델은 이러한 것과는 전혀 다른 스타일의 것이었다. 엔진을 앞부분에 세로방향으로 붙이고, 뒷바퀴에 액셀 축을 연결하여 구동하게 되어 있었다. 이러한 설계의 장점은 명백하게 드러났다. 엔진을 뒤에 설치하면 작은 엔진밖에 탑재할 수 없게 된다. 작은 엔진으로 마력이 작아지고 자동차 경기에는 이길 수 없었다.

 당시 자동차 회사의 유일한 선전 수단은 자동차 경기에 승리하는 것이었다. 이는 대중용 자동차가 등장하기 이전의 이야기이기 때문이다. 자동차는 의사나 변호사 등 부유층의 취미생활용 도구에 지나지 않았다. 따라서 모든 자동차 회사는 보다 성능이 좋은 자동차 개발에 사력을 다했던 것이다. 이러한 개발 경쟁 중에 오늘날의 자동차의 원형이 프랑스 사람에 의해서 고

안되었다. 말하자면 프랑스 사람은 현대 자동차 개념의 발명자이다.

프랑스 사람과 자동차의 관계는 매우 인연이 깊다. 자동차 개념을 생각해 내고, 세계 최초의 자동차 산업이 확립된 것은 독일도 미국도 아닌 프랑스였다. 1895년 시점에 프랑스에는 이미 5개의 자동차 제조 회사가 난립하여 격렬한 경쟁을 시작하고 있었다. 니스와 칸느의 자동차 경기에서도 우승자는 대체로 프랑스 자동차일 정도였다.

독일의 다임러 자동차 회사는 세계 최초의 자동차 제조 회사였다. 그에 비해 디자인·아이디어에 있어서는 참신성이 부족했고, 시판되는 자동차도 초창기에는 그다지 눈에 뜨이지 않았다. 그러나 다임러가 세상을 떠난 이후부터는 그의 제자인 메이바하가 눈부신 활약을 하여 결국 1903년에 경기용으로 개발한 차가 폭발적인 인기를 얻었다. 이 차가 유명한 메르세데스(벤츠)이다.

전혀 새로운 모델의 이 차는 사실은 프랑스 니스의 부호이며 다임러 자동차의 딜러(대리점)인 에미르 제리네끄 씨의 권고로 다임러 사가 니스의 자동차 레이스용으로 극비리에 개발한 것이었다. 제리네끄 씨는 이 차를 처음 360대를 구매해 주는 조건으로 오스트리아, 프랑스, 벨기에 등에서의 다임러 차의 독점 판매권을 획득했다. 이와 관련하여 메르세데스란 차 이름은 이 제리네끄 씨의 열한 살 난 딸의 이름을 딴 것이었다.

여기에서 다임러 사의 이름이 현재 다임러 벤츠 또는 약칭하여 벤츠 사로 불리는 연유에 대해서 알아보자. 벤츠 씨는 1860년에 독일 카를스루에 고등공업학교를 나온 엔지니어였다. 그는 1882년 엔진의 스피드를 컨트롤 하는 스로틀 밸브에 관한 중요한 특허를 취득하고, 그 이듬해에는 이미 엔진 제조 회사를 설립했다. 그리고 1893년에는 오늘날의 자동차 핸들과 같은 모양의 원형 핸들을 탑재한 자동차를 시장에 투입하면서 자동차 제조업에 참여하였다.

  그러나 벤츠 사의 차는 자동차 경기에서는 늘 패배를 거듭했다. 하지만 벤츠 사의 차는 다른 차와는 다른 특징적 장점을 갖고 있었는데, 튼튼하고, 메인터넌스(유지 보수)가 손쉽다는 점이었다. 그 때문에 미국 시장에서는 대단히 평판이 좋았다. 그러나 자동차 경기에서 빈번히 진다는 것은 유럽 시장에서 다임러 사나 프랑스 차에 진다는 것이어서 결국 벤츠는 자금을 지원한 공동 경영자인 간즈 씨와 충돌하게 되었다. 고속 경기용차 개발을 원하는 간즈 씨의 주장에 따라 기술자를 초빙하여 새로운 모델을 개발해 보았으나 역시 경기에 이기지 못하여 결국 간즈 씨는 벤츠 사와 결별하게 되었다. 간즈가 떠남과 동시에 벤츠 사는 자금 문제로 경영 기반이 흔들려 결국 다임러 사와 합병을 이루게 되고, 회사명은 다임러 벤츠 사로 되었다.

4. 인공염료의 등장

제1차 세계대전이 발발함에 따라 세계는 심각한 염료부족 사태에 빠져 들었다. 염료 따위가 전쟁과 무슨 상관이 있느냐고 생각할 수도 있으나, 당시 염료는 극히 중요한 전략 공업제품이었다. 우선 의복용 염료가 없다는 것은 의복 생산이 불가능하다는 것을 의미했다. 또한 염료 그 자체는 아닐린계의 폭약이나 의약, 사진 현상액 등의 원료였으므로 염료의 공급 부족은 의약, 섬유, 무기 공업 분야에 심각한 사태를 초래했다.

염료 부족사태를 야기한 원흉은 독일이었다. 제1차 세계대전의 발발로 적국에 수출금지 조치를 시작했기 때문이었다. 당시 독일은 전 세계 인공염료 시장의 9할 이상을 생산함으로써 완전 독점상태에 있었다. 즉 인공염료 기술은 독일의 소위 패권기술 그 자체였던 것이다.

인공염료는 하나하나의 제조과정이 위험하고 또한 규모의 경제가 적용되지 않는 기술이어서, 그 프로세스 기술(공정기술)을 확립한 독일에 도전할 수 있는 나라는 없었다. 자국에서 비경제적으로, 위험한 화학반응을 수반하는 인공염료를 생산하기 보다는 값싸고 품질 좋은 독일 제품을 수입하는 편이 현명하다고 생각했었다.

하지만 인공염료도 독일이 발명한 것은 아니었다. 발명자는 윌리암 헨리 퍼킨이라는 영국 사람이었다. 그러나 그는 독일이 투자하여 런던에 설립한 화학학교의 학생이었다. 그의 교수는 석탄을 가열하여 만든 벤젠으로부터 아닐린을 만드는 것을 발명한 유명한 독일의 화학자 아우구스트 호프만이었다.

석탄은 연료로만 사용되는 것이 아니라, 여러 가지 유용한 화학제품을 만드는 원료가 된다. 석유가 보편화 되지 않았던 1800년대만 하여도 요즈음의 석유화학 산업과 비슷한 석탄화학 산업이 번창했다. 석탄을 고온에서 떡을 찌듯 쪄내면(건류한다고 함) 휘발 성분인 벤젠과 같은 여러 가지 기름 성분이 먼저 분리되고, 그 다음은 콜타르가 분리되며, 끝까지 남는 것은 아스팔트이다. 1800년대 초반에는 콜타르는 방수용 종이 생산과 목재의 부식 방지제로 사용되었다.

이렇게 석탄에서 나온 벤젠을 몇 단계 반응시키면 아닐린이 된다. 이 단계까지 성공시킨 것이 앞에서 말한 호프만 교수였다. 이 아닐린은 천연염료로서, 청바지 염색제로 유명한 인디고가 오래되면 생기는 화학물질인 것이다. 아닐린으로부터 아닐린 퍼플이라는 인공염료의 공업화에 최초로 성공한 사람은 호프만이 영국에 있을 때의 제자인 퍼킨이었다.

앞에서 본 바와 같이, 산업혁명을 성취한 영국은 기초과학을 중심으로 한 학문적 교육은 높은 수준에 있었으나 공업교육에 있어서는 기업에 일임하고 정부는 그다지 노력을 기울이지 않았다. 영국은 존 돌톤 등의 유명한 화학자를 많이 배출했다. 그러나 그들은 기초과학적 연구에 치중한 개인 실험실을 소유하고, 학생은 개인적 조수로서 교수의 실험을 도와주며 배우는 형식의 교육이었기 때문에 대중교육 측면에서는 그다지 공헌하지 못했다.

이에 반해, 영국을 추적하려고 노력한 독일은 응용과학을 중심으로 한 대중적 공업교육에 정력을 쏟았다. 이러한 양국 간의 역사적 배경에 따른 교육 정책상의 차이는 묘한 현상을 초래하게 되었다. 즉 실용성 있는 응용과학 측면의 화학교육을 받기 위해서는 후발국 독일에 유학을 가야 하는 기현상이 생긴 것이다. 이리하여 독일 화학의 아버지라 불리는 기센대학의 리비히 교수 밑에는 세계 각지로부터 공업화학, 농업화학 등을 배우려는 유학생이 구름처럼 모여 들었다.

이와 연관해서, 1876년경에 미국에서 응용화학을 강의한 학교는 MIT, 펜실베이니아대학, 버지니아대학 등 3개 대학 뿐이었고 이들 대학의 교수진 모두는 독일 유학을 하고 돌아온 팀이었다.

한편 영국은 면제품의 표백기술인 무기화학(無機化學) 기술로부터 화학공업이 발달했기 때문에 무기화학 공업이 주류를 이루었으며, 유기화학(有機化學)을 가르칠 교육기관이 없었다. 이 때문에 1845년 영국은 왕립 화학학교를 설립하고 독일로부터 호프만 교수를 초빙하여 영국에서 최초로 유기화학 강의를 개설했다.

호프만의 제자들은 졸업 후 연이어 회사를 설립해 나갔다. 이는 영국인은 산업혁명 이래 기업가 정신이 왕성했기 때문에 그 정신을 이어받은 탓도 있지만 그보다 독일식 응용과학 교육이 산업과 연결되는 특징을 보여주는 것이었기 때문이다. 1856년에 아닐린 특허를 획득한 퍼킨도 벌써 1857년에는 회사를 설립했다. 그러나 보수적인 염료업자들은 천연염료보다 뒤지는 인공염료를 평가해 주지 않아 퍼킨 회사는 악전고투를 면치 못했다.

같은 시기에 프랑스 리옹의 바규안이란 고등학교 교사가 호프만과는 별도로 염료인 아닐린 레드의 분리에 성공하여 특허를 얻었다. 그는 그 특허를 리옹의 직물 염료 회사에 판매했다. 그 회사는 이것을 후꾸신이란 이름의 염료로 시장에 내어 놓았는데 그 이름이 좋았는지는 몰라도 눈 깜짝할 사이에 유명해졌다. 후꾸신이란, 밝은 자홍색의 꽃 이름인데 부인층에 호감을 주어 그 염료가 받아들여진 것이라 한다.

퍼킨 회사의 아닐린 퍼플이란 이름은 매우 촌스러운 이름이어서 영국에서 팔지 않았는지도 모른다. 그러나 어이없게도 퍼킨의 염료는 프랑스에 넘어가 팔리기 시작했다. 이는 프랑스 상인이 새로운 매력적 상표를 붙여서 팔았기 때문이다. 프랑스에서 이렇게 뜻하지 않은 평판을 얻은 후 퍼킨의 제품은 영국에서도 팔리기 시작하여 그의 회사는 도산의 위기를 겨우 모면할 수 있었다.

5. 독일의 에뮬레이션

독일의 화학교육은 우수한 수준이었지만 영국의 퍼킨의 경우처럼, 교육을 받은 사람들이 특허를 바탕으로 즉시 기업을 일으킬 수 있을 정도로 경제가 성숙해 있지는 않았다. 소위 말하는 하이테크 벤처 비즈니스에 관해서는 영국 쪽의 환경이 정비되어 있어, 독일의 호프만 교수까지도 스스로 회사를 만드는 일은 시도하지 않았다.

영국의 이러한 하이테크 붐에 영향을 받아 독일에서도 1800년대 후반 벤처 기업이 시도되기 시작했다. 그러나 창업에 뛰어든 소규모 회사들은 자금 문제는 물론 같은 종업의 난립으로 인한 서로 간의 경쟁이 격화되고, 상권에 관한 소송투쟁이 다반사여서 기업이 성공하기가 무척이나 어려웠다. 이들 중 살아남은 기업들이 바이엘, 아그파, 훼히스트, 바디셰(BASF) 등 현재는 누구나 알 수 있는 세계적 화학 회사들이다.

물론 그 당시는 이들은 무명의 작은 회사들이었다. 바디셰 회사는 1861년 만하임에서 염료생산 회사로 설립되었다. 영국에서 유학하고 돌아온 헨리히 카로를 주임 기술자로 임용하여 적극적으로 후꾸신을 생산하기 시작했다. 이 회사의 특징은 아리자린 염료의 개발로 특허를 확보한 것인데, 이는 독일 최초의 염료 특허로 알려져 있다. 바디셰는 후일에 회사의 머리글자만 따서 BASF라 부르게 되었다.

한편 훼히스트 회사는 1862년에 유진 루시우스 박사와 두 명의 기업가에 의해서 일어난 염료 회사이다. 이 회사는 염료 이외에도 약품 생산을 추가하여 오늘날 세계 최대의 제약 회사의 하나가 되었다.

바이엘 사는 1850년에 프리드리히 바이엘 씨에 의해서 설립된 천연 염료의 도매상으로부터 시작되었다. 그 후 하이테크 케미컬 회사로 변모하여, 1860년부터는 후꾸신의 생산을 시작했다. 그밖에도 병원용 식품과 사진용 현상액을 주요 제품으로 하여 독일 최대의 케미컬 회사로 군림했다. 그러나 바이엘 씨 자신이 보수적이었기 때문에 초기에는 대학 출신의 화학자를 선호하여 임용하지는 않았다. 이 때문에 다른 인공염료 회사와의 경쟁에서 패배했다. 바이엘 씨의 사망 후 이 전통을 허물어 일거에 300명의 화학자를 대량으로 채용했다. 유명한 아스피린은 바로 그들이 발명한 것이다.

이 바이엘 사와 격렬한 특허 침해 소송으로 투쟁한 것이 아그파 회사이다. 아그파 사 설립자의 한 사람인 칼 말티우스는 호프만의 연구실 출신이었다. 이 회사는 가바 공법이란 신식의 제조법으로 후꾸신을 생산하고 있었으나 한편으로는 바이엘 사의 화학자로부터 콩고레드의 제조법을 통째로 사들이는 등 기술 모방이 왕성한 회사였다. 그 때문에 바이엘 사와 특허 침해 소송으로 지루하게 다투어야 했다.

이와 같이 독일의 후발 회사들은 빠짐없이 영국과 프랑스의 염료기술을 모방했다. 그런데 왜 독일의 회사들만이 급속히 발전할 수 있었을까?

그 하나의 이유는 독일의 특허법이다. 독일은 종래의 미니 국가적 성격을 통일 후에도 지속하여, 특허법은 각 주의 관할 하에 있었다. 이들 주는 외국 기술을 모방해서 산업을 일으키기 위하여 특허법의 시행을 고의로 지연시켰다. 당시 독일의 30개 주 중에서 10개 주는 아예 특허법 자체도 완비하고 있지 않았다. 또한 특허법이 있는 경우에도 특허 취득 비용이 지나치게 높아 어느 누구도 쉽게는 특허출원을 하지 못했다.

동시에 독일의 회사는 시장 동향을 분석하여 염료기술을 선택적으로 도입했다. 예를 들면, 프랑스의 후꾸신은 도입하였지만 팔릴 가망이 없는 퍼킨의 기술은 도입하지 않았다. 또한 교육에 국가적 노력을 기울인 관계로 유명한 화학자가 연이어 태어나고, 그들은 염료제조 회사를 일으킬 수 있었다. 새로운 제품의 특허를 확보함으로써 회사를 일으키는 영국과, 특허라는 발판 없이 모방만으로 회사를 일으켜야 했던 독일의 차이점이 여기에서 나타났다. 그리하여 독일 화학자 간의 상호 기술 모방이 대단한 경쟁 양상을 띠게 되고, 이러한 과정을 거친 후 신제품 개발에 사운을 거는 기업 풍토가 독일에 정착했다.

또한 지금까지 통용되고 있는 세일즈 엔지니어 제도는 독일의 염료 회사에서 처음으로 도입된 제도이다. 즉 경쟁이 격심했기 때문에 각 화학자를 고객에 파견하여 어떤 색깔의 염료를 원하고 있는가, 현재의 제품의 문제점은 무엇인가 등을 알기 위하여 순회 방문하게 했다. 이러한 고객 정보는 즉시 기술 개발에 반영되는 생산 시스템을 만들었다. 이와는 대조적으로 영국에서는 마케팅은 별도의 회사가 담당하여 생산 현장과는 전혀 연계되지 않았다.

염료기술에 관한 영국과 독일의 패권 교체는 1869년경이었다. 이 패권 교체에 가장 크게 기여한 사람은 영국 유학에서 돌아온 독일인 화학자였다. 염료기술은 당시의 하이테크 기술로서 아무나 간단히 생산할 수 있는 물품이 아니었다. 제조 과정이 극히 위험하였으므로 그 취급은 화학교육을 받은 화학자가 담당할 수밖에 없었다. 그 때문에 독일인 화학자가 영국 기업에 대거 채용되었고, 독일의 에뮬레이션이 시작될 즈음 그들은 독일의 기업과 정부에 복귀해 있었다. 바디셰(BASF) 사에 복귀하여 기술 책임자가 된 카로 씨는 그 대표적인 인물이다. 호프만 교수까지도 국가의 요청으로 1865년에는 귀국했다. 이러한 유능한 인재의 확보는 독일의 염료공업을 급속히 발전시켜 영국을 따라잡게 했다.

20세기에 접어들자 독일은 완전히 영국을 추월해 있었다. 1907년의 통계를 보면 염료 및 관련 기술 분야의 영국 특허 중에서 상위 5개 회사는 훼히스트 사가 35건으로 1위, 바이엘 사가 33건으로 2위, 바디셰 사가 27건으로 3위, 4위가 스위스 회사, 다시 독일의 아그파 사가 15건으로 5위를 차지하여 영국 회사는 하나도 들어 있지 않았다. 더욱이 이들 특허의 대부분은 신제품 특허였다.

이들 회사는 독일에는 주로 프로세스 특허를 출원 했으나 영국에서는 신제품 특허를 획득했다. 이제 그 이유를 살펴보자. 영국에서는 이미 생산하고 있는 제품에 대해서는 새로운 프로세스(공법)가 개발되어도 그에 대해서는 인정을 하지 않았다. 그 때문에 염료기술에 관한 특허소송은 대개 이전부터 제품을 만들고 있던 대기업이 이길 수밖에 없어 벤처비즈니스가 비집고 들어갈 여지가 전혀 없었다. 영국은 이 제도의 폐단을 인정하여 1907년에 특허법을 개정하였지만 때는 이미 늦었다. 특히 영국 특허를 취득하면 반드시 영국에서 생산해야 된다는 조항, 즉 독일을 겨냥한 조항을 새로 만들어 넣었으나 이미 세계의 구석구석까지 독일의 염료가 주름잡은 후의 사후 약방문이 되고 말았다.

이리하여 독일의 염료 산업, 의약 산업, 정밀화학 산업은 세계를 재패하게 되었다. 기존의 선진국을 추월하여 세계시장을 거의 독점하게 되고, 게다가 후발국으로서 획기적 성공을 거둔 점에 있어서 인공염료와 독일과의 관계는 특별한 관심을 끌게 된다. 독일은 인공염료에 있어 실로 테크노 헤게모니를 장악한 것이다.

20세기에 접어들 무렵에는 어느 나라도 독일의 기술에 대항할 수 없게 되었다. 사태가 여기까지 이르자 열강의 최대 관심사는 이러한 독일의 테크노 헤게모니를 어떻게 봉쇄할 것인가에 초점이 모아졌다. 제2차 세계대전 중에 미국 회사가 적국(敵國)인 독일에 기술 때문에 협력한 비화(秘話)가 있다. 기술에 얽힌 당시의 국제 정세를 잘 설명해 주는 이 비화의 내용은 다음과 같다.

6. 더 포뮬러

'더 포뮬러'란 화학반응식을 뜻한다. 동일한 제목의 MGM 사의 영화가 1980년 크리스마스에 개봉되었다. 말론 브란도 주연의 이 영화는 제2차 세계대전 직전 미국의 석유 회사가 독일의 국영 화학 회사로부터 석탄 액화기술(석탄으로 석유를 만드는 기술)을 통째로 빼내어 오는 사건을 주제로 하는 영화였다. 이 영화는 독일의 국영 회사인 IG 파르벤과 미국의 스탠더스 석유 회사 간에 있었던 비화와 비슷한 스토리를 엮어 제작된 것이라 한다.

IG 파르벤 사는 1925년에 형성된 재벌 그룹으로, IG는 독일어로 카르텔을 형성한 기업 그룹을 뜻하고, 파르벤은 염료라는 의미로 합쳐서 염료관련 기업 재벌이란 뜻이 된다. 이 재벌 그룹에 BASF 등의 대기업이 속해 있으며, 나치스 독일은 이 재벌 그룹을 국영화했던 것이다.

제2차 세계대전 전 나치스 독일은 일산(日産) 10만 바렐 상당의 석탄으로부터 가솔린을 생산하여 항공기 연료 등의 군사 목적에 사용하고 있었다. 이 기술 덕분에 영국의 철통같은 해상 봉쇄망을 뚫고 중동으로부터 석유를 수입해다 쓰는 위험을 무릅쓸 필요가 없어졌다.

한편, 미국의 스탠더드 석유 회사 측은 이 기술을 손에 넣은 다음 미국의 석탄을 매점(買占)하여 미국의 에너지 산업을 독점하려는 계획을 미리부터 추진하고 있었다. IG 파르벤과의 비밀 교섭에는 기술 이전의 대가로 스탠더드 석유 회사 주식 2퍼센트를 파르벤에 넘겨주는 것으로 되어 있었다. 당시 스탠다드 석유는 세계 최대의 석유 회사였다. 따라서 자산으로 따지면 줄잡아도 IG 파르벤의 3배는 넉넉히 되었다.

한편 IG 파르벤 측은 만성적인 재정난에 시달리고 있었다. 그러나 기술적으로는 IG 파르벤은 스탠더드 석유가 넘보기도 어려울 정도의 높은 수준에 있었고, 특히 1912년 독일인 베르기우스가 발명한 석탄 액화법을 개량하여 실용화한 기술을 보유하고 있었다. 바로 이 기술을 스탠더드 석유는 노리고 있었던 것이다. 또한 IG 파르벤은 로열 더치 셸 회사가 독점하고 있던 고무 제조 기술에 대항하기 위한 인조고무 기술을 개발하고 있었다.

휘발유와 고무는 항공기에 대해서는 결정적으로 중요한 전략물자이다. 이것이 없으면 전투기는 날 수 없다. 그러나 휘발유도 고무도 모두 천연 자재였으므로 그 확보를 위해서는 해군의 호위가 필요했다. 때문에 제해권(制海權)을 상실하게 되면 꼼짝할 수 없게 된다. 이러한 휘발유와 고무를 석탄으로부터 대량 생산할 수 있다는 것은 무척이나 매혹적인 기술이었다. 아마도 히틀러는 이 두 가지 기술 때문에 영국 및 미국과 유유히 싸울 수 있다고 생각했을 것이고, 여기에 나치스 독일의 자신감이 숨겨져 있었는지도 모른다.

IG 파르벤과 스탠더드 석유는 제2차 세계대전이 발발하기 훨씬 이전인 1929년에 협약을 체결하여 전자는 화학공업으로, 후자는 석유공업으로 세계시장을 분할할 것을 묵계하고 사업의 동반자가 되었다. 그런데 전운(戰雲)이 임박함에 따라 독일 내의 스탠더드 석유 시설은 나치스의 관리 하에 들어가고, 미국 내의 IG 파르벤의 시설 중 스탠더드 석유와 공동 명의로 된 부분은 미국 정부가 몰수할 위험이 다가오고 있었다. 이 때문에 스탠더드 석유는 IG 파르벤과 비밀리에 교섭을 추진하여 공유시설을 자사의 고유시설로 변경했다. 그 대가로 독일 측은 적국의 최대기업인 스탠더드 석유가 나치스에 협력할 것을 약속받았다고 한다. 그 증거로, 스탠더드 석유는 친 나치스 회사인 남미의 라치 항공 회사에 석유를 공급했고 독일은 영국의 해상 봉쇄를 넘어 남미의 친독 정권과 연락을 유지할 수 있었다. 그러나 불행하게도 독일의 석탄 액화기술은 이 두 회사 간의 밀약 사실이 밝혀져 문제가 됨으로써 결국은 미국에 이전되지 않았다고 한다.

이 사건을 보더라도 그 당시 독일은 고도기술에 있어 얼마나 우위에 있었던가를 알 수 있다. 또 하나의 예로서, 제1차 세계대전 중 미국은 늦게 참전하였음에도 불구하고 미국에 등록된 독일의 염료 관련 특허 1200여 건을 즉각 몰수하여 듀폰 사와 몬산토 사를 비롯한 주요 화학 회사에 무상으로 제공했다. 이의 법적 근거를 마련하기 위해 종전 직전인 1917년에 미국 의회는 '적국 통상법'을 제정하여 연방 통상위원회가 몰수한 특허를 무상으로 민간 기업에 이양할 수 있도록 조치했다. 이때 몰수한 특허를 관리하기 위하여 급거 설립된 기관이 미국 화학재단이다.

독일과 미국 간의 기술 격차는 제1차 세계대전을 계기로 몰수된 염료 특허를 기반으로 점차 축소되기 시작했다. 그러나 제2차 세계대전 때까지도 두 나라 간의 차이는 역연하여 미국이 독일을 추월한 수준은 아니었다. 전후(戰後)에 미국과 소련이 다투어 독일인 과학자를 데리고 간 것은 이러한 이유 때문이었다. 로켓 분야의 세계적 과학자인 폰 브라운 박사 그룹을 소련이 침입하기 직전에 미국에서 데리고 간 것은 대표적인 예이다. 미국은 그들을 데리고 가서 앨라배마주의 헌츠빌이란 작은 도시에 돌연히 독일인 마을을 만들어 이주시켰다. 지금은 헌츠빌은 우주 관련 기술개발의 세계적 도시로 변모해 있다. 이는 흡사 17세기의 위그노 이민과 같은 것이라 할 수 있다.

chapter 07

미국은 어떤 나라인가

1. 보호주의와 자유주의 공존

 1981년 봄 일본 통산성은 업계의 맹렬한 반대를 물리치고 자동차 대미 수출에 있어 자주 규제를 결정했다. 에너지 위기를 기점으로, 연료 효율이 좋은 일본 차가 미국 시장에서 잘 팔려 나갔다. 이 때문에 미국의 자동차 업계는 불황에 빠지고 명문 크라이슬러 사는 미국 정부의 구제조치를 받을 정도로 업적이 곤두박질했다. 그로 인하여 대일 자동차 수입에 대한 미국 자동차 노조의 반대운동은 격화하고, 디트로이트에서는 일본제 자동차가 해고당한 노동자의 손에 의해 해머로 두들겨 부서지는 사건이 일어났다.
 일본인이 보는 이 사건의 본질은, 미국 자동차 업계가 석유위기에 대응한 기업 노력을 태만히 하여 휘발유가 많이 먹히는 대형 자동차를 신속히 개량하지 못했고, 수익성이 적다는 이유로 효율이 좋은 소형차도 개발하지 않았기 때문이었다. 마침 그 무렵에는 미국 소비자가 차를 많이 바꾸는 시기와 일치하여 가격도 적당하고 품질도 좋은 일본차에 주문이 쇄도했다.

그러나 미국인의 눈에는 그러한 면이 보이지 않았다. 문제는 오로지 일본의 불공정한 대미 수출에 있다는 분위기가 미국에 만연했다. 이에 미국 정부는 일본 정부에 대해 비공식 절충을 시작하여 일본 측의 수출 자주 규제로 사태를 수습하려고 하였다.

미국 정부가 수입 제한을 단독으로 할 수 없었던 이유는 명백하다. 첫째로, 미국 정부의 수입제한 조치는 덤핑 등의 불공정 상행위로서의 명확한 증거가 없는 한 실행에 무리가 있었다. 둘째로, 만약 연방정부가 수입제한 조치를 취하면 미국 소비자의 불만이 폭발할 우려가 있었다. 셋째로, 미국의 독점 금지법의 원칙에서 도산(倒産) 구제 이외에 특정 기업에 연방정부가 원조하는 것은 불가능했다.

이러한 사정으로 미국 정부는 일본의 통산성에 대해 사건의 해결을 의뢰하게 되었던 것이다. 즉 일본의 무역관리령에 근거한 수출 규제를 요청한 것이다. 일본 통산성은 이를 수락하여 초년도의 수출 대수를 168만 대로 정하고, 각 회사에 수출 대수를 배분했다. 이에 대해 일본의 자동차 메이커들은 통산성의 파시즘 행위라고 항의하면서 강한 반발을 하였다. 이것이 소위 말하는 자동차 자주 규제 사건이다.

이와 관련하여, 어떠한 배경과 이유에서 일본 통산성이 국내의 강한 반발에도 불구하고 미국 정부와의 타협의 길을 선택했던가가 핵심적 관심사가 된다. 이에 대해 당시의 통산성 대외담당 차관이라고도 불리었던 통상 심의관 아마다니 나오히로(天

谷直弘) 씨는 1981년 일본경제신문에 장문의 기고를 통해서 다음과 같이 그 배경을 설명했다.

미국의 대외 통상정책의 흐름에는 두 가지 상호 모순되는 발상이 공존했었다. 하나는 보스턴 차 사건적 발상, 즉 보호주의적 발상이고, 다른 하나는 제퍼슨(Jefferson)적 발상, 즉 자유주의적 발상이었다. 보스턴 차 사건이란, 1773년 보스턴 만에 정박 중인 상선을 인디언으로 분장한 영국 식민지 주민, 즉 미국인들이 습격하여 상선에 실어둔 차 상자를 모두 바다에 던져버린 사건이다.

사건의 원인은 그로부터 6년 전으로 거슬러 올라간다. 영국은 1767년 타운쉐트법을 제정하여 식민지가 영국으로부터 수입하는 차, 유리, 종이 등에 수입세를 부과하기로 결정했다. 이는 식민지로부터 세금의 증수(增收)를 목적으로 하고 있었기 때문에 그러한 악랄한 착취에 식민지 주민들은 수입 거부로 대항했다. 이를 계기로 영미관계(英美關係)는 더욱 악화되기 시작했다. 결국 영국은 3년 후에 이 법을 폐지하였지만 차(茶)만은 계속 세금을 징수토록 하여 예외로 두었다. 그 이유는, 당시 국책 회사였던 동인도회사가 경영 위기에 몰려 영국 정부는 그 적자를 메우기 위해 식민지로부터 세금을 거두어들이는 것이 필요했기 때문이다. 그런데 법 폐지 후 3년째 되는 해인 1773년에 수입 차에 대한 고율 관세 징수를 목적으로 영국은 또다시 차조례(茶條例)를 제정한 것이 보스턴 차 사건의 직접적인 원인이 되었다.

이 보스턴 차 사건에서 나타난 바와 같이, 미국인은 자국의 권리를 부당하게 침입하는 자에 대해서는 과감하게 대항하며,

자기들의 정의와 권리를 방위하기 위해서는 힘의 사용도 불사한다고 아마나니 씨는 단언했다. 이것이 보스턴 차 사건적 발상이다.

한편 이와 대치되는 발상은, 미국 헌법을 만든 사람 중의 한 사람인 토머스 제퍼슨 대통령에게서 볼 수 있는 자유주의적 경향인데, 유럽의 계몽사상에 영향을 받은 외향적 사상이다. 즉 보호주의는 방위적인데 반해서 자유주의는 신앙심에 불타는 선교사 정신과 유사하다.

이 두 가지의 발상 중에서 미국 의회는 전통적으로 보호주의적이고 대통령 측은 자유주의적이어서, 대외 경제가 나빠지면 의회가 강해지고, 그렇지 않으면 대통령 측이 강해진다. 그러나 국가 정책결정 차원에서는 대통령 측이라 해도 국론 통일이 우선해야 하기 때문에 보호주의를 택할 경우도 있다고 아마다니 씨는 논술했다. 통산성은 미국의 보스턴 차 사건적 발상의 실력 행사를 사전에 회피하는 것이 일본에 대해서 가장 유리한 안전보장책이라 생각하여 자동차 자주 규제를 강행하게 되었다고 그는 해명했다.

2. 프랑스형 국가로 출발

　미국 건국의 태동은, 영국의 박해를 피해 1620년 도망쳐 나온 청교도에 의해서 시작되었다. 신앙심이 두터운 그들은 새로운 신학교를 세웠다. 그것이 1636년에 설립된 하버드대학이다. 그런데 이러한 동북부의 청교도 이민보다 30년이나 앞서 영국은 버지니아의 제임스타운에 최초의 식민지를 건설했다. 그리고 프랑스도 1718년에 뉴올리언스를 건설하는 등 17세기와 18세기에 걸쳐 북미 대륙은 당시의 열강에 의해서 식민지화 되었다.

　그러나 18세기 후반에 들어와서는 영국의 강력한 제해권 확보와 비례하여 북미에 대한 영국의 영향력은 급격히 팽창되었다. 이러한 영국에 대하여 최대의 적대 세력은 유럽의 열강이 아니라 프랑스가 지원하는 식민지의 해군이었다. 이러한 사실에 근거해 볼 때 미국의 독립전쟁은 프랑스를 대신하여 미국이 영국과 싸운 전쟁이라고도 볼 수 있다. 이러한 역사적 배경으로 인하여 초창기의 미국은 프랑스의 영향을 많이 받았다.

　미국 건국의 조상들은 이 나라를 우선 프랑스형 국가로 만들겠다고 생각한 것 같다. 그 예로, 헌법에 표현된 자유주의와 계몽사상은 물론 대통령제, 과학기술 교육, 무기기술 등에 있어 건국 초기에는 프랑스 색채가 짙게 나타나고 있었다. 따라서 미국은 영국형 국가가 아니라 프랑스형 국가로 출발했다고 보아도 무방할 것이다. 이것이 가장 명확하게 나타나는 것이 제퍼슨 정권 하에서 이루어진 과학기술의 제도화(制度化)이다.

미국 헌법기초회의(憲法起草會議)는 1789년 필라델피아에서 헌법안을 완성함으로써 그 역할을 끝마쳤다. 이에 의해 1789년 워싱턴이 대통령으로 선출되고 미국 정부가 수립되었다. 이 헌법기초회의에서 중점 토의된 것이 국립대학법, 특허법, 운하법(運河法) 등 과학 및 기술과 연관된 법의 근거를 마련하는 일이었다. 그 배경은 다음과 같다.

당시 유럽에서는 계몽사상이 거세게 일고 있었다. 계몽, 즉 종교적 편견으로부터 인간을 해방시켜야 한다는 프랑스 사상은 자연적으로 과학기술의 발전을 지향하는 사상으로 전파되어 갔다. 이 프랑스의 계몽사상에 깊이 젖어든 사람이 헌법기초위원이며 후일에 대통령이 된 제퍼슨(Thomas Jefferson)이었다. 그는 1785년에 프랑스 대사를 역임한 적이 있어 프랑스의 고도의 과학기술을 직접 보고 들었다. 그 때문에 신생 미합중국은 과학기술을 국가 차원에서 지원하여 나라의 발전을 도모하지 않으면 안 된다고 생각하여 국립대학법, 특허법, 운하법, 미터법 등의 제정을 강력히 주장했다.

그러나 헌법 기초위원들의 이러한 구상은 입법 과정에서 뜻대로 이루어지지 않았다. 국립대학 법안과 운하 법안은 후일에 대통령이 된 벤저민 프랭클린이 제안하였지만 연방 정부의 권한을 지나치게 확대해서는 안 된다는 반론이 제기되어 실현되지 못했다. 애석하게도 제퍼슨이 제안한 미터법도 의회에서 부결되었다. 최후에 남은 특허법은 별로 반대 없이 채택되어 1790년에 미국 최초의 특허법이 시행되게 되었다. 그러나 특허청을 연방정부 내에 설치하는 법안은 역시 연방정부의 권한 비대 법안이란 이유로 부결되었다. 이 때문에 1793년에 제정된 법률에서, 특허수속은 제퍼슨 장관이 관할하는 국무성이 담당한다는 기묘한 규정이 등장했다.

제퍼슨 장관은 1800년에 대통령에 당선되었다. 그는 미국 과학기술 발전의 기틀을 닦았다. 지질, 식물, 기후상태 등의 대대적인 조사연구 사업을 추구하여 서부 개척에 크게 공헌하는 한편, 프랑스를 모방하여 1802년에 공병학교, 즉 웨스트포인트를 설립하여 공학 발전을 촉진하고, 1807년에는 연안조사법(沿岸調査法)을 입법하여 프랑스의 해양조사 기술을 도입했다. 이와 같이 건국에서부터 19세기 초기까지의 미국은 프랑스 모방형 국가였다.

3. 독일형 국가로의 급선회

19세기에 독일은 심각한 인구 증가문제를 안고 있었다. 많은 독일인이 가난을 모면하려고 해외로 이주했다. 가장 많이 이주한 곳이 미국, 다음이 아르헨티나 등의 남미 국가였다. 미국으로 이민 간 독일인은 약 6백만 명으로, 영국인과 비슷한 숫자였다. 이 사실은 미국에는 영국적인 요소는 물론 독일적인 요소도 많다는 이야기가 된다. 다시 말하면, 독일인이 대량 이주함에 따라 19세기 중엽 이후 미국은 프랑스형 국가로부터 독일형 국가로 급속히 변모해 갔다. 특히 기술 측면에서 보면 독일형 국가로 변모한 미국의 모습이 구체적으로 드러난다.

1700년대 말의 건국 초기, 특히 제퍼슨 시대의 미국은 프랑스 색채가 짙은 나라였다. 그러나 1800년대 독일인의 대량 이민과 남북전쟁은 독일형 국가로의 변모를 가속화하는 계기가 되었다. 1861년의 남북전쟁은 연방주의(聯邦主義)와 반연방주의 내전(內戰)이라고도 할 수 있다. 전쟁은 북쪽의 연방주의, 즉 독일형 국가주의의 승리로 막을 내렸다.

이리하여 1839년에는 특허청이 신설되고 1862년에는 농무성이 설립되어, 연방정부 소유의 토지와 농사시험소를 주에 이관했다. 각 주는 이를 근거로 주립대학을 설립할 수 있게 되었다. 독일이 인구 팽창 때문에 농업의 과학화를 장려하고 동시에 동부에 진출한 것과 마찬가지로, 미국은 남북전쟁이 임박한 시기에는 해마다 6백만 정도의 인구가 늘어났으므로 이 문제 해결을 위해서는 농민을 이주시켜 서부를 개척하는 길 밖에 해결책이 없었다. 이와 같이 지정학적 측면에서 독일과 미국은 놀랍게도 흡사했다.

20세기에 접어들자 미국의 독일 에뮬레이션은 더욱 가속화되었다. 1914년에는 주립대학이 구심점이 되는 농업기술 지도제도(指導制度)가 시작되었다. 이는 연방 정부의 주 정부가 절반씩 부담하는 예산으로 농무성의 기술자와 주립대학의 연구원이 공동으로 생산성이 낮은 농가를 상대로 기계, 비료, 농약 등에 관한 지도를 실시하는 제도였다. 이 제도도 19세기 중엽 독일의 이동 농업지도제도와 유사한 제도였다.

chapter 08

아메리칸 시스템

1. 프랑스의 호환성 기술의 에뮬레이션

 프랑스에서 발달한 무기 호환성 기술(互換性技術)에 심취한 미국인이 있었다. 그는 프랑스 대사를 역임하고 제3대 미국 대통령이 된 토머스 제퍼슨이었다. 프랑스의 드 그리보바르 장군은 1765년에 프랑스 육군의 무기 개혁을 단행하여 세계에서 가장 먼저 무기의 표준화를 추진했다. 특히 천재적인 오노레 브란 씨가 발명한 호환성 부품에 의한 머스킷 총은 모든 나라가 탐을 내는 물건이었다.
 신임 대사인 제퍼슨도 1785년에 재빠르게 브란 씨를 만났다. 그리하여 4년 후에는 브란이 제작한 머스킷 총 6정을 구입하여 필라델피아로 보냈다. 그 머스킷 총은 1777년 모델이었으며, 제퍼슨의 친구인 휘트니 씨가 국방성(당시에는 전쟁성이라 했다)과 계약을 체결하여 1만 정분의 호환부품 제작에 착수했다. 그러나 그의 제작은 완전 실패로 끝났다. 따라서 호환성 총기의 제작은 민간에서 육군의 조병창으로 넘어가게 되었다.

당시 미국 육군에는 프랑스의 군사 고문단이 많이 파견되어 있었다. 당시 미국과 프랑스는 동맹관계에 있었고, 후진 동맹국에 선진국의 군사 고문단이 주재하는 것은 예나 지금이나 다름 없는 일이었다. 특히 영미전쟁을 전후하여서는 프랑스 군속의 숫자가 늘어났고, 그들에 의해서 표준화 무기 시스템이 미국 육군에 이전되었다.

육군의 군수품 보급부장인 워즈워스 대령은 프랑스 고문단의 도움을 받아 육군 조병창에서 머스킷 총을 시험제작하기로 결정했다. 영미전쟁 때 수도인 워싱턴에 공격을 가했던 영국 공병대의 표준화된 대포 운반차의 우수성을 눈으로 보았던 것이 이 결정의 계기가 되었다. 워즈워스 대령은 1815년에 산하 조병창의 책임자를 불러 머스킷 총의 시험제작을 타진했다. 그러나 그들은 시제품 개발에 실패했다. 호환성 부품 생산기술은 미국 육군이 상상했던 것 보다 훨씬 어려운 고도 기술이었기 때문이다.

미 육군은 최초의 실패에도 아랑곳 하지 않고 계속해서 이 기술개발에 도전하기 위해, 산하 두 개의 조병창이 서로 경쟁하여 개발토록 조치했다. 이들 두 조병창은 각각 버지니아주의 하퍼스페리와 뉴잉글랜드주의 스프링필드에 위치하고 있었다. 이들 두 조병창이 기술정보를 수집하고, 전국적으로 전문가를 수소문하여 혼신의 힘을 기울인 결과 결국은 성공했다. 그러나 이 기술개발에 장장 27년이 소요되었던 것이다. 그리하여 1841년에 반동(反動) 라이플 총 모델이 하퍼스페리에서, 1842년에는 반동 머스킷 총 모델이 스프링필드에서 각각 개발되어 호환성 있는 부품으로 조립생산이 가능하게 되었다.

　호환성이란 표준화에 의해서 한 가지 부품이 여러 가지 제품에 공통으로 이용될 수 있게 하는 기술을 말한다. 따라서 기계별로 필요한 부품을 매번 새로 제작하지 않아도 되는 편리성의 제공은 물론, 부품별 대량 생산과 이를 이용한 신속한 조립생산을 가능케 하여 제품의 대폭적 가격 절하와 신뢰성 향상을 가능하게 한다. 이 사업은 하나의 제품 개발을 목표로 하였지만 개발된 기술은 조립생산이란 측면에서 광범한 제품에 적용 가능하여, 호환성 기술의 미국 정착에 기틀을 마련하는 계기가 되었다. 그러나 이 사례는 당시만 해도 미국은 프랑스에 비해 적어도 반세기의 기술 격차가 있었다는 것을 입증하는 것이기도 하다.

2. 아메리칸 시스템의 출발

　19세기 후반에서 20세기 초엽에 걸쳐 미국의 부(富)를 쌓아 올린 것은 재봉틀, 자전거, 전기기계, 자동차 등으로 대표되는 산업의 대량 생산력이었다. 이러한 미국의 고도 생산·경영 시스템을 아메리칸 시스템이라 한다.

　아메리칸 시스템의 원점은 전술한 바 있는 미국 육군이 완성한 호환성 기술이다. 그러나 호환성 기술은 프랑스가 발명한 것이었으며, 미국 육군이 그것을 습득했다고 해서 아메리칸 시스템이 쉽게 만들어진 것은 아니었다. 거기에는 미국 고유의 무엇인가가 가미되지 않으면 안 되었다.

그 하나는, 기술을 습득한 미국 육군 군인들의 기업 파견이었다. 어느 나라나 무기생산 관련 민간 기업에 군인을 파견하는 낙하산식 인사는 있게 마련이다. 그러나 미국의 경우, 군인이 일반 민생용 제품의 제조 회사에 파견되거나 또는 아예 군복을 벗고 스스로 회사를 설립하기도 했다는 것이 현저한 특징이다.

미국 의회는 1824년 4월, 종합조사법(군이 운수·토목 건설을 위한 국토의 종합조사를 하도록 한 법)을 가결했다. 이 법에 의해서 군인, 특히 공병 사관이 군적을 가진 채로 민간 개발사업에 참가할 수 있게 되었다. 이 법률에 의해서 가장 많은 혜택을 받은 것이 차후에 설명하는 철도 산업이었다. 그리고 공작기계 메이커도 예외는 아니었다. 머스킷 총 개발에 있어 휘트니가 실패한 이후, 군이 먼저 연구개발을 담당하고 민간이 그것을 이어받아 제조하는 방식이 정착되었다. 따라서 민간 기업에서 일반 민생제품 개발을 추진할 경우 경험 있는 군 출신을 채용하는 것이 극히 보편화 되었다.

두 번째로는, 군의 연구개발 결과가 민간에 스핀 오프(spin off)된(민생목적에 이용 가능한 기반 또는 핵심 요소 기술이 파생되는 것) 점이다. 당시 후진국인 미국에서는 민간 기업이 별로 발달된 상태가 아니어서 연구개발은 군 중심으로 추진되었다. 대학에서도 연구개발을 하고는 있었지만 그 수준은 매우 뒤떨어진 상태였다. 그 때문에 공학적 기초 연구는 1839년에 설치된 육군의 무기위원회가 선도해 갔다.

본래 이 무기위원회는 무기 전체의 적합성을 조사하는 기관으로 설치되었다. 특히 이 위원회는 금속재료 연구에 역점을 두어, 육군이 보유한 청동제 소화기를 철제 화기(火器)로 전환하는데 크게 기여했다. 청동제 화기는 가공(加工)하기 쉽지만 가격이 높기 때문에 국방성은 일단 결정한 청동 무기 확보계획을 철회하고 1840년대부터 철제 화기를 개발하기로 결정했다. 청동을 철로 바꾸는 노력은 1500년대의 영국의 경우와 흡사 했다.

무기위원회의 금속 연구는 기존의 민간 제철소 제품의 품질을 균일화 하는데 크게 공헌했다. 동시에 위원회의 멤버들도 연구 개발의 스핀 오프로서 철강 회사를 설립하기도 했다. 이 무기위원회는 프랑스의 기술을 중심으로 탄약 연구도 담당하여 새로운 가루 상태의 탄약을 개발했다. 오늘날 세계적으로 유명한 화학 회사 듀폰은 이 무렵 프랑스계 탄약기술 노하우를 가지고 출발한 회사이다.

셋째로는, 뉴잉글랜드를 중심으로 하여 조병창의 기술자들이 무기기술을 스핀 오프 하거나 혹은 기존의 공작기계 메이커에 고용되어 미국의 공작기계 기술 발달에 크게 공헌했다. 그들은 육군 공병학교인 웨스트포인트 출신의 정규공병사관은 아니었지만 고도의 기술을 습득한 기술자들이었다. 그들이 중심이 되어 동부 해안지역에는 레밍턴, 에임즈, 콜트, 로빈즈 & 로렌스 등등의 철공장이 들어차기 시작했다.

철포 제작으로부터 출발한 이들 공작기계 메이커들은 복잡한 금속 가공을 가능케 하는 플라이스반, 터렛선반 등을 발명 또는 개발함으로써 미국에 호환성 부품공업과 그 조립공업을 탄생시켰다. 이리하여 타이트라이터, 자전차, 전기축음기, 카메라, 자동차, 농기구 등 미국의 대표적인 제조업이 19세기 후반에 꽃피게 되었다.

네 번째 미국 고유의 특징은, 육군에서 시작된 중앙집중식 회계제도 및 매니지먼트 시스템이 무기 위탁 생산 회사 및 전직한 군들에 의해서 민간 회사에 이전된 점이다. 예를 들면, 오늘날 대기업의 사업부 제도 등 미국식 매니지먼트는 사실은 미국 육군이 최초로 개발한 것이었다. 특히 미 육군철도부대의 공헌은 다대했다.

미국형 경영방식은 철도 회사에 의해서 시작되었다고 할 수 있다. 당시의 철도는 부설(敷設) 기술도 뒤떨어진 것이었고 노동자의 질도 좋지 않았다. 또한 자재의 보급도 효율이 나빠 사고가 발했다. 그 때문에 철도 회사는 본사에서 일괄하여 자재발주 및 회계처리를 하는 반면 각지의 철도 노선 책임자의 재량권을 확대하여 효율적인 경영 개선을 시작했다. 이러한 일종의 사업부제(事業部制)가 우선 자재 납품업자인 철강업계에 전파되고, 점차 전 업종으로 전파되었다.

당시 미 의회는 육군에 대해 냉담한 상태였다. 국가예산을 낭비하고 군 지휘부는 권력을 남용한다고 생각했다. 이 때문에 군부 자신도 국가 사회에 가시적 공헌을 할 수 있는 일을 찾고 있었다. 여기서 군이 착안한 것이 운수 토목건설에 필요한 국토종합 조사사업이었다. 종합조사법은 이러한 경위로 만들어졌다.

이 법의 특징은 국토 조사에 있다기보다 군인이 민간기업, 특히 운수 회사에 전직 또는 고용되는 것을 허가한 점이라 할 수 있다. 우선 이 법률에 의해서 3년간 운하건설 조사가 실시되었다. 이어서 11명의 기술장교가 새로 설립된 볼티모어 오하이오 철도 회사(B & O)에 파견되었다. B & O의 건설위원회에는 다수의 군인이 참가하여 경영체제를 육군방식으로 바꾸어 놓았다.

육군방식 매니지먼트의 가장 특징적인 점은 인사 및 회계의 책임관리체제(accountability)이다. 부언 한다면, 각 부서에 일정 수준의 자유도를 부여하면서 중앙에서 집중 관리하는 방식이라 할 수 있다. 군은 우선 의회로부터의 비난을 불식시키기 위해 국방예산의 사용 명세를 의회에 일목요연하게 보고할 수 있도록 모든 하사관 이상으로 하여금 자기 소속 부대의 현황과 이동상황, 부하의 행동 및 무기의 재고상태 등을 책임 관리하고, 보고하게 하는 제도를 확립했다. 이 보고서는 미리 정해진 서식에 따라 기입하도록 되어 있었고 보고된 정보는 국방성에서 집중 관리했다. 이러한 관리방식은 스프링필드의 조병창에서 최초로 도입했다. 당시의 기업은 이러한 집중관리 방식의 기업경영 노하우는 갖고 있지 않았다.

군의 이러한 관리방식이 민간 기업에 최초로 이전된 것이 B & O 철도 회사였다. 이러한 근대식 경영방식은 뉴잉글랜드의 웨스턴 철도 회사, 필라델피아의 펜실베이니아 철도 회사 등에 이전되어, 대기업으로 성장하는 기틀이 되었다. 특히 펜실베이니아 철도 회사는 새로운 경영방식, 즉 스태프와 라인의 책임분할 방식이 최초로 도입된 회사였다.

이상에서 본 바와 같이, 아메리칸 시스템이라 불리는 생산 경영 시스템은 프랑스식의 무기제조 관리기술을 발판으로 하여 민간에 전입한 육군 엔지니어가 개발한 시스템이었다. 에뮬레이션을 단순한 모방이 아니라 모방 후 전혀 새로운 부분을 첨가한 기술혁신이라 한다면 아메리칸 시스템은 가장 전형적인 그 예라고 할 수 있다.

3. 영국 기술이민과 하버드 졸업생

 프랑스형 국가로 출발한 미국이기는 하였지만 뉴잉글랜드 지방을 보는 한 그 곳은 실로 작은 잉글랜드였다. 영국의 통계에 의하면 1773년부터 1776년까지의 3년 동안만 해도 1만2천 명이 이민을 갔고, 그 중 절반 정도가 북미대륙에 정착했다. 18세기 말까지의 이민을 제1차 이민단이라 한다면 제2차 이민단은 영미전쟁을 전후하여 미국에 이주한 1만여 명의 이민이고, 제3차 이민단은 수십만에 달하는 1820년대의 이민이다.

 그 중에서 섬유 기술이민은 제1차에 5백 21명, 제2차에 842명, 제3차에 4천 9백 99명에 달한 것으로 보아 1820년대에 상당수의 영국 섬유업 종사자가 건너간 것을 알 수 있다. 이민 목적지는 제1차가 주로 뉴잉글랜드, 그 이후는 필라델피아 등의 지방에 정착했다. 그 후 뉴잉글랜드에의 기술이민은 갑자기 감소했다. 이는 이 지방의 섬유공업이 19세기 초에는 이미 확립되었다는 것을 의미한다.

 잭슨 대통령으로부터 '미국 생산방식의 아버지'라 과찬을 받은 사무엘 슬레터는 제1차 기술이민단의 대표적 존재였다. 그는 영국 측에서 보면 법을 어기고 영국 기술을 적성국 미국에 팔아 넘긴 매국노가 되지만, 미국 측에서는 신주 모시듯 하는 사람이 되었다. 슬레터가 이민한 것은 1789년 초가을이었다. 그는 우선 뉴욕의 방적 회사에 취직하였고 그 후 로드아일랜드의 모제스 브라운 사의 방적 기술자로 옮겨, 거기서 수차식 방적기를 개발 했다.

영국에서 기술이민 온 이 슬레터와 좋은 대조가 되는 인물이 프랜시스 로엘이었다. 그는 하버드대학 수학과 출신의 인텔리로 서, 1810년에 신병을 요양할 목적으로 영국에 갔다. 그런데 영 국 체재 중 로엘은 친구의 소개로 글래스고와 맨체스터를 여행 하며 섬유기계를 견학할 기회를 얻었다. 그리고 그 정도 기계라 면 자기 스스로도 만들 수 있다는 확신을 갖게 되고 더욱이 드 레스 봉제기의 도면까지 입수하여 1812년 보스턴에 돌아 왔다. 귀국 후 그는 보스턴 서쪽에 면직물 제조공장을 건설하여 보스 턴 면직물 제조 회사란 이름을 붙였다. 그 후 폴 무디라는 유능 한 기술자의 도움으로 드레스 기계, 슬레터식 방적기계 등의 개 량 모델을 연이어 개발했다.

이 보스턴 제조 회사는 드디어 미국 제일의 면직물 회사로 급 성장 하였지만 로엘 자신은 42세란 아까운 나이에 병사했다. 그 의 후계자들은 이 회사를 발전시켜, 보스턴 북방에 일대 공업단 지를 건설했다. 그리고 그 곳은 창업자의 이름을 기려 현재는 로엘시로 불리어지고 있다.

미국에서 섬유산업의 발전하게된 것은 슬레터와 로엘 등이 영 국 기술을 이전한 때문만은 아니었다. 더욱 중요한 원인은 나폴레옹전쟁이었다. 이 전쟁 중에 영불 양국은 공히 적국과 통상을 계속하는 나라에 대해서 경제제재를 가했다. 미국은 프랑스와 우호관계에 있었기 때문에 영국으로부터 대미 수출금지 및 미국 상품의 수입금지 조치를 당한 처지였다.

미국은 심각한 경제불황을 맞이했고 그것이 그 후의 영미전쟁의 원인(遠因)이 되었다. 영국의 경제봉쇄로 면포가 들어오지 못하게 되고 미국은 자력으로 면포 공급을 할 수밖에 없게 되었다. 이어서 영미전쟁이 발발하자 미국 정부는 전쟁 경비를 조달할 목적으로 고율 관세정책을 채택했다. 수입 면포에 대해서는 무려 25퍼센트란 고율 관세를 부과했기 때문에 유럽 선진국으로부터 완벽하게 보호된 미국 섬유산업은 독자적인 발전을 이룩한 것이다.

섬유산업이 미국 고유의 발전 패턴을 예시한 또 하나의 이유는, 미국이 영국 제품과의 경쟁에서 이길 수 있는 염가의 제조 기술을 개발했기 때문이다. 로엘은 영국처럼 여러 가지 다양한 제품을 만드는 섬유기계는 피하고 균일하고 표준화된 염가의 제품을 생산하는 대량 생산형의 역직기(力織機) 제조에 힘을 기울였다. 다시 말하면 섬유기술에 있어서도 미국은 고유한 아메리칸 시스템을 적용했다.

이상에서 분명해진 바와 같이, 미국 제조업 발전의 초기는 프랑스형 무기기술을 모방한 육군 공병대 타입의 호환성 기술과 영국형의 섬유기계로 출발했다. 이 두 가지 기술은 뉴잉글랜드라는 동일 지역에서 발전했기 때문에 서로 상승작용을 하여 급속한 국내 에뮬레이션이 일어났다. 즉 19세기의 중반에 걸쳐 미국은 프랑스형 기술과 영국형 기술을 브랜드한 새로운 기술을 개발하고 또한 새로운 경영 시스템까지 가세됨으로써 일약 생산 대국으로서의 기반을 쌓게 되었다.

그러면 이 브랜드형 기술, 즉 아메리칸 시스템이 어떻게 발전했는가를 전기기계와 자동차의 예에서 찾아보기로 하겠다.

4. 천재 에디슨의 실상 : 기업 발전과 특허전략

백열전등(白熱電燈)이 등장하기 이전에는 전등이라면 아크등이 전부였다. 전기의 플러스 극과 마이너스 극을 직접 접촉시키면 일어나는 스파크 불꽃을 이용하는 아크등은 1863년 파리에서 최초의 상업 전등 회사가 설립되어 오페라좌 거리에 세계 최초의 가로등이 설치되었다. 아크등의 결점은 현재 우리들이 사용하는 백열전등의 필라멘트에 해당하는 부분인 전극이 불꽃방전으로 타 없어지기 때문에 그것을 계속 갈아 끼워야 하는 것이다.

한편 미국에서도 1877년에 찰스 브레슈가 보다 장시간 견디는 아크등을 개발하여 1880년 뉴욕의 메디슨 광장을 조명했다. 이것을 시발점으로 미국에서는 연이어 전등 회사가 설립되어 과다 경쟁상태가 벌어졌다. 이처럼 난립되게 된 배경은 브레슈의 아크등과 전력을 공급하는 발전기(다이나모라 했다)는 모두 특허 취득에 실패했기 때문이었다. 그러한 난립상태에서도 특히 톰슨 휴스턴은 전류 제어기 등을 개발하고 타 회사와 특허협약을 체결하는 방법으로 합병을 계속하여 1890년까지는 미국 최대의 아크등 회사로 성장했다.

그러나 아크등은 불빛이 너무 강렬하여 가로등이나 역구내 등 공공시설에만 설치되었을 뿐 일반 가정에서는 변함없이 촛불이나 석유램프가 사용되었다. 가정용에 백열등이 적합했지만 그 개발에는 많은 기술적 노력이 뒤따라야 했다.

세계에서 가장 먼저 전기를 사용하여 백열광을 재현(再現)한 사람은 역시 영국의 데뷔였다. 그는 백금선이나 탄소봉이 백열광에 좋다는 것을 발견하였지만 이들 물질은 높은 온도에서 산화하기 때문에 실용화에는 어려움이 따랐다. 그러다가 1865년에 하만 스프랭겔이 고능률의 진공장치를 발명했다. 진공 속에서는 산소가 없기 때문에 산화방지가 가능했다. 이를 계기로 러시아, 영국, 미국 등의 많은 사람들이 일제히 백열등 연구 경쟁에 뛰어들게 되었다.

이 시점에서 에디슨이 등장했다. 에디슨이 전등 연구를 시작한 것은 1977년경으로서, 그의 탁월한 재능은 새로운 것을 먼저 생각하기 보다는 이미 실패한 예를 철저히 다시 조사하는 것이었다. 이미 이때는 세계의 백열등 연구의 초점은 어떤 물질을 필라멘트로 쓸 것인가와 전력시스템 개발에 맞추어져 있었다. 에디슨은 여러 가지 금속 필라멘트를 손에 닿는 대로 만들어 실험을 계속했다. 그러나 모든 실험이 실패로 끝나 하는 수 없이 전력 시스템 개발 쪽으로 힘을 기울였다.

그는 우선 각 가정에 전등을 공급하고, 각 방의 전등을 독립적으로 점등 및 소등하기 위해 병렬회로를 채용했다. 그리고는 병렬회로에 소요되는 큰 전류를 충족하기 위해서는 당시 사용하던 전압보다 훨씬 높은 100볼트 정도의 전압을 송전하면 된다는 데에 착안했다. 그러나 전압이 높아지면 그 당시에 사용 가능한 금속 재료로는 부적합하여 탄소로 된 필라멘트를 개발했다.

당시의 백열등 개발 방향은 낮은 전압에서 직렬 배선을 하는 것이 주류였는데, 에디슨의 고전압 병렬방식은 획기적인 아이디어였다. 그는 1882년 뉴욕 시내에 14마일에 이르는 지하배선 갱도를 부설하여 고전압 송전 시스템을 완성했다. 에디슨이 전등을 발명했다고 하는 것은 바로 이 고효율의 송전 시스템을 발명한 것을 말한다.

에디슨은 전보 회사인 웨스턴 유니온 사에 주식 상장 표시기를 납품하여 얻은 재산으로 뉴저지주의 멘로파크에 연구소를 설립했다. 그는 이 연구소에서 백열등을 연구했다. 연구를 위한 그의 접근방식은 타인의 특허를 침해하지 않기 위하여 우선 기존의 연구를 철저히 분석하고 개량하는 데에서부터 시작했다. 이토록 에디슨은 특허에 관해서는 극히 민감했다. 일단 개량에 성공하면 즉각 특허를 취득하여 특허소송(리티게이션)에 대비했다.

이렇게 하여 1882년에는 영국 스완 사를 상대로 특허소송을 제기하고 다음 해에는 화해했다. 그 후 전미(全美) 제일의 아크등 회사인 톰슨휴스턴 사와 특허소송을 시작했으나 양 사는 소송 보다는 특허의 공유가 이롭다고 판단하여 1892년에 통합을 합의하고 에디슨의 제너럴 일렉트릭(GE) 사에 흡수되었다. 이로써 미국의 전등 산업은 에디슨의 GE 사가 시장을 독점하는 듯 했다.

그러나 곧 강적이 나타났으며, 그것은 웨스팅하우스 사였다. 웨스팅하우스 사의 창시자인 조지 웨스팅하우스 씨는 원래 철도의 공기 브레이크 발명자로서 유명했다. 그의 발명으로 철도는 여러 개의 객차를 길게 연결하고서도 고속운전이 가능하여 일대 운수 혁명을 미국에 가져다주었다. 웨스팅하우스 사는 이 대발명을 상업화하기 위해 1869년 피츠버그에 웨스팅하우스 공기브레이크 회사를 설립했다. 피츠버그는 육군출신 기술자 웨이드가 철강 회사를 설립한 도시인데 철과 함께 웨스팅하우스 사의 본거지로도 유명하다.

웨스팅하우스 사는 기계 분야의 공기 브레이크로부터 다른 철도부품 제작에도 손을 뻗쳐 1881년에는 전기 분야의 자동스위치 릴레이장치와 신호 시스템을 만드는 별도의 회사를 설립했다. 이때부터 기계와 전기의 융합 분야의 제작을 시작한 웨스팅하우스 사는 발전기의 특허를 보유한 스탄레를 영입하여 백열등 비즈니스에 참여하게 되었다.

스탄레는 이제까지 직류 일변도였던 전기업계에 혁명을 가져다주는 교류방식을 개발했었다. 그래서 웨스팅하우스 사는 스탄레를 중심으로 1885년에 웨스팅하우스 전기 회사(WHE)를 설립하여 에디슨의 GE 사와 대립하게 되었다. 당초 GE 사는 WHE 사의 교류 시스템은 사람과 가축에 피해를 준다고 일대 캠페인을 전개하여 각 신문과 잡지를 부추겼다. 천재 에디슨의 이미지와는 전혀 다른 전투적이고 패권적인 그의 면모가 나타났다.

그러나 WHE과 GE 사의 교류 대 직류의 전쟁은 1888년에 WHE가 헝가리 태생의 천재, 니콜라 테슬라의 신식 교류발전기의 특허를 매수함으로써 결말이 났다. 전력을 송전하기 위해서는 손실이 적은 교류방식이 좋은 것은 물론이다. 테슬라는 이를 증명했던 것이다. 나이아가라 폭포 옆의 공원에 하나의 거대한 동상이 서 있다. 그 동상의 주인공이 미국 수력발전의 아버지로 불리는 니콜라 테슬라이다.

이로써 미국의 2대 전기 회사인 GE 사와 WHE 사의 양사병립 체제가 확립되었다. 독일의 인공염료 회사처럼 이 두 회사는 격심한 특허 공세를 취하여 작은 회사가 새로 참여하면 즉각 대규모의 특허소송을 제기하여 그것을 흡수 합병했다. 이를 위해 다수의 특허 전문 변호사를 고용하기도 했다. 또한 특허소송에 이기기 위해서는 기술개발밖에 없으므로 다수의 MIT 출신이 두 회사에 채용되었다.

이렇게 하여 신규 참여는 거의 불가능하게 되었는데, 더욱 걸작인 것은 이 2대 회사가 GE-WHE 공동 특허조정위원회를 설립한 점이다. 이 위원회는 경쟁 회사 끼리 공동 연구개발을 맹약한 최초의 사례였다. 이로써 신규 참여의 문은 완전히 닫혔다.

격심한 경쟁관계에 있는 양 사가 어찌하여 특허를 공유하게 되었는가. 그것은 GE 사가 WHE 사의 독점 시장인 철도장치 분야에 참여하고, 반대로 WHE 사는 GE 사의 독점 시장이었던 전력 송전 시스템 분야에 참여하려 했기 때문이었다. 이 때문에 양 사는 그 이상의 특허소송은 스스로를 약화시킬 뿐이라고 판단하여 기술의 공유를 시작했던 것이다.

이상에서 본 바와 같이 전등은 프랑스가 최초로 상업화 하였으나 미국에서 커다란 발전을 보았다. 그것은 작은 기업은 특허 침해 소송으로 인하여 재력과 기술이 보다 강한 대기업에 흡수 합병되었기 때문이다.

5. 자동차 산업과 미국형 산업정책

오늘날 미국을 자동차 왕국이라 하지만 19세기로 거슬러 올라 간다면 아무도 그 말을 믿으려 하지 않을 것이다. 19세기의 자동차 왕국은 프랑스였다. 이는, 자동차가 미국의 부를 상징하게 된 것은 20세기가 되어서부터라는 뜻도 된다. 미국은 뒤늦게 시작하였는데 어떻게 왕국의 위치를 차지할 수 있었는가.

미국의 자동차 산업은 크게 나누어 세 개의 산업 분야가 참여하여 비롯되었다. 첫째는, 아메리칸 모터스 회사(AMC)와 같은 자전차 산업이었다. 둘째는, 마차 제조업이었다. GM 사는 마차 제조를 하던 여러 중소기업이 자동차 제조에 뛰어들어 난립하다가 합병하여 이루어진 회사이다. 셋째 분야는, 헨리포드와 랜섬 올즈 같은 개인 기술자들이었다. 20세기로 접어들면서 미국에는 여러 개의 자동차 회사가 난립하였으며 미국 자동차 역사로 볼 때 포프, 뷰익, 포드의 3사가 특히 두드러졌다.

포프 사가 자전차 시작품에 성공한 것은 1877년이었다. 당시 재봉틀 산업은 이미 수요의 한계가 엿보여 호환성 기술을 이용할 수 있는 자전차 산업으로 점차 이행하기 시작했다. 이때에 포프 사의 자전차가 일약 각광을 받아 1880년대에는 미국 제1의 자전차 회사로 성장했다.

그 후 포프 사는 자동차 분야에 진출했다. MIT 출신의 기술 사원 맥심이 설계한 휘발유 엔진으로 자동차를 시험 제작하였으나 마음에 들지 않아 택시용 전기 자동차를 개발하여 1895년부터 2년간에 걸쳐 500대를 생산했다. 다시 그 후 포프의 자동차 부문은 독립하여 전기 자동차 회사(EVC)로 발족했다. 그러나 포프 본사는 자전차 생산에 전념하였지만 쇠퇴기를 맞아 1902년에 도산하고 말았다.

EVC 사는 전기 자동차로는 발전성이 없다고 생각하여 1899년에는 조지 셀던으로부터 휘발유 엔진의 특허권을 취득했다. 조지 셀던이 특허를 취득한 것은 아직도 수수께끼로 되어 있다. 그는 로체스터 출신의 기술자로, 우연히 자동차의 도면을 미국 특허청에 제출하여 1895년에 특허를 취득했다. 이것이 세상을 떠들썩 하게한 미국 특허번호 549160의 셀던 특허였다. 그 당시 여러 사람이 여러 곳에서 자동차의 시작품을 이미 만들고 있었는데, 어떻게 도면 하나만 제출한 셀던에게 미국 특허청이 특허를 인정했는지 불가사의로 남아 있다.

당시 미국 최대의 자동차 회사는 클리브랜드에 소재하는 자전차 회사로부터 발전한 윈턴 자동차 회사였다. 최대라고 해도 유럽의 자동차 회사와는 비교도 되지 않는 작은 규모였다. EVC 사는 이 윈턴 사와 합병하여 셀던의 특허를 바탕으로 미국의 자동차 산업을 독점하는 계획을 추진했다.

셀던 특허를 취득한 EVC 사는 우선 여러 자동차 제작사를 특허 침해 소송으로 위협하여 결국 자사(自社)의 지배 하에 들어

오게 했다. 즉, 자동차 제조면허 조합(ALAM)을 설립하고 동 조합의 면허 없이는 자동차를 제조할 수 없게 만들었다. 자동차 딜러들도 조합 이외의 자동차를 판매하면 소송 당할 것을 두려워하여 조합에 참가했다. 이리하여 대부분의 자동차 관련 회사가 그 조합에 참여하게 되었고, 조합원 회사는 판매고의 1.25퍼센트를 조합회비 명목으로 납부해야만 했다.

  이에 정면으로 대항하여 일어난 것이 올즈 사, 포드 사 등이었다. 포드 사는 1903년에 ALAM 조합에 가입하려 했으나 기술력이 부족하다는 이유로 거절당하고 말았다. 따라서 소외된 회사들은 대립 조합으로서 미국 자동차 제조조합(AMCMA)을 결성했다. 이 조합에 참여한 회사는 모두 48사에 이르러 현재의 미국 자동차 제조조합(AMA)의 모체가 되었다. ALAM이 AMCMA의 설립을 그냥 보고만 있을 리 없었다. 그들은 AMCMA를 상대로 대규모의 특허소송을 제기(提起)했다. 그러나 법원은 우유부단한 태도로 일관하여 17년을 끌어오는 사이에 특허 유효 기한이 만료되었다. 1912년 셀턴의 특허는 정식으로 효력을 상실했다.

  이와 같은 특허 전략은 미국의 중요한 산업 전략이 되어 왔으며 그것을 법원이 결정한다는 것은 법원 자신이 산업정책에 관여한다는 것이 된다.

  특허의 소용돌이를 노련하게 대처한 사람이 GM 사의 창립자인 W. 듀랜트 였다. 그는 처음에는 ALAM 측에 참가했으나 후에는 AMCMA 측으로 슬그머니 넘어 갔다. 보스턴에서 태어난 듀랜트는 마차 제조의 메카(Mecca)인 미시간주의 프린트에서 자라났다. 거기서 마차 특허를 취득하여 마차 제조업을 크게 벌였다. 자동차 붐이 일기 시작하자 당시 경영난에 봉착해 있던 뷰익 자동차 회사를 매입하여 1904년에 자동차 산업에 참가했다. 스코틀랜드 태생의 데이비트 뷰익이 자동차 회사를 설립한 것은 1902년의 일이었다. 이 뷰익 사를 모체로 포드 사까지 매수하여 일대 자동차 회사를 만들려고 작정한 듀랜트는 1908년에 우선 포드 사와 교섭을 시작했으나 거절당했다. 그러나 올즈모빌 사, 캐딜락 사, 오클랜드 사, 폰티액 사, 그리고 프랑스 사람 레셔가 만든 챔피언 점화 플러그 사, 그 밖의 자동차 부품 메이커를 합병하는데 성공하여 대기업으로서 GM 사가 탄생했다.

헨리 포드는 트랜스미션을 올즈 사에 납품하기도 하고, 경기용 차의 엔진을 설계하기도 한 기술사원 출신의 일개 엔지니어였다. 그러한 포드가 1903년에 자동차 회사를 설립하여 본격적으로 자동차 산업에 참여했다. 회사 설립과 동시에 ALAM에 가입하려 하였지만 용납되지 않았다. 실의에 찬 이 포드를 도와준 사람이 디트로이트의 석탄 왕 알렉선더 말컴슨이었다. 그러나 닷지 형제가 설계한 6기통 엔진의 고급차 K형 포드를 회사의 주력 제품으로 하자고 주장하는 말컴슨과 값싼 차를 주장하는 포드 간의 의견 대립이 심했다. 그 결과 닷지 형제는 GM 사에서 크라이슬러 사로 옮겨 가고 끝내는 말컴슨도 포드를 떠났다.

이제 전권을 장악한 포드는 우선 프랑스 르노 사로부터 미네르바라는 모델을 구입하여 철저히 기술을 모방했다. 즉 리버스 엔지니어링(reverse engineering ; 분해하여 기술을 훔치는 것)을 시작했다. 그리고 1905년에는 독일의 자동차 공장에서 일한 경험이 있는 조셉 캬럼이란 헝가리 태생의 설계사를 고용하여 새로운 값싼 차를 개발했다. 이것인 포드 사를 결정적으로 성공시킨 세계에서 유명한 T형 포드였다. 최초의 T형 포드가 완성된 것은 1908년 10월 1일이었으며, 당시로서는 파격적으로 싼 가격인 850불 선에 판매했다. 포드는 그로부터 8년 후에는 이 가격을 360불 선으로 떨어뜨렸다.

그는 어떻게 해서 이처럼 파격적인 가격 절감에 성공하였는가. 그것은 포드 시스템이라 불리는 연속작업 생산 방식의 채용에서 비롯되었다. 즉 공장에서 제품을 만들 때 한 곳에 정지하여 절단하여, 구멍 뚫고, 부품을 붙이는 등의 일을 하는 것이 아니라, 움직이는 벨트의 이송장치(移送裝置)를 사용하여 물건을 연속적으로 흘려보내면서 가공을 하는 방식이 있다.

자동차 산업은 부품 조립 산업이므로 그 부품은 호환성이 있어야 하고, 표준 규격화 되지 않으면 안 된다. 이러한 호환 표준 부품 기술은 프랑스에서 미국에 들어와, 무기로부터 섬유기계, 재봉틀, 자전차 등의 순으로 파급되었다. 그러나 자동차 산업에서 이들 부품을 조립하는 단계에서는 재래식 기술이 답습되고 있었으므로 대량 생산에 필요한 기술발전이 별로 없었다.

이러한 자동차 산업의 전근대적 조립방식에 혁명을 가져온 것은 농업 및 식품가공 분야의 연속작업 기술이었다. 그 연속작업 기술이 자동차 생산기술에 접목되었다. 연속작업 기술의 시초는 1787년 필라델피아의 농민인 올리버 에번스가 개발한 탈곡기에서 비롯되었다. 그는 위에서 밀을 넣으면 아래에서 밀가루가 되어 나오는 탈곡기를 개발했다. 그리고 1800년대 말에는 신시내티의 식육업자가 고깃덩이를 이동식 걸고리에 매어달아 연속 이

동시켜 벨트 컨베이어 위에서 다시 잘게 썰어내는 연속 작업방식을 개발했다.

웨스팅하우스는 이 신시내티 방식을 모방했다. 1880년에는 이미 주물 앤드리스 체인을 사용하여 주물용 형사(型砂)를 운반하는 주물공장을 건설했다. 그 당시 어떤 회사도 연속 작업방식의 장점에 대해서 모르는 회사는 없었다. 중요한 것은 새로운 개념을 과감히 받아들이려는 태도, 리스크를 감수할 수 있는 결단력과 실천력이 문제였다. 디트로이트의 뷰익 사도 1910년경 벨트 컨베이어를 시험적으로 채용해 보았지만 본격적 도입은 추진하지 않았다.

포드는 이 연속작업 방식을 과단성 있게 대대적으로 채용했다. 포드 자신의 회고록에는 시카고의 식육업자의 아이디어를 자동차 생산에 이용했다고 기록하고 있다. 여하튼 연속 작업방식 개념은 새로운 것은 아니었지만 그것을 값싼 차를 생산하는 데에 과감하게 응용한 포드의 판단은 탁월하고 위대한 것으로 입증되었다.

그러나 포드가 성공을 거둔 것은 연속작업 방식의 도입만으로 쉽게 이루어진 것은 아니었다. 20세기 초의 미국의 상황에서, 비록 값이 싸다 할지라도 누가 그 많은 차를 사줄 수 있겠느냐가 문제였다. 도로는 포장되어 있지 않았고, 차를 이용하지 않아도 마차로 얼마든지 용무를 볼 수 있었다. 그리고 다량의 화물은 철도로 수송하면 그만이었다. 뿐만 아니라 말이 자동차를 보면 놀라서 오히려 위험을 자초한다고 생각하는 사람들도 부지기수였다. 그렇다면 누가 미국의 모터리제이션(자동차화)을 뒷받침한 고객이었단 말인가. 놀랍게도 그들은 도시 사람들이 아닌 농민들이었다.

1890년대에 미국은 세계적인 농산물 붐을 타고 증산을 계속하고 있었다. 그러나 오래지 않아 생산 과잉으로 농산물 가격이 폭락하게 되었다. 그래서 농촌의 수많은 젊은이들은 돈을 벌기 위해 도시로 진출했다. 그런데 20세기에 들어서자 경기가 회복되어 다시 곡물 수요를 공급이 따라갈 수 없게 되었다. 그리하여 1910년대에 와서는 도시에 나간 젊은이들을 농촌으로 다시 데려오지 않으면 안 되게 되었다.

그들을 다시 데려오는 수단으로서 농민은 값싼 T형 포드가 필요했던 것이다. 즉 자동차가 있으니 언제나 마음 내킬 때 도시에 나갈 수 있을 것이고 자동차를 농사에 이용하면 노동도 덜고될 것이라고 설득했다. 이 설득방법은 효과가 있어 젊은이들은 농촌에 되돌아왔다. 뿐만 아니라 당시 독점 철도 요금의 횡포에 시달리던 농민들은 철도 회사에 대한 반감에서 자동차로 농작물을 수송하는 것을 오히려 마음 편하게 생각했다. 이 기회를 놓치지 않고 포드는 농민들에게 적합한 자동차를 개발하여 공급을 시작했다. 이에 농민들은 누구를 막론하고 자동차를 구입하게 되었다.

이리하여 미국에 모터리제이션이 돌연 발생하게 되었다. 대량 생산방식으로 값싼 자동차를 공급하고, 그것을 농민들이 사들였다. 이러한 패턴으로 미국의 1920년대까지는 세계 제1의 자동차 왕국을 문자 그대로 눈 깜짝 할 사이에 구축했다.

6. 리스 회사 AT&T

미국의 패권을 뒷받침한 새로운 분야에 라디오(무선통신) 부문이 있다. 이 분야는 현재의 반도체 산업의 모체이기도 했다. 즉 전자 산업(電子産業)은 이 무선통신 분야로부터 파생된 것이다.

무선통신의 선행 분야는 당연히 유선통신이었다. 유선통신은 1837년의 모스 전신기로부터 시작되었다. 그레이엄 벨이 전화를 발명한 것은 40년 후인 1876년이었다. 현재의 전보 회사 웨스턴 유니언 사는 모스를 계승한 회사이고, 몇 해 전에 분할된 AT&T 사는 벨이 설립한 회사이다.

벨은 일반적으로 미국인으로 알려져 있지만 전화를 발명했을 당시에는 미국 시민권을 취득하지 전으로, 신분상으로는 영국인이었다. 미국인이 된 것은 전화를 발명한 후인 1882년이었다. 그는 스코틀랜드의 에든버러대학과 런던대학에서 공부했고, 미국에 건너 와서는 보스턴대학에서 농아를 위한 음성생리학을 강의했다. 이 연구과정에서 전화를 발명하여 특허출원을 했다. 그러나 같은 날 그레이라는 사람도 비슷한 특허를 출원하여 두 사람 간의 특허 투쟁은 대법원까지 가게 되었고, 최종적으로는 벨이 승리했다.

벨이 승소한 배경에는, 구도 제조 회사의 고문 변호사였던 그의 의붓아버지의 도움이 컸다. 그리고 그의 도움으로 특허를 취득하자 바로 시장 독점을 위하여 벨 특허조합을 설립했다. 이 특허조합을 모체로 하여 거대 기업(巨大企業)인 AT&T 사가 탄생했다.

　AT&T 사가 거대하게 된 배경에는 강렬한 특허공세와 함께 전화기의 리스방식이 기여했다. 의붓아버지가 관여하는 미국 구도 제조 회사는 기계의 리스방식으로 시장독점에 성공했기 때문에 벨도 같은 방식을 모방한 것이다. 미국 각지의 전화 회사는 리스 계약에 의해 AT&T 사의 산하에 들어오게 되었다. 특허공세를 계속하기 위해서는 AT&T 사 자신도 높은 기술력을 유지하지 않으면 안 되었다. 이를 위하여 연구개발 부문과 제조 부문을 분리하여 벨 연구소와 웨스턴 일렉트릭 회사로 독립시켰다.

　이리하여 미국의 유선통신 시장은 벨의 지배 하에 놓이게 되었다. 그러나 무선통신 시장은 완전히 영국에 억눌려 기를 펴지 못하는 처지였다. 이는 미국의 통신 산업은 한쪽 폐만 가지고 숨쉬는 형편이었기 때문이었다. 나머지 한쪽 폐를 확보하기 위해서는 미국 정부의 강력한 개입이 필요했다.

　무선통신의 역사는 1800년대 초반 영국인 과학자 패러데이, 맥스웰 등의 시대까지 거슬러 올라간다. 그러나 이탈리아의 마르코니가 안테나를 발명하기까지는 무선통신의 실용화는 누구도 생각할 수 없었다. 영국 우정성이 이 획기적인 발명을 인정하여 사용하기로 결정을 내리자 마르코니는 지체 없이 런던에 마르코니 회사를 설립했다. 그 후 이 회사는 눈 깜짝할 사이에 세계 무선 시장을 재패했다. 이는 마르코니의 무선통신 기술이 팍스 브리태니커를 뒷받침한 기술이었음을 의미한다. 그 당시 5대양을 지배하던 대영제국의 통치 수단으로서, 본국과 식민지 간, 그리고 제국해군(帝國海軍)과 본국 간의 통신을 가능케 함으로써 마르코니 회사는 영국 정부에 기여했던 것이다.

　미국도 영국의 통신 패권 하에 들어가 있었다. 미국에는 현지 마르코니 사가 군림하여 대서양 통신은 이 영국 회사가 독점했다. 미국의 회사들이 그것을 무한정 묵인하고 지날 수는 없었다. 우선 마르코니의 영향력이 약한 선박통신 분야에 미국 회사가 비집고 들어갔다. 1903년에 3극 진공관을 발명한 디포리스트가 디포리스트 무선 회사를 설립한 것이 그 시초가 되었다. 그의 선박통신 기술은 중남미로부터 농산물을 운반하는 선박과의 통신에 크게 활용되었다.

　1916년에는 GE 사의 스웨덴 출신 기술자 알렉산더슨이 무선통신의 획기적 발전을 가져오는 고주파 발진기를 발명했다. 이 발진기를 사용하면 원거리에 음성으로 무선통신이 가능했다. 이 기술과 출력을 높이는 역할을 하는 진공관 기술이 결합되어 무선 음성통신, 즉 라디오 통신의 혁명적 진보가 이루어졌다. 그런데 알렉산더슨이 발명한 발진기의 유일한 수요자는 영국의 마르코니 회사뿐이었다. 따라서 GE 사는 마르코니 사에 이 기술을 양도할 목적으로 판매계약 교섭을 시작했다. 그런데 바로 이 시점에서 미국 정부는 그 기술의 외국 이전에 제동을 가했다.

　제동을 가한 장본인은 놀랍게도 당시의 대통령 우드로 윌슨이었다. 그때 마침 파리를 순방하고 있던 윌슨 대통령은 1919년 5월, 해군 통신사령관을 GE 사에 파견하여 외국 회사에 국가 안보상 중요한 잠재력을 가진 기술을 양도하는 것은 국익에 반하므로 기술 양도를 철회해 달라는 뜻을 전달했다. 이리하여 대외국(對外國) 양도에는 제동이 걸렸지만 첨단기술인 알렉산더슨

발전기의 수요처 문제는 그대로 남게 되었다. 이 문제의 해결을 위해 미국 정부는 예상을 뛰어넘는 획기적인 조치를 강구했다. 그것은 미국 정부가 그 발진기를 사용할 라디오 통신 회사를 서둘러 국책기업으로 설립했기 때문이다. 그 회사가 바로 1920년에 설립된 RCA 사이다.

미국 정부는 또 RCA 사의 설립을 계기로 전기통신 업계의 업무 영역에도 다음과 같은 일대 조정조치를 시도했다. 우선 AT&T 사는 유선통신 분야(전화사업)를 독점하는 대신 무선통신 분야(라디오사업)에는 손을 대지 않는다. 무선 통신인 라디오사업은 GE 사가 RCA 사에 넘겨주고 WHE 사는 방송국 기기제조를 독점한다. GE 사와 WHE 사는 라디오 특허를 풀화하여 공동 사용한다. 또한 AT&T 사는 전등 특허를 GE 사와 WHE 사에 넘겨주는 대신, 유선통신 분야인 전화와 관련된 GE 및 WHE 사의 특허는 넘겨받는다.

이와 같이, 지금은 자유주의를 표방하고 있는 미국도 그 당시는 연방정부의 강력한 영향력으로 업계에 개입하여 영국에 대항할 수 있는 새로운 기반을 단숨에 정리해 놓았다. 이리하여 무선통신 사업을 중심으로 한 거대 기업 간의 트러스트적 협약이 이루어지게 된 것이다. 이 RCA 트러스트는 독일의 염료 산업을 중심으로 한 트러스트와 유사한 것으로서, 미국이 독일형 국가의 성격을 간직했다는 한 단면을 볼 수 있다.

chapter 09

팍스 아메리카나

1. 팍스 브리태니커의 종말과 팍스 아메리카나의 태동

16세기 후반 영국이 후진국 신세를 면하려고 발돋움을 시작했을 때 영국의 인구는 약 4백만 명이었다. 그로부터 약 3백 년간에 걸친 노력으로 팍스 브리태니커를 구축했다. 한편 영국의 식민지로 출발한 미국도 18세기 말 건국 당시의 인구는 16세기의 영국과 비슷한 4백만 명 정도였다. 그러나 미국은 3백 년이 아니라 불과 1세기 반 만에 팍스 아메리카나를 구축했다. 그리하여 미국은 헤게몬에 걸맞은 체제를 정비했다.

미국 의회는 1913년에 헌법을 수정하여 소득세법 제도를 도입했다. 지금은 소득세 제도의 도입이 당연한 것으로 보편화 되었지만 그 당시는 이 새로운 제도가 획기적인 개혁에 해당했다. 그 무렵에는 어느 나라나 관세 수입으로 국가재정을 유지하고 있었기 때문이었다. 이로써 미국은 최초로 소득세제를 도입한 나라가 되었다. 이는 국가가 관세를 다른 용도에 사용할 수 있게 되었다는 것을 의미한다. 그 용도란 당연히 통상전략이었다.

　미국은 영미전쟁 이후 관세율을 자주 변경하여 자국 산업의 보호정책을 실시했다. 특히 북부의 공업주(工業州)는 보호주의 마인드가 강해 고율 관세를 주장했다. 관세율이 높으면 국가 세입은 늘어나지만 수출에 있어서는 상대국도 대항 관세를 높이기 때문에 무역은 침체하게 된다. 이처럼 관세는 국가 재정과 통상문제에 동시에 연관되어 있다. 그러므로 소득세제를 도입하면 관세의 국가재정 부담이 대폭 경감되기 때문에 통상문제에 융통성 있게 대처할 수 있다.

　1930년에 후버 대통령은 스므츠 호레이법에 서명하여 미국은 우선 고율 관세전략을 채택했다. 이것은 1929년에 시작된 세계공황(恐慌)에 대응하여 다른 나라들이 관세율을 높인데 대한 대항 전략이었다. 영국은 공황의 최대 피해자가 되었다. 왜냐하면 아직은 헤게몬으로서 개방경제 체제를 유지하고 있었기 때문이었다. 그러나 어려운 입장에 처한 영국은 1930년에 모든 나라가 관세율을 25퍼센트씩 내리는 것을 전제로 한 국제회의를 제의했으나 어느 나라도 동조하지 않았다.

　여기에서 영국은 팍스 브리태니커를 포기하지 않을 수 없었다. 즉 1932년에 도입한 영연방 특혜 관세제도 및 수입 세법은 이를 실증하는 것이었다. 이 제도는 영연방 이외의 국가로부터 들여오는 수입품에 대해서는 일률적으로 10퍼센트의 관세를 부과한다는 내용이었다. 같은 해에 미국에서는 민주당의 루즈벨트가 대통령에 당선되어 실업자 고용대책으로서 뉴딜정책을 시작했다. 대규모의 실업자에다가 유럽으로부터 이민까지 폭주하여 전례 없는 이상사태를 빚자 자유주의를 표방해 오던 민주당도 연방주의 색체가 짙은 뉴딜정책을 채택할 수밖에 없었다. 그러나 민주당은 자유주의 정책에의 회귀를 위한 노력을 계속했다.

1933년 당시의 국무장관 헐은 영국을 대신하여 미국이 자유주의 경제를 선도할 수밖에 없다고 주창했다. 그의 노력의 결과로 1934년 의회는 상호통상조약법을 통과시켜 관세율을 최고 50퍼센트까지 인하할 수 있는 권한을 대통령에게 부여하고 외국과 교섭을 펴도록 했다.

미국의 최대 교섭 상대는 당연히 영국이었다. 즉 미국은 블록화 경제 개념인 영연방 특혜관세 제도를 폐지토록 영국에 강요했다. 4년간의 교섭 끝에 두 나라는 타협점에 도달하여 1938년 영미 통상조약을 체결했다. 영국은 관세율 인하에는 찬성하였지만 영연방 특혜관세 제도는 폐지하지 않는 것으로 타협을 보았다.

이러한 영국의 완강한 태도를 인정한 미국은 결과적으로 헤게모니를 확립한 것이 되었다. 즉 미국은 상대방의 유리한 조건을 인정하는 비대칭성과 자국의 정책에 동조하는 추종국의 존재라는 헤게몬의 두 가지 필요 요건을 충족했기 때문이었다. 추종국의 존재를 분명히 한 것은 1941년의 무기 대여법이었다. 미국은 50척의 중고 구축함을 영국에 양도하고 그 대가로 뉴파운드랜드와 서인도제도에 있는 영국의 해군 기지를 99년간 조차했다. 동시에 영국의 영연방 특혜관세 제도를 용인한 것이다. 이리하여 팍스 아메리카나는 1941년 공식적으로 태동을 시작했다.

2. 미국 주도의 가트체제 정립

영국을 대신하여 자유주의 무역의 룰 메이커가 된 미국은 영국형의 자유방임주의적인 자유무역 시스템의 결함 개선에 착수했다. 미국은 모든 국가가 참여하고, 국제적 제재권을 갖는 세계 규모의 통상체제(레짐)를 구성할 필요가 있다고 생각했다. 이러한 맥락의 일환으로 출현한 것이 1943년부터 토의되기 시작한 하바나 헌장이다. 이 헌장의 요지는, 새로운 국제 통상기구(ITO)를 설립하여 각국의 관세 인하, 정부 조달의 규제, 수출입의 수량 제한 등을 실시한다는 것이었다. 그 후 1947년에 미국은 제네바에 23개국을 소집하여 하바나 헌장을 전제로 한 무역과 관세에 관한 잠정 조치를 토의했다.

한편, 당시의 미국 의회는 보호주의를 표방하는 공화당이 다수의 의석을 차지하여 자유주의적인 하바나 헌장에 반발하고 나섰다. 때문에 트루먼 대통령은 결국 그 헌장을 의회에 제출하는 것을 단념했다. 그 결과 잠정적으로 만든 무역과 관세에 관한 제네바 협약만이 남아서 오늘날의 가트(GATT)가 되었다.

미국 의회가 반대한 이유는 영국의 영연방 특혜관세 제도 때문이었다. 그러나 냉전의 시작과 세계시장을 확보하려는 미국의 입장에서 보면 대영문제(對英問題)를 경직상태로 지속하는 것은 올바른 정책이 아니었다. 때문에 백악관 측은 앞으로는 다각적인 관세 인하 교섭을 개별적으로 추진한다는 조건으로 의회를 설득하여 가트가 전후 통상체제로서 어렵게 발족하게 되었다.

애당초 가트는 자유주의에 근거하고 있어, 비차별주의와 상호주의라는 두 원칙에서 성립되었다. 비차별주의란, 가맹국은 서로 간에 최혜국 대우를 하지 않으면 안 된다는 것이었다. 그러나 패전의 상처가 깊은 유럽과 일본은 곧바로 이 규칙을 적용하는 것은 무리였으므로 결국 국제수지의 밸런스가 회복되기까지라는 조건부 원칙이 채택되었다. 한편 상호주의 원칙이란 미국 의회를 의식한 것으로서, 상대가 보호주의를 취하면 미국도 대항하여 보호조치를 취하고, 상대가 시장을 개방하면 미국도 같이 시장을 개방한다는 것이었다. 그러나 당시의 미국은 세계의 부의 반을 차지한 나라였으므로 전쟁으로 피폐한 유럽 각국이 보호주의를 채택한다고 해서 스스로 시장을 폐쇄할 의도는 없었다. 그보다는 오히려 이 상호주의는 앞으로 유럽 경제의 부흥을 대비하여 시장을 개방시키기 위한 다각적 교섭의 법적 근거를 마련하자는데 지나지 않았다.

이리하여 1947년으로부터 1967년까지 전후 6차에 걸친 회의(라운드)가 개최되었다. 6번째의 케네디 라운드에서는 이제까지의 항목별 관세율 인하방식을 지양하고, 일률적 퍼센트 인하방식이 채택되었다. 유럽과 일본의 입장에서는 관세율의 일률적 인하는 인정하기 어려운 처지였지만 미국 관세를 보다 더 인하하겠다는 매력에 굴할 수밖에 없었다. 여하튼 미국 시장은 그들의 생명선이었다. 이리하여 비대칭성을 인정하면서도 자유주의 통상체제는 점차 굳어지게 되었다.

다만 농업부문 만은 예외가 되었다. 우선 유럽 각국은 1958년에 관세동맹을 체결하여 역내(域內) 공통 관세 및 역내 공동 농업정책(CAP)을 결정했다. 이것인 후일에 유럽 경제공동체(EEC)로 발전했다. 미국이 영연방의 블록화를 반대한 것과 마찬가지로, 유럽에 대해서도 블록화를 촉진하는 CAP를 인정할 수는 없는 처지였다. 미국의 기본 방침은 상호주의이기 때문에 CAP로 인하여 미국의 농업이 위축될 우려가 있으므로 CAP의 해체를 요구했다. 그러나 EEC의 결속은 예상 외로 강하여 미국은 CAP의 해체 요구를 단념할 수밖에 없었다. 결국 유럽 여러 나라를 적으로 돌릴 수는 없었던 것이다.

3. 헤게몬 미국의 정책 변화

미국은 1964년 베트남전쟁에 본격적으로 개입하여 재정압박이 시작되었다. 동시에 공해와 도시 폭력문제 등 사회문제가 심각한 수준에 이르러 정치의 초점을 외교로부터 내정으로 돌리지 않을 수 없게 되었다. 다시 말하면, 자유주의를 지향하는 백악관 측 보다는 보호주의를 주장하는 의회의 입김이 드세어졌다.

1970년대에 들어서자 미국의 통상정책은 전환점에 도달했다. 즉 철강, 섬유, 자동차 등의 분야에서 일본과 유럽을 상대로 수입 수량의 규제를 개별 교섭해야 한다는 움직임이 크게 제기 되었다. 가트에서는 수량 제한은 금지하고 있었다. 그러므로 스스로 만든 통상 레짐을 스스로 무너뜨리는 결과가 되었다.

이러한 통상정책의 변화는 1971년의 내구성 소비제에 대한 10

퍼센트의 수입관세 부과와 금 달러의 교환을 금지한 닉슨 대통령의 신 경제정책에 의해 명확해졌다. 이 닉슨 정책으로 각국의 통화는 1974년부터 고정 환율에서 변동 환율로 바꾸지 않을 수 없게 되었다. 무역수지와 그 나라의 구매력, 즉 국력에 따라 환율이 변동하기 시작한 것이다. 그 때문에 각국은 통상문제에 신중하게 대처하지 않을 수 없게 되어 비관세 장벽(NTB)과 수입 수량 할당제 등으로 자국을 보호함으로써 통화의 변동 폭을 최소화 하는데 노력했다.

제2차 세계대전 이후 일관되어 온 자유주의가 퇴조하고 보호주의가 대두하게 된 것이다. 미국의 정책 변화는 1974년의 통상법으로 더욱 확실하게 되었다. 이 법률에 의해서 미국은 자국 산업에 현저하게 손해를 주는 수입제품에 대해서는 상쇄관세(相殺關稅)를 부과할 수 있게 되었다. 수입품이 덤핑으로 값싸게 팔리거나 덤핑이 아니더라도 국내제품 가격보다 부당하게 값싸게 팔린 경우, 가격이 하한선 이하로 떨어지는 것을 방지하는 트리거 프라이스 제도와 상쇄관세를 부과할 수 있게 되었다.

이와 같이, 가트의 예외 조항에 해당하는 수입 수량 규제와 상쇄관세를 주된 무기로 하여 미국은 통상 공세로 전환했다. 이러한 미국의 정책 변화는 자유무역으로부터 공정(公正)무역으로의 변화라던가, 자유주의로부터 신 보호주의로의 변화로 불리어지고 있으나, 결국 미국은 1930년대의 정책으로 회귀했다는 것이 된다.

1970년대 미국의 신 보호주의의 대두는 베트남 전쟁으로 미국의 재정이 악화된 것이 주원인이었지만 동시에 일본과 유럽으로부터 미국 시장에 다량의 제품이 쏟아져 들어와 미국 산업을 괴롭히기 시작한 때문이기도 하다. 역사를 되돌아보면 1870년대부터 1800년대 말에 걸쳐서 영국은 보아전쟁으로 미증유의 불황에 빠졌고, 그 결과 영국은 대미 관세율을 높이는 '부드러운' 보호주의, 즉 신 보호주의를 채택했다. 또한 영국 경제의 악화는 미국과 러시아로부터 다량의 소맥이 유입된 때문이기도 했다. 이러한 의미에서 볼 때 1970년대의 미국의 신 보호주의와 19세기 말의 영국의 '부드러운' 보호주의는 매우 비슷한 데가 있다.

4. 민생기술을 군사기술로

미국은 1세기 전에 군사기술로부터 파생된 표준화, 규격화 기술을 민생기술에 적용하여 산업기술을 획기적으로 발전시켰다. 제2차 세계대전 때에는 이와는 반대로 민생기술을 군가기술에 적용하여 획기적인 군사기술 발전을 이룩함으로써 전쟁을 승리로 이끌었다.

1940년 미국 의회는 국방성에 생산매니지먼트국을 신설하는 법안을 가결하여, 민간 기업이 무기 생산에 참여할 수 있는 길을 마련했다. 연이어 국방연구위원회(NRDC)를 신설하여 순수 민간인으로 위원회를 구성했다. 카네기 공과대학장인 버니바 부시를 의장으로 하고, MIT 총장, 하버드대학 총장, 벨 연구소장 등이 위원으로 선출되었다. 이 위원회는 민생기술을 어떻게 군사기술로 전환할 것인가, 군사기술의 R & D(Research & Development ; 연구개발)를 어떻게 추진할 것인가 하는 문제 등을 거듭 토의했다. 그 결과 대통령 비서실 내에 과학 연구개발위원회(OSRD)를 설치하게 되었다. 초대 위원장은 버니바 부시 박사가 임명되고, 위원은 NRDC 멤버가 그대로 임명되었다.

OSRD의 업무는 전쟁 수행을 위해 대학과 민간의 연구개발을 장려하고 감독하는 것이었다. MIT의 레이더 연구소를 비롯하여, 대학의 연구소가 모두 OSRD 산하에 들어가 응용연구에 집중하게 되었다. 연구 성과는 즉각 민간 기업에서 제품화 하도록 했다. 원자폭탄 연구인 맨해튼 계획도 최초 OSRD에서 시작했으나 곧 독립된 프로젝트로 OSRD에서 분리 되었다.

OSRD의 특징은, 군인이 아닌 민간인 전문가가 주역이 되어 대통령 권한의 우산 밑에서 대학과 민간 기업을 군사기술 개발에 동원한 점이었다. 이와는 대조적으로, 독일은 군인이 주동이 되어 대학과 민간 기업을 동원했다.

이 차이의 득실은 역연히 나타났다. 독일은 로켓과 제트전투기 등을 개발하고 있었지만 미국과 영국이 공동 개발한 레이더 때문에 런던 공습에 실패했다. 이는 스페인 무적함대가 경직된 육군 주도의 백병전 방식(白兵戰方式)을 고집함으로써 해적기술(海賊技術)을 익힌 민간 선원으로 구성된 영국해군에 우롱당한 경우나, 일본 해군이 태평양전쟁 때 레이더용 극초단파 개발을 주장하는 학계의 주장을 무시하고 대형 군함과 대형 대포 개발만을 고집하다가 패전한 경우와 유사하다 하겠다.

미국은 역사적으로 보아도 군국주의 국가는 아니었다. 미국 군인은 프랑스 육군 기술의 모방자로서, 기업가적 측면이 농후했다. 그러기에 그들은 민간 기업에 전직하여 융화하고, 그 민간 기업이 군보다 앞선 기술을 보유하는데 기여했다. 이리하여 민간인 기술전문가 주도의 OSRD를 중심으로 균형이 잘 이루어진 군·민·학 협동구조가 구축된 것이다. OSRD는 군사기술 연구만이 아닌 의학연구, 소재(素材)연구, 레이더 및 전파연구, 화학공업 등에 균형 있는 연구를 추진하여 괄목할 만한 성과를 올렸다. 기술 측면에서 보면, 제2차 세계대전에서 미국이 승리한 것은 이 OSRD의 덕분이라고 단언할 수 있다.

5. 과학기술 담당부서 설립의 좌절

제2차 세계대전 중 OSRD의 연구 결과는 안전보장상 비밀로 되어 있었다. 그러나 전후(戰後)에는 비밀을 유지할 명분이 없어지고, 경직된 비밀관리 체제로 말미암아 OSRD 산하 연구소 및 연구원 간의 기술정보 유통이 원활하지 않아 오히려 발전을 저해했고, 조직 간에 섹셔널리즘 문제도 발생하게 되었다. 그리하여 전쟁 종료 직후에 OSRD의 연구 결과는 민간의 개방하고, OSRD 자체도 민간기관으로 개편해야 한다는 의견이 지배적이 되었다.

이때에 OSRD의 부시 위원장은 「과학 그 끝없는 프론티어」라는 논문을 발표하여 OSRD를 산업기술 개발담당 기관으로 전환할 것을 주장했다. 이에 따라 우선 군사기술 연구 결과의 민간 이전이 착수 되었다. 당초에는 이 이전업무를 국립 과학아카데미(NAS)에 담당시킬 계획이었지만 NAS의 위원 중에는 주요 기업의 인사가 많이 포함되어 있었으므로 그들이 각기 자기 회사에 고도 기술을 이전하려할지 모른다는, 즉 불공평성의 우려가 있다는 이유 때문에 무산되고 그 업무는 명목상으로는 백악관이 담당하되 실무는 국방성이 담당했다.

그런데, 연구 성과의 민간 이전은 순조롭게 진행되었지만 OSRD의 조직 개편은 시련에 부딪쳤다. 우선 웨스트 버지니아주 출신의 상원의원 하레이 킬고아는 몇 차례에 걸친 상원공청회를 통해 OSRD를 과학기술성으로 개편하자는 주장을 했다. 이에 반해서, 부시 위원장과 일부 상원의원은 과학자와 대학인이 실질적 권한을 행사할 수 있는 국립 연구재단으로 하자고 주장했다. 이 두 가지 안에 대한 트루먼 대통령의 의견은 정부, 대학, 산업계의 협동관계를 유지하기 위해서는 과학기술성 설립이 필요하다는 입장이었다. 그러나 의회는 두 가지 안으로 의견이 분열되어, 최종적으로는 후자와 비슷한 국립 과학재단(NSF) 설립으로 의견이 모아졌다. 이리하여 1947년에 국립 과학재단법이 의회에서 통과 되었다.

그런데 이에 불만을 느낀 트루먼 대통령은 거부권을 행사했다. 그가 내세운 이유는, 공공 자금의 배분권이 일개 민간기관에 넘어가고, 정부가 획득한 특허권이 개인에 귀속되는 것은 헌법에 위반된다는 것이었다. 특히 특허에 귀속 문제는 가장 격심한 논쟁을 불러 일으켰다. 부시는 여전히 과학자와 대학 또는 민간에 귀속할 수밖에 없다는 주장을 폈고 정부는 국가 귀속을 주장했다. 이 논쟁은 3년을 끌어온 끝에 결국 특허문제가 관련되는 응용 연구는 제외하고, OSRD와 같은 특별한 국가 사명은 부여하지 않고 다만 기초연구만을 지원하는 업무를 담당하는 국가기관으로 한다는 불완전한 NSF법으로 결말이 났다. 트루먼 대통령도 이 선에서 양보하여 NSF는 1950년에 정부기관의 하나로 설립되었다.

그 후 스푸트니크 쇼크를 계기로, 과학기술성 설립 논의는 다시 제기되었다. 1957년 소련이 최초로 인공위성을 쏘아 올렸다. 미국도 독일인 로켓 과학자인 폰 브라운 일행을 앨라배마주 헌츠빌에 이주케 하여 인공위성 개발을 추진하고 있었지만 소련이 한발 앞선 것이다. 이 충격으로 의회에는 분명한 목적을 가지지 않는 NSF 보다는 과학기술성이 필요하다는 의견이 강하게 제기되었다. 그러나 연방정부의 권한 강화는 바람직하지 않다는 건국 이래의 원칙론에 봉착하여 실현되지 못했다. 그 대신 의회는 1958년 미션 중심의 과학기술 육성을 추진한다는 취지의 NASA법을 통과시켰다.

한편 같은 해에 트루먼 대통령을 이어 아이젠하워가 대통령에 취임했다. 그는 대통령의 과학고문 제도를 발족시켜 MIT의 총장 제임스 키리안 박사를 초대 과학고문으로 임명했다. 이후, 냉전체제와 스푸트니크 덕분에 원자력위원회, NASA 등의 특정 국가 목적별 과학기술 관련 행정기관들이 문어발처럼 난립하게 되었으나 그들을 총괄하는 기관은 끝내 출현하지 않았다.

가정이기는 하지만, 만약 그 당시에 미국에 산업기술 개발을 총괄하는 국가기관이 설립되었다면 일본처럼 산업기술을 전략적으로 육성함으로써 미국 기업의 절대 기술 우위를 유지할 수 있었을지도 모른다.

chapter 10

일본의 대두와 미일 마찰

1. 총을 버린 일본

 노엘 페린이란 미국의 학자가 쓴 『총을 버린 일본』이란 책이 미국에서 평판이 좋아 일본에서 번역 출간된 적이 있다. 이 책은 일본을 이해하는데 있어 특징적이고 자극적인 면이 있으며, 특히 두 가지 점을 지적하고 있다. 첫 번째 지적은 16세기 후반에서부터 1 세기간 무기기술로 보면 일본은 영국이나 유럽 각국보다 단연히 앞서 있었다는 것이다. 두 번째 지적은, 그러한 일본이 도쿠가와 시대 초기에 돌연 무기 생산을 중지하였는데 그 이유는 무엇 때문이었을까 하는 것이었다.
 총은 1543년에 중국의 상선을 탔다가 표류하여 타네가시마(種子島)에 도착한 3명의 포르투갈인이 전한 것이다. 그 섬의 영주(領主)는 재빨리 모조품의 제작을 시도했으나 처음에는 잘 되지 않았다. 그러나 각고의 노력 끝에 10정의 시제품을 만드는 데 성공했다. 그 후 수년 안에 총은 일본 전역에 보급 되었다.

오래지 않아 다이묘(大名 ; 무인 영주)들은 한 번의 전쟁에 5천 정 내지 1만 정 정도의 총을 조달하는 정도가 되었다.

당시 총의 살상 능력은 별것이 아니었다. 다만 적의 군마의 진격 속도를 지연시키는 정도였다. 그러나 군마의 진격 속도가 떨어지면 전쟁은 불리하게 마련이었다. 총은 그러한 의미에서 위력을 발휘했다. 그러나 그들이 한 번의 전쟁에 1만 정의 총을 조달할 수 있었다는 것은 매우 놀라운 사실이다.

총이 전래된 후 30년이 채 안되어서 일본은 유럽의 어떤 나라보다도 일찍 총의 대량 생산기술을 완성했다는 의미가 된다. 페린은 우선 이 면을 지적하고 있는 것 같다. 그렇다면 일본이 이토록 빨리 총을 대량 생산하게 된 배경은 무엇이었을까.

총이 대량 생산되기 위해서는 우선 철이 다량 생산되어야 하고 그것도 점성(粘性)이 높은 양질의 철이 있어야 한다. 유럽에서는 화기를 만들 때에 금이 가지 않도록 하기 위해 점성이 높은 청동을 사용했다. 탄환 발사 시에 균열을 방지하기 위해서였다. 그러나 일본의 총은 순수 철로 만들었다. 이 점은 철제 대포를 만든 16세기 후반의 영국과 비슷했다. 그러나 영국은 광석을 환원하여 강철을 만든데 비하여, 일본은 사철(모래에 포함된 철분)로부터 점성이 매우 높은 연철을 만들었다. 그 순도(純度)는 탄소 함량이 0.1퍼센트 이하라는 경이적인 수치였다. 탄소 함량이 적어지면 적어질수록 금이 가지 않아서 화기 제작에는 안성맞춤이 된다.

총이 타네가시마에 도래한 것은 일본으로서는 참으로 행운이었다. 왜냐하면 타네가시마는 사철(砂鐵) 매장량이 풍부한 보물

창고라 할 수 있었기 때문이다. 섬사람들은 예부터 제출기술을 갖고 있었다. 이 섬에는 이미 유명한 철공소가 조성되어 있었다. 일본 철의 역사에 밝은 이도쓰까 씨에 의하면, 타네가시마는 풀무 제철의 발상지라 한다. 풀무란 바람통을 발로 밟아서 바람을 일으켜 높은 온도의 불을 얻는 대장간 기술을 말한다.

사철의 제철문화는 중국에서 타네가시마로 이전되었다는 설과 인도차이나로부터 해양민족에 의해 직접 타네가시마에 전래되었다는 설이 있다. 어찌 되었든 이들 이민족들은 섬의 해변에 사철이 풍부한 것에 놀라서 풀무를 사용하여 쇠를 제련하는 기술을 전달했다고 한다.

전설에 의하면 사철로 쇠를 제련하는 사람들은 사철을 구하러 규슈(九州)를 북상하여 일본 혼슈(本州)까지 건너갔다. 그리하여 결국 이즈모(出雲) 지방에 다량의 사철이 있는 것을 발견하였지만 원주민 제철 민족과 침입한 제철 민족 간에 격렬한 무력 투쟁을 반복하여, 최후에 침입한 풀무파가 승리했다 한다.

이즈모의 풀무 제철은 3일 밤과 3일 낮을 불을 넣어 순도 100 퍼센트에 가까운 인고트(철의 덩어리)를 만들었다. 17세기 전후 이 이즈모 강철은 전국 시장의 7할을 점하여 각지의 도검 대장간에 의해 가공 제품화 되었다. 원료인 강철이 이즈모에서 출하될 수 있게 되면서 총의 제작도 타네가시마와 규슈의 다이묘의 손을 떠나 사까이(堺 ; 지금의 오사카)와 오오미(近江)의 2대 총 제작자가 시장을 독점하게 되었다. 이들 지역은 도요토미 히데요시, 도쿠가와 이에야스 등의 보호 장려책에 의해서 수백 명의 총 제작자가 몰려 일대 공업 취락을 형성했다.

포르투갈이 일본에 철을 팔려고 해도 팔리지 않은 것도, 그리고 총이 순식간에 일본에 보급되었던 것도, 일본에는 이미 이러한 풀무 제철기술이 있었기 때문이었다. 당시의 일본은 유럽의 어느 나라 보다 우수한 강철을 대량 생산하고 있었기 때문에 질이 낮은 외국 제품을 살 필요가 없었던 것이다.

일본은 16세기 후반부터 17세기에 걸쳐서 영국형 에뮬레이션에 성공하고 있었던 것이다. 외국 총포기술의 경쟁적 모방에다가 외부 기술인 사철 제철기술이 융합하여 총의 대량 생산기술이 일본에서 완성되어 있었다. 그러나 영국이 철제대포를 배에 탑재하여 군사 대국으로서 오대양을 지배하게 되었을 때 일본은 19세기까지 세계사에 전혀 등장하지 않는 나라였다. 어찌하여 그렇게 된 것인가. 노엘 페린은 일본이 총을 버렸기 때문이라 설명하고 있다.

총을 최초로 통제하기 시작한 것은 도요토미 히데요시였다. 그것은 1588년 총을 몰수함으로써 비롯되었다. 그 후 1607년 도쿠가와 이에야스는 오오미 지방의 총 제작자들을 도쿠가와 막부의 직할에 두고, 다른 다이묘의 총 제작은 금지시켰다. 에도(지금의 동경)로 통하는 모든 관문에서 총기소지를 엄격하게 규제했다.

페린은 일본 사람이 총을 버렸다고 했지만 실제로는 버린 것이 아니었다. 도쿠가와 막부의 전국적 통치가 완성됨에 따라서 총이 통제된 것에 지나지 않았다. 도쿠가와 막부는 1639년 본격적인 쇄국체제에 들어가, 네덜란드와의 통상은 막부가 독점하게 되었다. 따라서 외국 무기는 적대관계에 있는 다이묘의 손에는 들어가지 않고 완전히 막부의 통제 하에 놓이게 되었다. 아울러 도쿠가와 막부는 도요토미의 조선 침입실패의 전철을 밟지 않기 위하여 해외영토 확장 정책을 포기했다. 이는 총이 일본에서 발달하여 그 기술력에 의해서 일본이 영국처럼 국제정치의 마당에서 패권을 추구하는 일은 불가능하게 되었다는 것을 말해 준다.

2. 친영론과 외국인 전문가 고용

도쿠가와(德川)가 정권을 잡은 300년 동안 서유럽 제국에서는 스페인이 패망하고, 네덜란드와 영국이 일어났다. 그리고 미국이란 신흥 대국도 등장했다. 그러나 이 300년 동안 일본은 다만 수면을 즐기고 있었던 것만은 아니었다. 아무런 내전도 없었고 또한 외국의 침입도 없는 태평세월이었으므로 국가적으로 불필요한 코스트를 지불하지 않아도 좋았다. 독일이 30년전쟁에서 인구의 절반을 잃고 국토가 황폐하게 된 것을 생각한다면 일본은 참으로 행운을 맞은 것이었다. 인구도 2천 5백만 내지 3천만 수준이어서, 나라를 가난하게 할 정도의 인구 팽창도 없었다. 그래서 막부의 말기에 들어 와서는 신분제도가 점차로 붕괴되어 무사는 녹을 먹는 단순한 사무라이로 전락했다. 한편 부유한 상인들은 근대적인 금융제도와 상업제도를 구축해 나갔다.

무사의 샐러리맨화와 상인의 대두는 누구든지 우수하기만 하면 등용될 수 있다는 사회 풍조를 낳아, 소위 메이지유신(明治

維新)은 이러한 일본의 신 엘리트 집단에 의해서 선도되었다. 그들이 선진 공업국을 모방하지 않을 이유가 없었다. 그것은 근대 독일에서 융커 귀족이 몰락하고 프로이센의 육군 혁명과 농민 해방에 의해서 신분에 구애받지 않는 신 엘리트가 등장한 것과 매우 유사했다. 독일의 신 엘리트도 프랑스 육군을 모방했고, 영국 해군을 모방했었다.

당시의 가장 선진국은 당연히 영국이었다. 따라서 일본은 우선 영국을 모방하기 시작했다. 일본의 정치 및 경제제도에 영국 시스템이 도입되었다. 명치 창가(노래)에는 영국 민요가 많았고, 영국식 철도와 가로등도 근대화의 심벌로서 일본에 유입되었다. 발틱함대(러시아함대)를 격침한 전함 미카사(三笠)호도 영국제였다.

그러나 영국형 국가 패턴의 선택은 자연히 이루어진 것은 아니었다. 안정(천황의 연호)시대의 일대 투옥사건을 전후하여 일본 국내는 통상문제로 여론이 비등했었다. 그것은 단순한 개방이냐 쇄국이냐 하는 문제가 아니라 개방하여 근대국가로 살아갈 경우 어떤 나라의 패턴을 선택할 것인가가 문제였다. 미국의 패리와 강화조약을 맺은 1854년은 크리미아전쟁이 발발한 다음해였다. 즉 유럽에서는 터키가 쇠퇴하는 기회를 타고 러시아가 남하하여 영국과 충돌하고 있었다. 이 두 나라 간의 대립은 당연히 일본에도 영향을 미쳐 친영론과 친러론이 막부(幕府) 말기의 지사들 간에 커다란 논쟁거리가 되었다.

예를 들면, 러시아를 지지하는 사람들은 무력주의의 러시아 쪽이 통상주의의 영국보다는 위험이 적을 것이라고 주장했다.

당시 도쿠가와 막부는 미일 통상조약으로부터 시작하여 차례로 열강과 불평등한 통상조약을 체결하고 있었다. 친로파의 입장에서는 통상 공세를 걸어오는 영국은 지극히 위험한 존재로 보였다. 그러나 결과적으로 친로파는 패하고 명치 일본은 친영파가 외교의 조타수 역할을 담당하게 되었다. 팍스 브리태니커의 통상 시스템에 참가하여 나라를 부유하게 만드는 것이 현명한 정책이라 생각했던 것이다.

정부의 이러한 친영정책으로 영국으로부터 기술자와 어드바이서가 속속 일본에 들어 왔다. 그들이 소위 말하는 고용 외국인이었다. 물론 분야에 따라서는 독일인, 네덜란드인 미국인도 초청되었다. 예를 들면 토목공사는 운하와 간척공사에 경험이 많은 네덜란드가 강하기 때문에 민부성(民部省) 초청으로 네덜란드인 기술단이 일본에 와서 하천의 개수, 요코하마 방파제 건설사업 등에 종사했다.

미츠비시(三菱) 중공업의 전신인 나가사키(長崎) 조선소도 네덜란드 기술로 건설했다. 본래 쇄국시대를 통해서 막부와 네덜란드는 밀접한 통상관계를 유지했었다. 네덜란드 왕국은 도쿠가와 장군가에 해군 훈련선을 증정하고, 그 수리공장을 1857년에 나가사키에 건설했다. 막부의 이 해군훈련소 부속 제철소는 명치 정부에 접수되어 공부성(工部省) 산하 관영 나가사키 조선소가 되었다.

또한 미국인은 도로공사에 고용되고, 독일인은 화약공장, 화학공장 건설 등에 동원되었다. 인공염료와 유기화학 분야에서 독일은 압도적인 기술력을 자랑하고 있었다. 한편, 프랑스는 전통적으로 견직물 기술이 발달했었다. 컴퓨터의 원형으로 알려진 자카드식 카드형 직물기도 리옹에서 발명되었다. 그 때문에 관영인 후쿠오카 제사공장은 프랑스인 기술자에 의해서 건설되었다. 생사는 오랫동안 일본의 대표적인 수출품이었다. 이 수출을 감당할 수 있는 양질의 생사를 일본이 만들 수 있었던 것은 오로지 프랑스인의 덕분이었다고 할 수 있다.

그러나 무엇보다도 친영정책을 택한 명치 신정부의 공이 컸다고 볼 수 있다. 모든 분야에 압도적 숫자의 영국인이 고용되었다. 그 가장 좋은 예가 철도였다. 공부성이 고용한 393명의 영국인 중 256명이 철도관계 종사자였다. 공부성의 설립을 권고한 모렐도 역시 철도 기술자였다.

그들에게는 파격적인 급료가 지급되었다. 수석 기술자인 카길 등에게는 2천 엔이라는 믿을 수 없을 리만큼 많은 급료를 5년간 지불했다. 참고로 당시의 총리대신의 급료가 8백 엔이었으므로 고용 외국인의 급료가 얼마나 높았던가를 알 수 있다. 따라서 모렐의 급료도 총리대신 보다 높은 8백5십 엔이었다.

철도 다음으로 외국인을 많이 고용한 곳은 광산이었다. 그러나 이 광산부문에 고용된 외국인 기술자들은 영국인만이 아니라 프랑스인, 독일인을 포함한 혼성부대였다. 에도(江戶)시대부터 일본의 금, 은, 동은 유럽에서도 유명했다. 그러나 도쿠가와 막부 말기에는 그 대부분이 고갈되어 명치 신정부는 새로운 기술로 다시 발굴하기로 결심했다. 그리하여 이쿠노(生野) 광산에는 프랑스인 기술자가 초빙되고, 사도(佐渡) 금광과 다카시마(高島) 탄광에는 영국인 기술자가 초빙되었다.

명치 정부는 주로 부가가치가 높은 금과 은(銀) 생산에 힘을 기울여, 동에 관해서는 별로 외국기술을 도입하지 않았다. 그러나 이것이 화근이 되어 관영사업은 실패로 끝났다. 모든 분야에서 영국인 기술자가 많이 고용되었으나 특히 철도와 기계, 건축 분야는 영국인의 독무대였다.

전기 산업의 역사는 모스 전신기의 발명으로 시작되었다. 워싱턴과 볼티모어 간에 처음으로 전신 회선이 부설된 것은 1844년이었으나 그 10년 후인 안정 원년에 다시 일본을 방문한 패리의 헌상품 중에는 전신기가 들어 있었다. 그 전신기의 전략적 중요성을 인식한 명치 정부는 친영론에 따라 미국형 전신기술을 영국형 전신기술로 전환하여, 영국인 전신기술자의 지도로 관용 전신망을 확충했다. 동시에 영국에서 윌리암 엘던이란 저명한 학자를 초빙하여 공부성 산하의 공학료에서 많은 전신 기술자를 양성했다. 엘던은 당시에 이미 세계적인 과학자였으며, 귀국 후에는 영국 전기학회의 회장이 되었다.

공부성 산하 공학료는 1873년 영국의 글라스고 대학에서 초빙된 다이엘에 의해서 설립되어, 기계, 토목, 전신, 건축, 광산, 화학 등 6개 분야의 공학 교육으로 출발했다. 미국의 MIT가 1868년에 설립되었으므로 일본의 공학 교육은 불과 5년 밖에 차이가 나지 않는다. 다이엘은 영국류의 실학과 독일, 프랑스류의 이학(理學)을 융합하는데 노력함으로써 세계에서도 유례가 없는 공학교육의 실험을 동양의 작은 나라에서 실시했다.

아마도 공학교육의 선진국인 독일인이나 프랑스인이 공학 교육을 담당했었다면 일본은 이학 중심의 유럽형 대학이 되었을지도 모른다. 이미 여러 차례 언급한 바와 같이 영국은 산업혁명의 발상국이었다. 그 때문에 고등공업교육이 육성되지 못했다. 이에 불만을 품고 있던 영국인에게 공학교육을 담당하게 한 것은 일본을 위해서는 참으로 다행한 일이었다. 이리하여 영국에서 대접받지 못하는 영재들이 대거 일본에 와서 공학료의 후신인 동경대학 공학부를 창설했다. 이 중에서 특히 영재가 육성된 곳은 전기공학 분야였다.

3. 미국형 일본의 원점

다양한 지위의 고용 외국인들이 국제정치에 전혀 등장하지도 않는 일본에 왜 몰려온 것일까. 그 이유는 두 가지로 생각할 수 있다. 첫째는, 고액의 급료였다. 대학을 막 졸업한 젊은 사람이 국장 급 월급을 받을 수 있는 외국은 그렇게 많지 않았다. 두 번째 이유는 영국의 시장 마인드였다. 헤게몬으로서 영국은 세계의 구석구석까지 제국의 위용을 보이지 않으면 안 되었다. 당시에는 어느 나라나 근대화를 이룩하려고 떨쳐 일어나는 시기였으므로 영국의 기술자는 어느 나라에서나 환영받았다. 한편 영국기술이 전파된다는 것은 영국제품의 판로가 열리게 된다는 것을 의미했다. 통상 헤게몬 영국으로서는 영국인 기술자가 세계 곳곳을 파고 들어간다는 것은 무척 바람직한 일이었다. 게다가 독일이라면 모르지만 동양의 작은 나라 일본은 장래 영국의 위협이 될 리가 만무하므로 기술을 전수해도 후환이 없다고 생각했다. 이리하여 많은 영국 기술자가 건너 왔다. 그들의 평균 체재 기간은 5년 이하였다. 따라서 그들은 국제 유랑 기술자에 불과했고 19세기판 예수교 선교사이기도 했다.

영국 기술이 일본에 이식된 것만은 틀림없는 사실이나 오늘날 그 흔적은 그렇게 두드러지게 남아 있지 않다. 영국이 헤게몬의 위치에서 전락했기 때문이라고도 생각할 수 있겠으나 그렇지도 않다. 왜냐하면 영국의 쇠퇴는 훨씬 후인 쇼와(昭和)시대에 들어와서였다. 즉 영국이 쇠퇴하기 이전에 그들은 일본을 떠났다. 그것은 일본의 기술 이식이 완성되어 공학교육이 꽃피었기 때문일 것이라고 말하는 사람들도 있다. 만약 그렇다면 그것은 일본의 능력을 과대평가한 말이다. 유럽 여러 나라가 몇 세기나 걸려 근대화를 이룩한 것을 동양의 작은 나라 일본이 20년 남짓으로 성취했다니 말도 되지 않는 소리이다.

관영기업(官營企業)이 실패했기 때문에 기술이 영국형에서 미국형으로 급속히 옮겨갔기 때문이라고도 생각할 수 있다. 즉 관영기업이 실패하여 민영으로 이관되었기 때문에 코스트가 많이 드는 유럽, 특히 영국인 고용자를 배제하고 미국과 독일에 유학하고 온 자를 많이 채용했기 때문이었다고 할 수 있다. 사실 근대화의 큰 위업이 완성되기 이전인 1880년대에 대부분의 고용 이국인은 일본에서 홀연히 자취를 감추었다. 그 자리를 메꾸려는 듯 미국 기업과의 합작 회사가 급증했다. 이에 대해 좀 더 자세히 살펴보겠다.

관영기업의 실패의 최대 표본은 광산업이었다. 다수의 외국인 기술자와 자금을 투입한데 비해서는 기대하는 만큼 생산이 늘어나지 않아, 정부는 모든 광산을 민간에 불하했다. 예를 들면, 카마이시(釜石) 광산은 타나카에게, 아시오(足尾) 동광산은 후루카와에게, 타카시마(高島) 탄광은 이와자키에게, 미이케(三池) 탄광은 미츠이에게, 사토(佐渡) 금광과 이쿠노(生野) 은광은 미츠비시에게 각각 불하했다. 이들 광산 회사는 효율이 나쁜 영국제 증기엔진을 버리고 전동기를 동력원으로 도입했다.

이로 인하여 수입 상사가 활기를 띄게 되었다. 오오쿠라(大倉) 재벌의 뿌리인 오오쿠라 상사는 독일계의 발전기를 수입 판매하고, 타나카(田中)상회는 웨스팅하우스 사의 정식 수입 대리점이 되었으며, 요코하마(橫浜)의 바그나르 힐즈 상회는 GE 사의 대리점이 되었다. 이러한 상사를 통하여 광산 회사는 외국 전기 메이커와 합작사업을 시작했다.

우선 독일의 지멘스 사가 아시오 동광산의 후르가와(古河)에게 접근하여 합작 회사인 후지(富士)전기를 설립했다. 한편 미츠비시 광산은 미츠비시 조선소에서 GE 사에 파견된 사람을 중심으로 GE 사 계열의 기술을 도입했다. 미츠이 광산도 계열 회사인 도쿄(東京)전기가 GE 사 계열이었기 때문에 GE 사 계열 기술을 습득했다.

전신기 다음에 일본에 들어온 전기제품은 전등이었다. 놀랍게도 에디슨의 전등 회사보다 불과 5년 뒤에 동경에 도쿄전등(도쿄전력의 전신)이란 회사가 설립되었다. 그러나 이때는 전등과 발전기는 모두 수입품이었다. 일본에서 최초로 램프를 시험 제작한 기업은 공부성의 지원으로 해외 유학한 후지오카라는 사람이 설립한 백열사(白熱社)였으며, 질은 매우 조악했다. 그래서 GE 사가 자본 참여하여 램프 제조기술을 도입했다. 이 회사는 마츠다 상표의 전구를 판매하고 사명도 도쿄전기로 바꾸어, 도시바의 하나의 뿌리를 형성했다. 도시바의 또 하나의 뿌리인 시바우라 제작소는 타나카 상회가 모체였다. 타나카는 본래 나가사키 조선소에서 네덜란드인으로부터 교육을 받은 총 제작업자였으나 긴자(銀座)에 타나카 상회를 설립하여 1875년에는 전기제품의 제작 판매를 시작했다. 그레이엄 벨보다 불과 5년 늦게 전화기를 모방 시험제작할 정도로 기술을 빨리 습득했다. 당시 전기제품을 제작 판매하고 있던 기업은 이 타나카 상회 이외에 일본에서 최초로 발전기를 시험 제작한 미요시(三吉)전지가 있었을 뿐이었다.

이렇게 하여 일본에는 미국 기술이 노도처럼 밀려 들어왔다. 이러한 계기를 만든 것이 관영 광산 회사의 불하였다. 광산을 불하받은 재벌계 회사들은 사원을 미국에 파견하여 기술뿐만 아니라 경영방식까지 습득했다. 재벌계 회사뿐만 아니라 웨스팅하우스 사에서 돌아온 야스카와(安川第五郎)는 야스카와전기를 설립하고, 에디슨 밑에서 수업을 마친 이와다레(岩垂邦彦)는 웨스턴 일렉트로닉 사와의 합작 회사인 일본전기를 설립했다. 당초 웨스턴 일렉트로닉 사는 당시 일본의 최대 전화기 제조 회사였던 오키(沖)전기를 합병 흡수하고 싶었으나 여의치 않아 결국 신흥 회사인 일본전기를 설립했다 한다.

공업계가 영국형으로부터 미국형으로 전환을 시작한 19세기 말에 일본은 드디어 근대 국가로서 태동을 시작했다. 크리미아

전쟁에 패하고는 아시아로 눈을 돌리기 시작한 러시아와 대립하기 시작한 것도 이즈음이었다. 청일전쟁 후 러일 간의 관계는 결정적으로 악화되었다.

그리하여 1902년 영국과 군사동맹을 체결하고, 그 2년 후에 일본은 러일전쟁을 시작했다. 연이어 1914년에 시작된 제1차 세계대전에서도 영국 측에 가담하여 독일을 상대로 싸웠다. 이 전쟁기간 동안 독일과 영국으로부터 부품 수입이 두절되었기 때문에 일본의 산업계는 발 빠르게 미국형으로 옮겨가는 한편 국산화도 크게 촉진했다.

기술적으로 보면 러시아와 독일이 아니라 영국과 미국을 선택한 것은 또 다른 의미에서 일본의 장래에 난기류를 뿌린 원인이 되었는지도 모른다. 그것은 일본이 영국형의 통상용 복제 생산 기술을 선택함으로써 러시아형, 즉 독일형의 안전보장형 기술을 선택하지 않았기 때문이다. 독일형의 안전보장형 기술이란 군사 기술만이 아닌 자국 특유의 기술, 즉 지정학적 입지에 합당한 기술을 병행 개발하는 것을 말한다.

통상형(通商型) 기술의 선택은 기술적인 자신만 있으면 틀림없이 신속하게 나라를 부유하게 만드는 방책이었다. 그러나 언젠가는 앞서가는 통상 대국인 영국이나 미국과 통상 마찰을 일으킬 수밖에 없는 것이다. 그때가 되면 외교적 측면에서 안전보장 개념이 없는 일본은 상대가 요구하는 대로 들어주는 입장에 놓이거나 무력 편중으로 커다란 전쟁에 말려드는 운명에 처하기 마련이다.

결국 일본은 후자의 길을 택하여, 파멸적인 태평양전쟁에 돌입하게 되었다. 이 전쟁은 결코 독일을 우방국으로 해서 싸운 것은 아니었으며 어디까지나 통상 패권과 관련하여 영국형 혹은 미국형의 중견 통상국인 일본과 선발 통상국인 미국의 이해가 충돌한 전쟁이었다.

4. 점령군에 순종한 우등생

제1차 세계대전을 전후하여 일본은 미국형 통상국가를 선택했다. 만약 당시 미국이 형님의 위치에서, 일본이 아우의 위치에서 처지를 명확히 하고 서로 보완해 나가는 관계를 유지했더라면 태평양전쟁은 일어나지 않았을 것이다. 그러나 일본은 점차 뿔이 돋은 아이로 자라기 시작했다. 1930년대의 전반까지 거리에는 포드와 쉐보레의 버스와 택시가 범람하고 있었는데 군부는 그것을 국산차로 대체하려 했다. 중국 침략과 만주사변을 일으킨 일본에 대해 미국은 군용차로 손쉽게 개조할 수 있는 자동차를 수출하지 않을 것이라고 지레 짐작했기 때문이다

그토록 좋았던 미일 사이가 점차 악화되기 시작했다. 자동차 부문에서는 기시(岸信介) 상공대신을 리더로 하는 군부와 상공성 그룹이 비밀리에 독일을 방문하여 자동차 공업의 자립대책을 조사했다. 히틀러는 포드를 모방하여 폭스바겐을 설립했는데, 바로 그 포드에 대항하기 위해 일본은 독일을 모방하는 자가당착적인 정책을 추구했다.

미국이 민생기술을 온존(溫存)시키면서 군사 목적에 전용하고 있는 사이에 일본은 모든 에너지를 군사 목적에 투입하여 우수한 인재를 항공기 제조와 함정 제조에 끌어넣었다. 그 때문에 항공모함에 원자력 잠수함의 모체가 된 대형 잠수함, 발군의 선회능력을 가진 제로센(零戰 ; 전투기 이름) 등 수많은 군사기술의 이노베이션이 꽃을 피웠다.

그 반면 민생 산업력에는 휑하니 큰 구멍이 뚫렸다. 전쟁은 그 나라 산업력에 의존하는 총력전이란 사실을 깨닫지 못하고, 일본은 민생 산업력의 공동화를 인위적으로 만들었던 것이다. 자원 소국이기 때문에 일본은 패전했다고 주장하는 사람도 있으나 그것은 궤변에 지나지 않았다. 마찬가지로 자원이 없는 영국은 영연방국의 원조 없이 나폴레옹의 프랑스와 독일에 승리하지 않았는가.

자원은 가공하지 않으면 사용할 수 없다. 그 가공을 가능하게 하는 것은 민생 산업력이다. 군사 기술력은 그 민생 산업력에 의존하고 있다. 미국은 그 가공력을 보존 발전시켰고 일본은 무모하게도 그것을 공동화(空洞化)시켰던 것이다.

전쟁 동안 일본에서 가장 고갈된 자원은 민생부분의 인재였다. 전쟁에 패한 것은 이러한 의미에서 매우 다행한 일이었다. 군에 집중되어 있던 뛰어난 인재가 민간부문에 복귀했기 때문이다. 군부에 소집되었던 항공기 엔지니어들은 스쿠터와 환상의 자동차 스바루 1500의 제작에 복귀하고 만주에서 물자 동원계획을 담당했던 우수한 관료들도 관청으로 되돌아왔다.

새로 생긴 점령군사령부(GHQ ; 속칭 맥아더 사령부라고도 했

다) 과학기술부와 절충하기 위해 공업기술청을 만들고 정책 입안을 목적으로 기술 관료를 대량으로 채용했다. 전쟁 이전에도 전력과 광산을 감독하기 위한 기술 관료가 있기는 했으나 그들의 임무는 규제 행정이 주 업무였지 어떤 산업을 전략적으로 촉진시키거나 발전시키는 업무는 아니었다. 그러나 전후의 기술관료는 경제발전을 위하여 산업 기술력을 향상시키는데 주력했다. 이는 전후에 미국에서 과학기술 전문가를 중심으로 산업기술을 전담하는 연방 행정기관을 만들려고 노력한 버니바 부시의 주장이 미국에서는 실패했으나 일본에서는 이루어진 격이다.

1952년에는 이 공업기술청이 행정개혁의 일환으로 청에서 원(院)으로 격하 되었지만 젊은 기술 관료들은 좌절함이 없이 공작기계 등의 수입 보조금제도, 그 국산화 보조금제도, 기계공업진흥 임시조치법 등의 기계 산업 진흥법을 연이어 통과시켰다. 특히 1956년의 기계공업진흥법은 일본개발은행 융자를 설비 투자에 끌어내는 계기가 되게 하여 군소 자동차부품 메이커의 기술력 향상에 다대한 공헌을 했다. 현재 일본 자동차의 품질이 우수한 것은 이 법의 덕분이라고 단언할 수 있다.

1958년에는 무역진흥회법이 통과되었다. 이 법률에 근거하여 JETRO(일본 무역진흥공사)가 설립되었다. JETRO는 해외의 기술정보를 수집하는 것을 주요한 소임으로 하고 있다. 그러한 의미에서 JETRO는 해외 주요 도시에 설치된 첩보 기관이었다. 그러나 그 첩보 대상은 군사가 아닌 민생기술이었다. 당연히 정보수집 임무에는 산업 조사원이란 타이틀로 통산성이 파견한 전문가가 참여했다.

어떤 나라도 대사관에는 한정된 수의 상무관 밖에 주재할 수 없게 되어 있다. 그러나 일본 통산성은 이 JETRO 외에도 수많은 공업협회의 해외 기술정보를 수집해 왔다. 수집된 정보는 즉시 산업계에 전달되어 어느 나라의 어떤 기술을 이전하면 좋을 것이라는 지령이 기업에 제공되었다.

이렇게 하여 일본은 전쟁 전의 통상국가 체제를 착착 회복해 갔다. 예를 들면, 전쟁 전 자동차 생산의 피크가 1940년이었으나 전쟁 후 그 레벨에 도달한 것은 1955년경이었다. 불과 15년의 공백으로 전쟁 전의 공업생산력을 회복한 것이다. 또한 1960년대의 소득 배중계획에 따라 이공계 학과 붐이 일어나고, 우수한 인재는 이공학부에 입학하여 졸업 후에 민간 생산 회사에 입사하는 것을 엘리트 코스로 쳤다. 전전 같으며 육사나 해사에 가야할 수재가 기업에 모여 통상국가 일본의 동량이 되었다.

이러한 일본의 전후 부흥은 확실히 유럽과는 성향을 달리한다. 유럽 각국이 마셜 플랜을 이용해 기계와 화학 등의 2차 산업 부흥에 힘을 쏟은 데 대해 일본은 경사 생산방식(傾斜生産方式)을 채용하여 기초 자재인 철, 석탄, 전력 증산을 우선 추진했다. 이 차이는 역연히 나타났다. 영국은 처음 철을 부흥시키지 않았기 때문에 전전의 조선 왕국을 회복하지 못했으나 일본의 조선업은 전전 수준을 대폭 능가하게 되었다. 동시에, 전력 회복에 힘을 쏟은 일본은 안정된 양질의 전력을 필요로 하는 정밀 기계 공업이 발 빠르게 회복되어 정밀 전자 산업의 토대를 구축했다.

특히 이 정밀 전자 산업의 발전에는 주목할 만한 점이 있었다. 전후 점령군은 일본의 통신기능이 열악한 데 놀라서 그것이

군정을 펴 나가는데 걸림돌이 되지 않을까 우려했다. 특히 전화교환기에 사용되고 있는 진공관의 품질이 나빠 어찌할 방도가 없었다. 그리하여 미국으로부터 품질관리 전문가인 데밍 박사를 초청하여 진공관 제조공정의 개선을 장려했다.

이때는 이미 점령군의 명령으로 체신성의 전기시험소가 통산성으로 이관되고, 통산성에는 전기통신 기계국이 신설되어 있었다. 즉 점령군은 통산성에 대해 통신망을 뒷받침하는 전자 기계 공업을 발전시키도록 명령한 것이다.

우스꽝스럽게도 이 점령군 지령을 충실히 실행함으로써 일본의 전자 기계공업은 급속한 발전을 이루게 되었다. 우선 진공관의 품질을 높이기 위해 각 회사는 통산성의 지도 하에 한 대당 20개 이상의 진공관이 들어있는 텔레비전의 녹다운(상세하게 분해해서 속속들이 기술을 익히는 것)을 실시했다. 이로써 일본의 전자 메이커는 일거에 품질관리 기술을 습득했다.

포터블 라디오의 경우도 마찬가지였다. 진공관 제조에 아무런 경험도 없는 소니가 돌연 참여했다. 트랜지스터 라디오를 가능하게 한 것은 그 전 단계의 소형 진공관을 사용하는 포터블 라디오용으로 개발한 여러 가지 부품의 개발이 선행했기 때문이라 할 수 있다. 미국에서는 보청기와 군용기 탑재용 소형 배선에 사용할 목적으로 트랜지스터가 발달했으나 일본에서는 라디오와 텔레비전 등의 내구 소비재 형태로 발달했다.

이처럼 일본은 별다른 야심 없이 그저 점령군의 지령을 충실히 이행함으로써 산업 부흥을 추진하다가 정신을 차려보니 첨단 기술부문에서 미국을 위협할 정도로 성장해 있었다. 원래 일본은 금세기 초부터 미국형의 기술을 답습했었다. 그에 추가하여 군부가 없어진 후, 인재는 민간기업에 집중했다. 물론 관청도 많은 인재를 모았지만 강력한 내무성이 폐지되었기 때문에 전전에 비해 약화된 것은 사실이었다. 따라서 인재의 질로 보아서 미국의 가르침을 충실히 실행하는 것만으로도 일본의 기업은 급성장하였다. 배운 것을 만들어 파는 곳은 당연히 가르친 나라, 미국 시장이었다.

앞 장에서 언급한 바와 같이, 미국 시장은 헤게몬의 비대칭성에 따라 개방되어 있었다. 그러한 미국 시장을 향하여 일본 제품은 눈사태처럼 흘러 들어갔다. 그리하여 닉슨 정권이 탄생한 1969년 전후부터 섬유마찰, 흑백텔레비전과 컬러텔레비전의 덤핑문제 등이 발생했다. 일본의 무역이 급증한 시기는 미국이 신경제정책을 발표하여 자유주의로부터 보호주의로 완만한 방향전환을 시작한 시기에 해당하여, 미일관계는 점차 삐걱거리게 되었다.

최대의 마찰은 자동차에서 나타났다. 우선 1968년경부터 미국 기업이 일본 시장에 진출을 시도했다. 이에 대하여 일본 정부는 전전과 마찬가지로 50퍼센트 이상의 자본 참여는 인정하겠지만 경영권의 이양은 불가능하다고 완강히 거부했다. 미국 기업은 경영 컨트롤 없는 해외 진출은 흥미가 없었다. 따라서 미국 자동차 기업의 일본 진출 열의는 식어 산발적으로 부품 메이커와의 합작이 진행되는 정도로 사태는 진정되었다.

그러나 1973년 돌연 오일쇼크가 발생하여 연비(燃比) 효율이 좋은 일본제 소형차가 미국 시장에서 폭발적으로 팔리기 시작했다. 기업의 성화로 미국 재무부과 국제무역위원회(ITC)가 덤핑 조사를 시작한 것은 그로부터 2년 후인 1975년 여름이었다. 또한 미국 사법부도 도요다(豊田)를 독점금지법 위반으로 기소했다. 일본의 통산성과 같은 의존할 보호 관청이 없는 미국 기업으로서는 덤핑 제소 또는 특허 침해 소송을 하여 사법권력을 빌어 보호를 달성하는 방법 밖에 없었다. 결국 이 자동차 마찰은 일본 측의 자주 규제(自主規制)로 결말을 보았다. 이 해결방법은 컬러텔레비전의 경우도 마찬가지였다.

덤핑에서 시작하여 수량 규제로 끝이 난다. 이 패턴은 닉슨 이후의 미국의 전형적인 해결방법이었다. 가트에서 규제하고 있던 수량 규제를 전면에 내어 놓는 이 수법을 신 보호주의라 한다는 것은 이미 앞 장에서 언급한 바 있다. 그러나 정신을 차리고 보니 일본은 자동차 수출로 대단한 국제수지의 흑자를 올렸고, 미국은 큰 적자를 기록한 것이 사실이었다. 설상가상으로 미국은 재정 면에서도 적자를 안아 적자 쌍둥이로 곤경에 처하게 되었다. 그리하여 미국과 일본은 전면적인 충돌 국면을 맞이했다. 말하자면 무역전쟁의 막이 오른 것이다.

5. 1930년대의 망령

 미국에서는 1930년대의 교훈이 걸림돌이 되고 있었다. 그 교훈이 정책 이데올로기 측면에서 보호주의로의 회귀를 저지하고 있었다. 미국의 딜레마는 계속되었다. 추종국으로서 의지할 영국은 볼품없는 형편이었다. 70년대 후반부터 미국의 생산성이 떨어지기 시작했다. 무엇인가 조치를 취하지 않으면 안 된다고 생각하면서도 30년대의 망령이 미국을 걸고 넘어졌다. 그 딜레마는 다음과 같다.
 미국의 기본적 정치 자세는 리버럴리즘이었다. 시장은 개방하지 않으면 안 된다. 약체 산업을 보호하기 위해서 관세장벽을 사용해서는 안 된다는 것이었다. 이 딜레마로부터 빠져 나오는 로직을 생각해 내는데 10년이나 걸렸다. 그동안 로컬 콘텐트(미국제 부품의 조달의무) 등 신 보호주의를 채택하기도 하여, 그런 것을 하는 것은 저개발국이나 하는 짓이라는 세상의 비방을 사기도 했다. 그러나 이번의 로직은 상당한 수준급이었다. 그 알맹이는 다음과 같다.
 우선 미국은 시장을 개방한다. 이 시장 개방은 헤게몬으로서의 책임 운운이라기보다 1934년 이래 시종일관 하고 있는 미국의 리버럴리즘을 변경하지 않는다는 것일 뿐이다. 그러나 이것은 조건부 시장 개방이다. 그 조건은 미국이 일방적으로 정의하는 불공정 거래 또는 불공정 행위(cheating)를 못하게 한다는 것이다. 이 조건에 비중을 두어 부정행위를 확대 해석하면 된다. 즉 온갖 분야에서의 부정행위를 질책하겠다는 것이다. 그것은 다만 통상 행위뿐만 아니라 교육, 기술, 군사 분야에서의 부정행위를 모두 망라하고 있다.

이 부정행위의 확대 해석에 대해서 일본의 식자들은 미국이 보호주의로 회귀했다고 보았다. 미국 국립 보건연구소(NIT)의 일본인 과학자 배척, 초전도체 학회의 일본인 과학자 참가 배제, 미국의 유명 비즈니스 스쿨 입학 때 숫자 제한 등 일본인을 피해망상에 빠뜨리게 하는 사건은 부지기수로 일어났다. 그러나 지금까지의 논의로 분명해진 것처럼, 사실은 보호주의가 아니다. 미국은 리버럴리즘을 견지하는 까닭에 대일 공세를 강화시켜 온 것이다. 보호주의로 회귀했다면 시장을 폐쇄했을 것이다. 시장을 개방하면서 부정행위의 판단을 미국이 한다는 사실을 우리는 알아야 한다.

바로 이 부분에 대한 이해 부족으로 미일관계는 얼마나 필요 없는 에너지를 낭비하고 있는가. 말하자면 미일 마찰은 이 미국형의 리버럴리즘을, 미국 측은 가르쳐 주려고 하지 않고 반면 일본 측은 배우려고 하지 않는 데에 원인이 있다고 해도 과언은 아니다.

몇 번이나 되풀이 하여 말하지만, 미국은 헤게몬의 위치를 최대한 이용해서 1930년대부터 줄곧 정책적으로는 일관성을 유지해 왔다. 미국은 말할 것이다. 헤게몬의 품격이 이렇다 저렇다 던가, 포괄 통상법에 있는 도시바 제재조항이 선진국의 보호주의를 조장한다던가, 어떤 나라의 장관이 미국을 방문하여 불평을 하기도 하지만, 그것은 보호주의는 아니라고, 따라서 도시바의 사장이 사직하고 사죄문을 신문에 게재하여도 그것은 미국의 리버럴리즘과는 하등 상관이 없는 일이다. 만약 변명이 있다면 부정행위를 하지 않았다고 미국 내에서 논리를 개진하면 된다. 이것이 미국의 헤게몬으로서의 입장이다.

요즈음 비디오와 반도체의 세계적 셰어 독점으로 일본의 기술패권을 운운하는 설이 분분하다. 그러나 국가의 전략 면에서 보면 포괄 통상법이나 SDI(전략방위 구상) 등 미국의 헤게모니는 조금도 흔들리지 않고 있다. 아무리 은행 거래고가 세계 제1이라 하여도 그것은 올림픽에서 이기는 것과 같은 것으로서, 헤게모니와는 아무런 상관이 없다.

미국형 헤게몬의 성격을 주의해서 보면, 왜 미국이 집요하게 SDI에의 참여를 요구하고, 왜 프랑스가 유레카 계획을 내어 놓고 그에 대항하려고 하는지 알 수 있다. SDI는 MAD(상호 확증 파괴)를 타파할 수 있는 기술전략으로서 탁월한 두뇌를 가진 사람이 내어 놓은 것이다. 목적만은 분명하지만 실체는 전혀 명확하지 않은 프로젝트이다. 두뇌의 탁월성은 바로 여기에 있다고 할 수 있다.

왜냐하면 SDI는 국방이란 이름을 붙인 잡동사니 하이테크 프로젝트이기 때문이다. 이 점은 국방성의 초고속 반도체(VHSIC) 프로젝트와 유레카 계획도 비슷한 데가 있다. 즉 미국은 SDI가 미국이 주도하는 국제 프로젝트인 점을 이용하여 하이테크 분야의 헤게몬 다운 지위를 지키려 하고 있기 때문이다. 그리고 이 프로젝트야말로 헤게모니의 사고방식에 아주 정확하게 맞아 떨어지고 있다.

이것은 다음과 같은 사실로서 명백하다. SDI의 정부 간 협약에 있는 것처럼, 프로젝트의 성과는 미국 이외의 나라에도 배분된다. 한편 참가하는 기업은 국방관계 이외의 기술 특허를 사용 가능하고 또한 독자적으로 특허를 신청할 수도 있다. 즉 헤게모니적인 비대칭성을 인정하고 있다. 그리고 일본이란 중요한 추종국을 얻었다. 앞에서 말한 헤게몬으로서의 두 가지 조건이 멋지게 충족되어 있다.

6. 일본은 보통의 나라가 되어야

국가란 국제 시스템에 따라 모자라는 면은 보충하면서 사이좋게 교류하는 것이다. 국제기구와 서밋의 정신은 이러한 생각에 준하고 있다. 그러나 나라들 간의 접촉의 역사를 보면 그러한 이상적인 모습은 나타나지 않는다. 지금까지 고찰한 바와 같이 국가란 에고이즘의 덩어리 이외에 아무것도 아니다. 다른 나라와 자신을 비교하면서 살아가는 심신증(心身症) 같은 것을 엿볼 수 있다. 어느 나라도 밖을 향하여 손을 내밀기 보다는 안을 향하여 보통의 국가가 되려는 습성을 갖는다. 이러한 국가를 필자는 '내향국가(內向國家)'라 부르고자 한다. 그러나 성격적으로는 분열증 증세가 있어서, 어느 나라나 다 갖고 있는 부분(이를 공유성이라 하자)과 어느 나라도 갖고 있지 않는 부분(이를 돌출성이라 하자)을 동시에 가지고 싶어 한다. 전자에 의해서 자기 나라는 보통의 나라라고 안심하고, 후자에 의해서 자기 나라의 아이덴티티를 획득하려 한다.

공유성(commonality) 안에는 산업, 경제 분야, 군사, 교육, 기술, 사회 및 정치제도, 인구 구성 등 온갖 것이 포함된다. 한편 돌출성(protrusion)에는 우세한 과학기술력과 경제력 같은 공유성이 있는 것이 돌연변이 되어 돌출하는 것도 있고, 중세 사라센국의 화학과 의학, 스위스와 스웨덴의 무장 중립체제, 제2차 세계대전 직후의 미국 핵 군사력처럼 갖지 않는 것도 포함된다.

이처럼 공유성과 돌출성의 상대적 밸런스를 취하면서 국가는 존속하려 한다. 그 과정에서 우연히 어떤 보통의 국가가 돌연변이를 하여 헤게몬이 된다. 이러한 여왕봉 국가는 다른 나라에 비해 돌출성을 많이 갖는다. 그러나 이 돌출성에 대해 다른 나라는 별로 불평을 하지는 않는다. 그것은 동종(同種)의 공유성을 이미 가지고 있기 때문이다. 헤게몬 국가인 영국과 미국은 이러한 보통의 국가가 우연히 돌연변이한 나라이다. 지금 일본은 어떤 부분에서는 돌출성을 많이 가진 나라이다.

그런데 일본의 돌출성은 약간 이상한 데가 있어, 다른 나라의 공유성을 흡수할 정도로 강력한 면이 있다. 일본 성토가 일어나는 것은 당연하다. 왜냐하면, 내향국가인 일본은 다른 내향국가의 요건을 파괴하려 하고 있기 때문이다. 반도체와 공자기계 산업이 그 전형적인 예이다.

최근 일본의 거대한 경상 흑자를 배경으로, 일본은 국제적으로 적극 공헌해야 한다는 여론이 일고 있다. 미국의 쇠퇴를 인정하고, 미국 이후의 세계 시스템 형태에 관한 논의도 무성하다. 이러한 논의에 대한 처방전은 무엇인가, 다음과 같이 짚어본다.

　국제 공헌은 일본이 내향국가라는 인식에서부터 출발할 수밖에 없다. 즉 자국의 공유성과 돌출성의 밸런스를 유지하여 다른 나라를 내향국가로 인정하는 데에서 국제 공헌의 길이 열린다. 그것은 지원금을 늘린다는 문제와는 본질적으로 다른 어프로치이다. 내향국가설에 따른다면 일본의 통상을 위해 다른 나라의 산업을 파괴해서는 안 된다. 왜냐하면 그 나라는 보통의 국가로서 그 산업을 공유성에 넣고 있기 때문이다. 오히려 저촉할 위험이 발생했을 때 즉시 일본의 돌출부분을 일본으로부터 떨구어 내야 한다. 떨구어 내면 돌출에서 공유로 되돌아온다. 떨구어 낸 돌출부분을 어디에 귀속시킬 것인가는 일본이 앞으로 세계 구도를 어떻게 보는가에 따라 좌우된다. 여기에서 고도의 외교적 판단이 필요하게 된다.

　미일관계를 축으로 본다면, 돌출부분을 미국으로 옮기는 것이 좋다. 또한 비인(WIEN)체제와 같은 열강의 공동 관리 체제를 의미하는 팍스 콘소르티스적인 시각에 따르면, 국제 레짐을 만들어 거기에 관리를 옮기면 된다. 다만 그러한 레짐을 만드는 코스트는 당연히 지불해야만 한다. 심각하게 논의할 것은 못 된다. 진지하게 논의해야 할 것은 지금까지의 헤게몬인 미국을 어떻게 이해하고 미일관계를 어떻게 해결해 나갈 것인가를 생각하는 일이다.

　내향국가설적인 의미에서, 미국과 일본은 모두 보통 국가이다. 다 같이 공유성과 돌출성의 밸런스에 고민하면서 살아가고 있다. 하지만 미국과 일본은 상상 이상으로 쌍둥이 성격이 강하고, 그로 인해 근친 증오적인 위험을 배태하고 있다. 상대방이 잘 이해할 것이라고 안이한 기대를 지나치게 가지고, 그 때문에 배신당한 때는 격렬하게 미워하게 된다. 지금 일본은 그러한 곳에 위치하고 있다.

　이때 가장 위험한 처방전은 일본이 스스로 겸손하여 미국의 부담 요구를 전부 받아들이는 짓이다. 여기에 역전(逆轉)의 발상이 있다. 보다 현실적인 처방전은 일본이 보통국가다움에 노력하여 그것을 미국에 인식시키는 일이다. 즉 일본이 생각하는 공유성과 돌출성의 밸런스를 인식시키는 일이다.

　지금 미일관계에 있어서 가장 중요한 것은, 미국이 생각하는 리버럴리즘에 대해서 쌍방이 철저하게 납득할 때까지 몰아가는 일일 것이다. 미국도 리버럴리즘을 표방하고 일본 역시 리버럴리즘을 표방하고 있으면서 이처럼 마찰을 일으키고 있는 것은 어딘가에 생각의 미스 매치가 있기 때문이다. 그렇게 의견을 좁혀가는 과정에서 아마도 미국과 일본은 내향국가설에 부딪히게 될 것이 틀림없다. 국가로서의 미국과 일본의 공유성과 돌출성은 무엇인가, 그리고 그 밸런스는 어떻게 되어야 할 것인가. 그와 같은 내향적인 문제의식에 직면했을 때에 비로소 외향적인 국제관계의 시야가 열리게 될 것이다.

chapter 11

철새 인생 이론과 하이테크

1. 스탈린으로부터의 편지

　보헤미아 태생의 페르디난트 포르쉐가 스탈린으로부터 정중한 초대장을 받은 것은 1932년 초봄 어느 날의 일이었다. 포르쉐는 나치스에 협력하여 그 유명한 '풍뎅이' 벌레모양의 자동차(폭스바겐)를 설계한 독일이 자랑하는 엔지니어였다. 포르쉐가 나치스에 공헌한 바는 실로 지대했다. '풍뎅이' 자동차 이외에도 독일의 자랑인 판테온 전차, 디젤전차, 페르디난트 전차 등을 설계했다. 특히 판테온 전차는 당시 세계 제일의 성능을 자랑하던 소련의 T-34 전차와 대등한 실력으로 싸웠고, 미국의 샤만 전차보다도 성능이 월등했다. 포르쉐는 나치스의 국방장관 알베르트 스피야가 가장 신뢰했던 교수였다.
　전쟁이 끝나자 바로 포르쉐는 연합군에 구금되었다. 미군은 그를 점령지인 오스트리아의 그뮌트에서 엄한 신문을 했다. 그 후 프랑스군이 그를 넘겨받아 프랑스군 점령지인 바덴바덴까지 연행해 가서 체포 투옥했다. 포르쉐는 문자 그대로 나치스 전범이었기 때문이다.

그러나 시대가 변하고 나서는 독일의 군용차였던 KDF는 풍뎅이 벌레차로 이름을 바꾸어 세계의 대중차로서 날개 돋친 듯 팔렸다. 최근에 와서는 풍뎅이 벌레차라고 해도 어떤 것인지 모르는 젊은이들이 늘어나고 있다. 그도 그럴 것이 이 차는 이미 오래 전에 생산을 중지했기 때문이다. 요즈음 젊은이들에게 '비틀즈'(풍뎅이 벌레)라는 말을 물어본다면, 그것은 여왕 폐하로부터 훈장을 받은 유명한 록 음악 가수를 말한다고 대답할 것이다.

요즈음은 포르쉐라고 말하면 그것은 눈이 휘둥그레질 정도로 값이 비싼 최고급 스포츠카를 의미할 따름이다. 이전에 포르쉐의 전람회에 갔던 일이 있는데 장내는 젊은이들로 붐비고 있었다. 젊은이들에게는 풍뎅이 차 보다는 스포츠카 쪽이 더 매력적이었을 것이다. 그러나 이 고급차 포르쉐는 실은 기술과 국제정치의 접속점을 음미해 보는데 있어 중요한 역할을 담당한다.

포르쉐 차의 원형은 잘 알려진 바와 같이 1948년의 포르쉐 356 모델이다. 마치 선박을 뒤집어 놓은 듯한 스타일의 이 차는 실은 폭스바겐을(모델명은 KDF라고 히틀러가 명명했다) 기초로 하는 전쟁 전의 프로토타입(시제품)에서 시작된다. 또한 포르쉐의 엔진은 KDF와 동일한 공냉 후치방식(空冷後置 : 공기로 냉각하고, 차의 뒤쪽에 엔진이 위치함)을 일관해서 사용하고 있다(단, 경기용 차는 차의 중간에 엔진이 위치함). 이를 보면 고급차 포르쉐가 나치스의 대중차 '바겐'과 같은 루트라는 것을 쉽게 알 수 있다.

그것은 앞에서 말한 바와 같이 설계자인 페르디난트 포르쉐가 나치스와는 끊으려야 끊을 수 없는 깊은 관계에 있었기 때문이다. 예를 들면, 전후 30년이 지난 후 미국에서 나치스가 사용한 KDF 지프차, 즉 통칭 큐벨바겐(큐벨은 물통을 의미함)의 복제판이 날개 돋친 듯 팔렸다. 미국의 젊은이들은 이 차가 자기들의 군대를 무찌르기 위해서 만들어졌다는 사실을 알 리 없었다.

나치스와 깊은 관계에 있었던 포르쉐가 소련에 갔다. 이것은 국제정치상 확실히 이상한 일이었다. 그러나 주의 깊게 보면 이 사건은 그다지 이상할 것도 없다. 왜냐하면 나치스에 협력했던 시기와 소련에 갔던 시기에는 시차가 있었기 때문이다.

포르쉐가 스탈린의 초청을 받아 소련의 자동차와 탱크 공장 및 항공기 제조 현장 등, 기밀시설을 시찰한 것은 1932년 늦은 봄이었다. 그 해는 드디어 나치스가 총선거를 통하여 230석이란 의석을 확보해 제1당이 되었던 해이다. 따라서 히틀러가 총통이 된 것은 그로부터 2년 후인 1934년이었다.

시간적으로 엄밀히 살펴보면 히틀러가 대두하기 전에 포르쉐는 자동차 엔지니어로서 이름을 세상에 떨치고 있었기 때문에 스탈린에 초대되어도 이상하지는 않다.

1932년으로 말하면 일본이 군국주의로 돌진하고 있던 때이다. 또한 아유카와 요시쓰케(鮎川義介)가 창설한 닛산 자동차 회사가 닷도산 페톤(모델 명)을 겨우 완성한 것도 그해였다. 이에 비해 포르쉐는 이미 그 해에 16기통에다 슈퍼차저(한국에서 이제 막 도입하기 시작한 엔진 부품)까지 부착한 그랑프리 엔진을 완성했다. 독일과 일본의 기술 격차는 얄미울 정도로 역연한 것이었다.

 포르쉐가 스탈린으로부터 초대를 받아도 이상하지 않은 또 하나의 이유는, 역사적으로 슬라브 민족과 게르만 민족은 친밀한 관계였다는 사실이다. 독일과 러시아의 관계는 역사적으로 보아도 지극히 밀접한 관계였다. 독일의 서쪽에는 프랑스, 영국, 네덜란드 등의 선진국이 버티고 있었고 남쪽에는 오스트리아의 광대한 합스부르크 제국 영토가 펼쳐있었다. 독일의 생존 공간은 정말로 불안한 곳이었다.

 북쪽 변경에 옮겨 자리를 차지한 호엔츠오레룬가(家)의 프러시아(독일)는 토지가 척박하고 일조(日照) 시간도 짧아서 남서부에 위치한 자원이 풍부한 바바리아나 라인란드 등에 비하면 정말로 구석지고 살기 어려운 변경이었다.

 그 변경에 십자군에서 돌아온 츄톤 기사단(츄톤은 데우토스족으로부터 유래한 이름으로, 이것이 와전되어 도이치로 불리게 되었다는 설도 있다) 이 농경(農耕)생활을 강요받아 살아가고 있었다. 그들은 당시 압도적으로 선진국이었던 폴란드 대공국(大公國)에 용병으로 고용되어 야만족 퇴치에 출병하였다. 야만족이 사라진 후 이 곳에 눌러앉아 슬라브 민족 토지를 게르만화해서 프러시아(독일)의 기초를 만들었다. 프러시아와 러시아어가 비슷한 발음을 갖는 것도 이 때문이라 한다.

 1871년의 독일 통일의 원동력이 된 프러시아는 이러한 동북의 변경을 중심으로 대두한 국가이다. 한 가지 예를 들면, 철학자 이마뉴엘 칸트가 태어나 자라난 동 프러시아는 동쪽 구석에 있었기 때문에 현재는 소련 영토가 되었다.

러시아의 서쪽에는 리투아니아, 폴란드, 오스트리아, 헝가리 등의 천주교 강대국들이 버티고 있었으며 그들은 반(反)러시아 동맹을 형성하고 있었다. 따라서 러시아가 유럽의 틈바구니에서 생활공간을 확보하기 위해서는 이들 천주교 나라들의 벽을 뛰어 넘어 건너편의 나라와 연대할 수밖에 없었다. 러시아와 프러시아의 특별한 관계는 이러한 국제정치상의 관계로 보아도 당연한 것이었다.

프러시아의 프리드리히 대왕은 "그 야만인 놈들(러시아인을 지칭)과는 우의를 돈독히 하라"고 명령했다 한다. 이 명령이 옳았다는 것은 나폴레옹전쟁 때에 현실화해서 나타났다. 왜냐하면 나폴레옹은 처음으로 러시아 전선에서 러시아군에 패해 퇴각했기 때문이다. 이를 계기로 나폴레옹 제국은 붕괴되기 시작하고, 프러시아는 프랑스로부터 해방되었다. 또한 대 오스트리아전쟁(1866년), 두 번째의 대 프랑스전쟁(1870년)에서 프러시아가 승리한 것은 러시아가 중립을 견지해 주었기 때문이었다.

독일 통일 후, 독일 국내의 인구가 급증했을 때에도 농산물을 공급해 준 나라는 프랑스나 영국이 아니라 러시아였다. 독일의 식량난과 러시아의 외화 부족이 동기가 되어 양국은 함께 생존을 위한 2인 3각 놀이를 한 것이다.

포르쉐가 외지(外地) 독일, 즉 오스트리아에 예속되어 있던 슬라브어계 국가인 보헤미아 태생이란 백그라운드는 스탈린이 아니었더라도 러시아인이라면 누구나 친근감을 가질 수 있었을 것이다. 더욱이 포르쉐는 독립하여 자그마한 컨설턴트 회사를 막 경영하기 시작한 때였으므로 접근하기가 쉬울 수밖에 없었다. 슬라브와 게르만 간의 역사적인 관계, 그 틈바구니에서 살아온 경력 등을 생각해 보면 스탈린의 초청이 포르쉐가 있는 곳에 날아 들어온 것은 당연한 귀결로 보인다.

실은 초기의 소련은 군사기술을 포함해 많은 기술도 입을 독일에 기대하고 있었다. 그 사실은 1922년의 프라하 조약에서 여실히 나타난다. 이에 대한 설명은 다음으로 미루고, 포르쉐 개인에 대해서 좀 더 살펴보자.

2. 철새 인생의 포르쉐

19세기 후반부터 20세기 초에 걸쳐서 하이테크의 중심지는 미국도 일본도 아닌 유럽이었다. 특히 독창적인 기술은 민족이나 국제정치의 틈바구니에서 생겨났다. 수많은 독창적인 기술이 어찌하여 유럽에서 탄생한 것일까? 그것은 우수한 민족이 있었다든가 탁월한 문화가 있었기 때문이라기보다는 '어수선한 국제관계'가 있었기 때문이었다. 사람들은 간단히 국경을 넘어 쉽사리 다른 사람의 아이디어를 모방하고, 더 나아가 개량할 수도 있었다.

포르쉐의 이름(first name)이 말해주는 바와 같이 그는 합스부르크 문화에 관계되어 있다. 왜냐하면 합스부르크가(家)의 당주(堂主), 즉 신성로마제국 및 오스트리아-헝가리 이중(二重)제국의 황제 및 친척 중에는 페르디난트라는 이름이 흔했다. 제

1차 세계대전 발발의 원인이 되었던 사라예보에서 암살당한 황태자의 이름도 프란츠 페르디난트였다.

　포르쉐는 보헤미아 출신의 외지 독일인, 즉 독일판 화교(華僑)와 같은 인생을 살았다. 출신은 즈데텐지방(히틀러가 합병한 지방)이였으며, 그 지역은 역사적으로나 문화적으로도 동독의 작센과 대단히 중첩되었다. 보헤미아나 모라비아(현재는 체코슬로바키아 영토) 등은 예부터 혁신적인 사상이 발호한 지방이었다. 모라비아에는 키리루 문자(러시아 문자와 비슷한 특수 문자로, 한글처럼 인공적으로 창제된 문자)가 처음으로 사용되었고, 루터의 종교개혁이 시작되기 전에 이미 보헤미아에서는 얀 후스라는 종교개혁자가 새로운 비권위주의 기독교를 설교했다.

　15세기 초에 후스 자신은 종교재판으로 화형에 처하여졌지만 그의 가르침은 널리 체코슬로바키아 전체에 포교되었고, 독일에 프로테스탄티즘이 발생하자 곧 많은 독일 사람들이 새로운 발상에 감동하여 이곳으로 이주하여 왔다. 이 지방에 보헤미아화한 독일인이 많은 것은 이 때문이다. 거리도 비엔나 보다는 베를린 쪽이 훨씬 가깝다.

　그러나 보헤미아 그 자체는 본래부터 분명히 비게르만 지역이었다. 보헤미아란 이름은 켈트민족의 보이이족에서 유래되었다. 켈트인은 오스트리아 남부(할슈타트)로부터 방방곡곡에 흩어졌다고 하므로 보헤미아에는 도나우강을 따라 비엔나를 경유해 들어왔거나 잘츠부르크로부터 산을 넘어 들어왔을 것으로 생각된다. 보헤미아는 사방이 산에 둘러싸여 있기 때문에 보이이족은 그 이상은 이동하지 않고 정주(定住)했다.

6세기에 들어서자 이 땅에 동쪽으로부터 슬라브인이 밀고 들어왔다. 그들의 또 다른 일파는 헝가리를 넘어 남하하여 발칸반도에 들어가 현재의 남슬라브인이 되었다. 남하하지 않고 여기에 정주한 슬라브족이 현재의 보헤미아인이나 모라비아인의 선조이다.

그 후 13세기 후반에 신성 로마제국의 합스부르크가가 체코슬로바키아 전체를 정복하고, 체코슬로바키아의 귀족은 합스부르카가의 가신(家臣)에 편입되었다. 이후 이곳은 줄곧 비엔나 문화의 영향을 강하게 받아 슬라브의 전통문화와 혼합된 하이브리드(혼성) 문화를 형성했다. 이러한 점은 마자르 문화를 가진 헝가리나 비잔틴 문화의 영향을 받은 유고슬라비아와 흡사하다.

전통적으로 보헤미아는 고도의 공업이 발달한 지역이었다는 것을 잊어서는 안 된다. 당시의 하이테크였던 유리공업과 양조공업이 융성했고, 근대에는 정밀 기계공업 등이 여기에서 번창했다. 예를 들면 보헤미안 유리와 자기(磁器)의 그 미려한 색깔은 보헤미아에서 채굴되는 우라늄 광석으로 착색한 것이다. 또한 프라하의 남서쪽 도시인 플제니의 이름은 가장 맛있는 맥주의 대명사로서 전 세계에 알려져 있다.

이와 같이 오랜 세월 동안 체코슬로바키아는 실로 신성로마제국을 떠받치는 제조업의 심장부 역할을 했다. 이곳은 신흥국 프러시아의 라인란트보다도 오래된 선진 공업지역이었다. 도쿄(東京)가 비엔나에 해당한다면 주쿄(中京) 공업지대(도쿄와 나고야 사이의 공업지대)가 보헤미아에 해당한다고 생각하면 엇비슷하게 맞아 떨어진다. 비엔나와 프라하의 거리도 도쿄와 나고야 간의 거리와 비슷하다.

　포르쉐는 이러한 보헤미아에서 태어났으나 정확하게는 독일 통일 시에 화제가 되었던 폴란드와의 국경선이 되는 오데르강의 하나의 지류인 아니세강 연안의 작은 도시에서 태어났다. 그 후 비엔나로 나와 전기 회사에 근무했는데, 그곳에서 전기자동차를 설계한 것이 그가 자동차와 인연을 맺게되는 최초의 계기가 되었다.

　당시에는 자동차들이 요즈음과 같은 속도를 별로 요구하지 않아 엔진 소리가 조용한 전기자동차가 인기가 있어 일세를 풍미했다. 요즈음처럼 환경문제 때문에 전기자동차를 사용하려한 것은 아니었지만 하여간 인기가 있었다. 미국에서는 자전차 제조를 하다가 자동차 제조 회사로 전환한 포프 사가 전기자동차를 만들어 택시용으로 공급하고 있었다. 이 회사는 후일에 아메리칸 모터스가 되어 3대 자동차 회사에 버금가는 큰 회사로 성장해 갔다. 따라서 포르쉐가 전기 회사에 재직하면서 자동차를 설계한 것은 이상한 일이 아니다.

　자동차 설계에 탁월한 아이디어를 보인 포르쉐는 그 후 마차 제조 회사에서 자동차 제조 회사로 전환한 로넬 사로 옮겨 갔다. 로넬 사와 비슷한 변신을 한 미국의 회사는 GM 사인데, 그 전신은 듀랜트 마차 회사였다. 그 무렵 유럽이나 미국에서는 마차 회사와 자전차 회사가 자동차 회사로 변신하는 경우가 많았다.

　로넬 사에 근무하는 동안 포르쉐는 매우 흥미 있는 차를 발명했다. 이 차는 휘발유 엔진으로 발전을 하여 차바퀴에 부착한 모터를 돌려서 달리는, 말하자면 하이브리드(혼성)형 전기자동차였다. 이 차가 1900년의 파리 만국박람회에 출품되어 호평을 받자 그의 이름은 일약 유럽에 떨쳐지게 되었다.

유명하게 되면 승진이 따르게 마련인 것은 예나 지금이나 마찬가지이다. 포르쉐는 아우스트로 다임러 사(현재의 벤츠 사)에 기사장으로 스카우트되었다. 이 회사는 독일 다임러 사의 오스트리아 지사였다. 포르쉐는 거기서 중요한 제품개발을 했다. 그것은 공냉수평대향형(空冷水平對向型) 엔진이라는 것으로, 항공기용 엔진의 일종이었다. 또한 장갑차도 개발했다.

그가 자동차가 아닌 무기를 설계할 수 있었던 것은 그 나름의 이유가 있었다. 그 이유는, 아우스트로 다임러 사의 주식 전부를 전통적인 보헤미아의 무기제조 회사인 스코다 사가 사들였기 때문이다. 지금도 스코다 사는 건재하고 있어(이름은 변해서 AZNP가 되었다) 동구라파에서는 평판이 높은 체코슬로바키아제 승용차 슈코다-105 및 120을 만들고 있다.

제1차 세계대전 중 포르쉐는 오스트리아 육군을 위한 무기와 항공기 엔진을 설계한 공적으로 비엔나 공과대학으로부터 명예박사학위를 받았다. 그러나 우스꽝스럽게도 전후에 보헤미아는 다른 지역과 함께 독립을 했고, 포르쉐 자신도 오스트리아인에서 체코슬로바키아인으로 탈바꿈했다.

그 때문은 아니었지만 포르쉐는 점차 아우스트로 다임러 사의 수뇌부와 사이가 나빠져 결국 독일의 다임러 사 본사로 옮겨갔다. 그때 그는 이미 48세가 되었다. 50세를 눈앞에 두고 변신한 것이다.

그러나 6년 후 그는 경영지상주의를 고집하는 중역과 싸우고

제11장 철새 인생 이론과 하이테크 **183**

다시 비엔나로 돌아왔다. 다섯 번째의 전직이었다. 그러나 이번에는 싸우고 나온 아우스트로 다임러 사에 다시 갈 수도 없어 결국 경쟁 회사인 슈타이어 사에 입사했다. 그러나 아이러니컬하게도 슈타이어 사는 재정이 어려워져 아우스트로 다임러 사에 흡수되고 말았다. 어찌할 수 없이 포르쉐는 즉각 회사를 그만두었다. 1930년의 일이다.

평판이 높은 그였으나 사면초가에 봉착하자 결국 스스로 회사를 만들겠다고 결심했다. 철새 인생에 종지부를 찍은 것이다. 물론 프랑스에는 유명한 빠날 에 루바쏠 사라던가 푸조 사가 있고, 미국에는 3대 자동차 회사가 있었으므로 그가 원하기만 했다면 어느 회사에라도 갈 수 있었을 것이다.

그러나 그는 이미 55세나 되어 있었다. 낯선 나라에서 발상을 달리해 자동차를 만든다는 것은 무리였다. 태어난 고향인 보헤미아로부터 멀지 않은 곳에서 일하고 싶었을 것이다. 결국 다임러 본사라던가 자동차 부품 메이커인 보쉬 사 등이 있는 슈투트가르트에서 자동차 설계 컨설턴트 사무소를 개설했다. 일본에도 혼다기술연구소처럼 설계 사무소적인 뉘앙스가 있는 회사로부터 출발한 자동차 메이커가 있기는 하지만 유럽에서는 오히려 자동차 설계 컨설턴트 사무소로부터 출발한 경우를 흔히 볼 수 있다.

그것은 자동차가 단순히 타고 다니는데 편리한 도구만이 아니고 스피드를 경쟁하는 스포츠 도구라고 생각되고 있었기 때문이다. 다행히 포르쉐의 이름은 유럽에 잘 알려져 있었기 때문에 사업은 별로 어렵지 않았다. 그러나 대량생산에까지 도달한 것은 하나도 없었고(최후에는 히틀러의 의뢰로 대량생산 차를 설계했다) 고급차 포르쉐가 등장하는 것은 대전 이후의 일이다.

자그마한 컨설턴트 사무소에 설계를 의뢰하는 고객은 당연히 대기업의 설계팀을 소유하고 있었기 때문이다. 따라서 설계 의뢰를 하는 고객은 대기업의 틈바구니를 겨냥해 자동차 산업에 새로 뛰어드는 기업들이었다. 신규 참여는 기업만이 아니라 국가일 경우도 있다. 앞에서 말한 포르쉐가 소련으로부터 초대를 받은 것은 그것을 의미한다.

우선 뉘른베르크의 오토바이 회사인 츤다로프 사가 자동차 설계를 의뢰했다. 여기에서 포르쉐는 후일의 폭스바겐의 기본형을 만들었다. 예를 들면 차 뒤에 설치하는 리어 엔진이라던가 공냉 수평대향 엔진, 백본프레임형 차체 등이었다. 그러나 오토바이 시장 경기가 다시 회복되었기 때문에 이 자동차는 빛을 보지 못하고 말았다.

그 외에도 오토유니온 사(현재의 아우디 사로, 네 개의 동그라미로 된 마크를 하고 있음)로부터 설계 의뢰를 받아 경기용 차로 설계했다. 그 후 또 다른 오토바이 회사인 NSU 사가 설계를 의뢰해 왔다. 이 차도 기본적으로는 츤다로프 모델과 같았으나 배기량 등에 있어 히틀러의 국민차와 같은 것이었다. 이리하여 포르쉐는 1934년 독일제국 자동차 산업 연맹과 계약을 체결하고 최초로 대량생산 모델인 KDF의 설계를 착수했다.

대량생산 준비를 위하여 그는 1936년과 38년, 두 차례에 걸쳐 미국에 건너가 연속작업 방식을 견학했다. 1938년에는 하노버 근처의 볼프스부르크에 대량생산 공장이 준공되었다. 포드 사의 하이랜드 공장에 비해 약 25년 뒤진 셈이었다.

이상이 포르쉐가 생활한 철새인생의 여정이다. 보헤미아의 구석진 시골에서 나와 많은 회사를 편력하고 최후에는 자기 회사를 만들었다. 이 여정은 흔히 있을 수 있는 성공담이다.

그러나 주의 깊게 살펴보면 창조적인 기술, 즉 하이테크가 어디에서 어떤 경로를 거쳐 생겨나는가에 대한 패턴을 암시해 준다. 이를 '철새 인생의 이론'이라 명명하고 다음에서 좀 더 자세하게 고찰해 보기로 하겠다.

3. 마이너리티 레짐 시시스(Minority regime thesis)와 하이테크

낯선 표제가 나와서 좀 이상하다고 생각할지 모르나 마이너리티란 소수파를 뜻하고, 레짐은 체제를 의미하며 시시스란 설(設)이란 뜻이다. 이를 합해서 '소수파가 체제를 뒤엎는다는 설'이란 뜻으로 사용한다.

이 설은 체제 밖에 있는 독창적인 아이디어를 갖는 소수파가 세상을 뒤엎는 일을 말한다. 이러한 예는 하이테크의 세계에서 흔히 어렵지 않게 찾아볼 수 있다.

창조적인 기술은 마이너리티로부터 생겨난다. 대기업의 기술이 체제를 지배하고 있기 때문에 그것을 뒤엎는 것은 체제 밖에서 생겨날 수밖에 없는 것이다. 또한 그것은 새로운 기술이어야 한다. 따라서 창조적인 기술은 마이너리티의 손에 의해 세상에 나타난다.

포르쉐는 다임러 본사의 기사장이 되기까지 정말로 마이너리티였다고 할 수 있다. 출신도 보헤미아였으며 제3제국의 명예시민이 되기 전까지는 순수한 체코슬로바키아 국적을 갖고 있었다. 취업한 회사마다 단기간밖에 근무하지 않았다. 다임러 본사 이외에는 세계 일류 수준의 회사에도 근무하지 않았다.

더욱이 그가 새로이 내어 놓은 자동차의 설계 개념도 당시 유럽에서 주류를 이룬 자동차와는 시방이 전혀 다른 것이었다. 4륜독립현가(四輪獨立懸架 : 네 개의 바퀴가 독립적으로 차체에 매달림)라던가, 공냉수평대향(空冷水平對向) 엔진(엔진을 물이 아닌 공기로 냉각하되 공기 흐름이 수평으로 방향을 교차하게 한다는 뜻으로, 항공기 엔진의 설계 개념임) 등의 새로운 개념을 도입한 것으로서 대중 차로서는 턱없이 고성능이었다.

여기에 이론의 맹점이 잠재해 있다. 창조적인 아이디어는 포르쉐와 같은 창조적인 한 개인이 모든 것을 만든다는 오해가 그것이다. 그런 것이 아니고, 창조적인 아이디어는 몇 개의 마이너리티들에 의해 파상적으로 태어나는 것이다. 우선 그것을 서로 간에 상호 모방하고, 다음에 모방한 기술에 자기의 생각을 추가하여 개량하게 될 때에(이것을 나는 에뮬레이션이라 명명했다) 혁신적인 기술이 태어난다.

다수의 마이너리티가 합세하여 대항하지 않으면 지극히 강력한 체제파의 기술에 이길 리가 없는 것이다. 따라서 다수의 마이너리티가 혼연(渾然)히 존재해서 자유로이 모방할 수 있는 환경이 필요하다.

비엔나 문화의 변경(邊境), 독일 문화의 경계선이란 점에서 보헤미아는 바로 그러한 장소였다. 물론 보헤미아뿐만 아니라 그러한 문화의 틈바구니와 국가의 틈바구니는 그 밖에도 있다. 그러한 틈바구니 지역은 틈바구니이기 때문에 마이너리티가 자라날 수 있는 장소이기도 하다. 그들은 체제에 대항해서 되도록 비체제적인 기술을 창출하려 하고, 기회만 있으면 안전한 무대에 올라서려고 필사적으로 노력한다.

그들의 독창적인 기술은 당연히 마이너리티끼리는 서로 훔치게 된다. 틈바구니 지역에서는 모방을 해도 별 탈이 없다. 옛날 독일이 관세동맹을 체결하기 이전 다른 랜다(州)의 기술이나 외국기술이 특허법 시행이 잘 되지 않는 랜다에서 모방되어 일단 개량에 성공하면 특허법 시행이 엄한 지역에 등록하여 강력한 보호를 받았던 것과 꼭 같은 논리이다.

포르쉐의 기술도 이 마이너리티 레짐 시시스에 해당하는 것이었다. 왜냐하면 공기냉각 엔진이나 독립현가 방식, 백본 차체 등은 이미 그 전에 체코슬로바키아인인 레드빈카가 설계한 타트라 11 모델과 매우 흡사한 것이기 때문이다. 이 타트라 11은 1922년에 완성하여 당시 대중차의 명작이라 평판을 받았다(현재의 타트라는 대중차가 아니라 소련과 동구의 공산당이나 정부의 고관용 대형 승용차이다).

레드빈카는 모라비아의 공업도시 네셀도르프에서 마차 회사였다가 자동차 회사로 변신한 네셀도르프 사에서 근무했고 제1차 세계대전 후에는 비엔나의 슈타이어 사(포르쉐도 독립하기 전에 이 회사에 근무했다)로 옮겼다. 그 후 1922년에 체코슬로바키아 이름으로 회사명을 바꾼 네셀도르프 사에 다시 돌아와 명차인 타트라 11을 설계한 것이다.

이 네셀도르프 사에는 이전에 리어 엔진(차 뒤에 부착하는 엔진)의 원형인 미드십 엔진의 차를 만든 룬프라가 있었다. 또한 폭스바겐의 유체역학적인 스타일도 비행선 기사인 야라이가 이미 1920년대에 만든 것이었다. 이러한 점에서 볼 때 폭스바겐은 그 대부분이 보헤미아 출신의 기술자에 의해 만들어졌다고 할 수 있다.

오늘날의 자동차는 30만 개에 가까운 부품으로 만들어지는 시스템 제품이다. 따라서 자동차의 전 부분에 걸쳐 독창적인 차를 만드는 것은 어려운 것이다. 독창성은 엔진의 설계라든가 차체의 형상 등 일부에만 가해지는 것이 보통이다.

또한 독창성이 가해지는 부분에 대해서도 많은 마이너리티가 신선한 아이디어를 제공하고 서로 간에 모방하여 개량한 결과라고 할 수 있다. 그러한 의미에서 제2차 세계대전 후의 베스트셀러가 된 폭스바겐은 참으로 에뮬레이션의 산물이었다고 할 수 있다.

마이너리티 레짐 시시스에 해당하는 또 하나의 예는 니콜라 테슬라의 경우이다. 니콜라 테슬라는 미국 수력발전의 아버지라 불리는 사람으로, 그의 동상은 지금도 나이아가라 폭포 옆의 공원에 자랑스럽게 서 있다. 그러나 그는 전화를 발명한 그레이엄 벨과 마찬가지로(벨은 스코틀랜드 출신이다) 원래는 미국인이 아니었다. 미국인이 된 것은 그의 나이가 30대 중반이었던 1891

년이었다. 그리고 미국에 건너간 것은 그보다 7년 전인 28세 때 였다. 테슬라가 어디 출신인가에 대해서는 여러 가지 설이 있다. 현재의 유고슬라비아 수도인 베오그라드에는 테슬라 박물관이 있으며, 그곳에 진열된 유품의 대부분은 테슬라가 1943년 뉴욕의 아파트에서 돌보아 줄 친척도 없이 외로이 사망하자 미국의 외국인 재산관리국이 그의 유품을 수집하여 유고슬로비아에 넘겨준 물건들이다.

그렇다면 테슬라는 유고슬라비아 출신이라는 말이 된다. 그러나 전기기술 사가(史家)로서 유명한 팻서는 테슬라를 헝가리 태생의 전기기술자라고 보고 있다. 이러한 견해의 차이는 어디에 원인이 있는 것일까? 이에 대한 답을 얻으려면 국제정치사에 대한 지식이 필요하다.

테슬라가 태어난 해는 크리미아전쟁이 끝난 1856년이었다. 그 당시 유고슬라비아를 포함하는 발칸반도의 중부 이남은 아직 터키령이었다. 그리고 북부의 슬로베니아는 오스트리아령이었고 그 남쪽의 크로아티아는 헝가리령이었다.

테슬라는 크로아티아에서 태어났다. 그러나 그의 부모는 세르비아인이었다. 세르비아가 독립한 것은 1878년의 제2차 노토전쟁(러시아와 터키 간의 전쟁) 후의 베를린회의 때이다. 이 회의가 열린 시점까지도 크로아티아는 아직 헝가리령이었다.

유고슬로비아의 전신인 세르비아, 크로아티아, 슬로베니아 등의 왕국이 성립된 것은 제1차 세계대전 후인 1918년이었다. 따라서 만약 테슬라가 제1차 세계대전 이후에 태어났다면 유고슬라비아 사람들은 테슬라를 자기 나라 출신의 전기기술자라 말할 수 있겠지만 국제정치사상으로는 명확히 헝가리 태생이 되는 것이다.

그런데 크로아티아와 헝가리의 관계는 12세기까지 거슬러 올라간다. 헝가리가 크로아티아의 종주국이 된 것은 1102년이었다. 그러나 1437년에 와서는 헝가리가 합스부르크령이 되었다. 또한 16세기에는 오스만 터키가 헝가리의 대부분을 지배했다.

그러나 크로아티아인들은 터키가 아닌 합스부르크 왕을 자기들의 왕으로 선택했다. 터키가 물러간 후에 헝가리를 합스부르크 왕이 계승했기 때문에 법적으로 크로아티아는 계속해서 헝가리의 종주 하에 있었다. 따라서 어떻게 보거나 테슬라가 태어난 나라는 유고슬로바키아란 설보다 헝가리가 옳은 것 같다.

이와 같이, 테슬라도 포르쉐와 마찬가지로 민족적으로나 국제정치상으로 틈바구니의 출신이었다. 그리하여 철새인생을 시작했다.

소년시절을 크로아티아에서 지낸 그는 오스트리아의 그라츠 공과대학과 체코슬로바키아의 프라하대학에서 공부했다. 포르쉐에 대한 설명에서 언급한 바와 같이, 당시의 체코슬로바키아는 오스트리아의 점령 하에 있었기 때문에 그의 교육은 가히 비엔나 문화권 안에서 이루어졌다고 할 수 있다.

그 후 테슬라는 헝가리의 부다페스트로 갔다. 거기에서 교류모터(전기의 교류를 사용하는 전동기)를 발상하는데 생각이 가닿았다고 한다. 그러나 그의 철새인생은 거기에서 끝나지 않고 부다페스트로부터 파리로 옮겨가 유럽 에디슨 회사에 취업했다. 그러나 그곳도 만족스럽지 않아 불과 2년 만에 퇴직하고 이번에는 미국으로 건너가 에디슨 회사 본사에 들어갔다. 로컬 지사로부터 본사로 전직한 패턴은 포르쉐와 매우 흡사하다.

입사는 했지만 사장인 에디슨이 종래의 방식인 직류방식에 의한 발전 및 송전을 주장했기 때문에 배짱이 서로 맞을 리가 없었다. 드디어 그는 대판 다투고 에디슨 사를 뛰쳐나오고 말았다. 화가 난 테슬라는 자기의 교류발전 특허를 가지고 작은 전기 회사를 만들어 스스로 사장이 되었다. 이 점에 있어서도 포르쉐와 닮았다.

에디슨의 직류방식 발전 및 송전 시스템이 체제파 기술이라 한다면, 테슬라의 교류 시스템은 마이너리티 기술 그 자체라 할 수 있다. 따라서 포르쉐의 경우와 마찬가지로 발전 및 송전업계에 신규 진출하려는 기업이 테슬라의 특허에 접근했다. 그것이 웨스팅하우스 사였다.

창설자인 조지 웨스팅하우스는 에디슨 사와 톰슨 휴스턴 전등회사 등의 체제파 기업이 독점하고 있는 미국의 발전 및 송전업계에 신규 진출을 노리고 있었다. 그러나 그 당시 웨스팅하우스 사 자체는 철도의 브레이크를 중심으로 하는 중전기(重典機) 회사였다. 따라서 아직 상업적 실효성이 분명하게 평가되어 있지 않은 교류기술에 눈을 돌린 것이다.

교류발전 기술에 대해서는 테슬라 이외에도 이탈리아인인 갈릴레오 페라리가 1888년 이탈리아의 과학잡지에 발표한 바 있다. 같은 해에 테슬라도 미국의 전기기술자 협회에서 교류발전에 관한 강연을 했다. 테슬라의 문화권과 페라리의 문화권은 인접해 있다. 따라서 확대하여 고찰해 보면, 발전기술에 대해서는 이 부근 지역의 여러 사람이 생각했던 것으로, 서로 아이디어를 경쟁하고 있었다고 상상할 수 있다.

조지 웨스팅하우스는 양면 작전을 썼다. 즉 페라리와의 특허 교섭을 위해서는 같은 이탈리아인인 판타레오니를 파견하고, 테슬라와의 특허 교섭을 위해서는 부사장인 비레스비를 파견했다. 그 결과 페라리보다는 실용화에 이점이 있는 테슬라의 특허를 취득하게 되었다. 이리하여 웨스팅하우스 사는 일약 거대 중전기 메이커로의 변모가 가능하게 되었다.

4. 국제정치가 기술을 움직인다

포르쉐나 테슬라는 모두 국제정치의 틈바구니에서 태어났다. 17세기의 중반에 영국과 독일에 기술이전을 촉진한 하이테크 민족인 위그노 교도들은 국제적인 종교전쟁에 승리한 네덜란드, 영국, 독일 등으로 흘러 들어갔다.

철새 인생들이 신흥 기업이나 신흥국에 흘러 들어갈 때에 새로운 기술의 태동이 시작되고, 기술의 새로운 질서가 탄생한다. 즉 마이너리티가 기존의 레짐(체제)을 뒤엎는 것이다. 하이테크의 무서운 점은 바로 여기에 있다.

마이너리티 레짐 시시스(Minority regime thesis)를 이해하지 않는 한 체제의 안락한 지위에 안주하고 있는 기업이나 국가의 발전적인 미래는 없다. 그렇다면 체제가 시들어 떨어지는 것을 피하려면 어떻게 해야 할 것인가. 우선 기술과 국제정치의 관계를 다시 깨우쳐 보아야 한다.

일반적으로 기술과 국제정치의 관계는 다음과 같은 시각에서 보고 있다. 체코슬로바키아 태생의 경제학자 조지프 슘페터가 말한 바와 같이, 우선 기업가가 기술에 의해서 커다란 경제의 파동을 만들어 낸다. 예를 들어 19세기의 전반은 철도기술, 후반은 제철 등의 중공업기술, 20세기에 들어와서는 전기, 통신, 유기화학기술 등이 경제를 이끌었고, 20세기 후반에는 컴퓨터와 반도체 등의 소위 말하는 하이테크 정보기술이 경제의 커다란 파동을 이끌어 왔다.

다시 말하면, 기술은 경제를 움직이는 것이다. 경제력은 국력을 높여 주기 때문에 결국 기술에 의해 국가는 흥한다. 새로운 국가가 흥하면 당연히 시스템은 변동한다. 종국적으로 기술은 국제정치에 작용하기 마련이다.

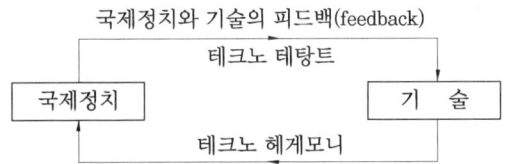

이와 같이, 테크노 헤게모니는 기술 쪽에서 국제 시스템에 관여하는 형태를 설명하는 개념이다. 어떤 나라는 기술의 패권을 차지함으로 말미암아 경제적·군사적 패권을 차지하게 된다. 그 다음에는 이들을 기반으로 하여 정치적 패권을 획득한다. 그 초반에 주변국에 대해서 비대칭적(非對稱的)인 관계(군사원조라든가 자국의 시장을 개방하는 것)를 구축한다. 이 비대칭적인 관계와 주변국의 존재라는 두 개의 조건에 의해서, 그 나라는 국제 시스템의 질서 메이커로서의 지위를 확립한다. 즉 테크노 헤게모니가 되는 것이다.

그러나 앞의 그림에서 보는 바와 같이 기술과 국제정치와의 관계에는 또 하나의 인과 루트가 존재한다. 그것은 반대방향의 피드백(feedback), 즉 국제정치가 기술을 움직인다는 인과(因果)루트이다.

이 루트는 두 가지 이유에서 지금까지 눈에 잘 띄지 않았다. 첫째는, 기술이 경제력을 높여 국제 시스템을 동요하게 하는 루트가 너무나도 상식적인 것이었기 때문에 다른 인과관계를 생각할 필연성이 없었기 때문이다. 두 번째는 기술문제에는 왕왕 기술 전문가가 등장한다. 그들은 보통 국제정치나 국제 시스템에 대한 교육과 경험이 부족하기 때문에 국제정치가 기술에 작용한다는 발상을 하기 어렵기 때문이다.

그런데 미일(美日) 하이테크 마찰 등, 현재의 기술문제는 기술이 국력을 제고한다는 단선적(單線的)인 사고방식으로는 해결되지 않는다. 군사시설(military technology) 문제도 기술만으로는 올바르게 다룰 수 없게 되었다. 즉 국제 시스템의 움직임이 점점 더 기술에 관여하게 되었기 때문이다.

시장이 글로벌화하면 할수록 그러한 사정은 강화되어 갈 것이다. 왜냐하면 글로벌 시장은 당연히 균질(均質)한 것이 아니고 다양한 문화와 정치체제를 갖는 지역시장의 집합체이기 때문이다. 따라서 글로벌 전략을 생각하는 기업은 글로벌한 정치의 움직임이나 그 중의 일부인 로컬지역의 정치와 문화를 알지 않으면 안 된다. 소련이나 동구라파의 정치를 모르고서는 그곳에 물건을 팔 수 없는 것이다.

그런데 여기에서 까다로운 문제가 발생한다. 그것은 국제정치는 기술이나 경제의 합리주의와는 달라서, 국민감정이라든가 역사, 지역의 국제관계라는 '애매한 원리'에 의해서 움직인다는 사실이다.

애매하기는 하지만 실은 턱없이 애매한 것은 아니다. 합리성이 있지만 복수로 존재하고, 국소적이기 때문에 전체적으로 합리성이 적용되기 어려울 뿐이다. 그러기에 이를 해소하기 위한 궁극적인 방법은 전쟁이다. 예를 들면 폴란드 측에서 보면 합리적인 일이, 이웃 나라인 러시아의 입장에서 보면 불합리한 것으로 보이기 마련이다.

이러한 경우, 국제정치에서는 대부분 전쟁으로 결말을 지었다. 그러나 전쟁은 국민에게 희생을 강요하고 국제 시스템 전체의 불안정성을 높인다. 따라서 전쟁은 당사자 쌍방 간에는 합리적이고 신속한 해결방법이 될지 모르지만 길게 보면 결코 합리적인 해결방법은 아니다. 국제정치는 그렇기 때문에 애매하게 보이는 것이다.

국제정치가 기술에 미치는 충격은 날로 증가하고 강화되고 있다. 특히 기술혁신이 절벽에 봉착해 있는 요즈음 새로운 기술은 '철새 인생'들에 의해서 국제정치의 틈바구니로부터 태어날 가능성이 높아지고 있다. 마이너리티 레짐 시시스에 따라서 그들의 기술이 체제에 흘러들어 메인스타디움(주무대) 기술로 발전할 것인가의 여부는 그것을 국제정치가 어떻게 다룰 것인가에 달려있다. 체제가 신기술을 거두어들이지 않는 한 그 기술은 비눗방울처럼 사라져 갈 따름이다.

  인공염료 기술이 하이테크 케미컬 기술로 성장한 것이라든가, 컴퓨터가 발전하게 된 것은 제1차 세계대전이나 제2차 세계대전이 있었기 때문에 가능했던 것이다. 또한 로켓기술이나 DAC(컴퓨터 이용 설계 시스템), CAM(컴퓨터 이용 제조 시스템) 기술이 발달한 것은 냉전이 있었기 때문이다. 그러한 예는 너무나 많아서 이루 다 열거할 수 없을 정도이다. 따라서 냉전체제 이후의 현 시점에서 국제 시스템 전체의 방향에 신경을 집중하지 않으면 안 된다. 마이너리티 기술은 어디에서 태어나고 있으며, 어느 체제에 흡수되어 갈 것인가를 주목해야 한다.

  그러나 이제는 탈냉전(脫冷戰)의 막이 오르고 있다. 장차 어떤 방향으로 갈 것인가는 아무도 예견할 수 없다. 이러한 때에는 매크로(macro)한 국제 시스템의 다이너미즘을 다시 한번 살펴볼 방법밖에 없다.

chapter 12

팍스 소비에티카

1. 몽골리안 메모리(Mongolian Memory)

　소비에트 러시아가 패권을 잡기 전의 소련의 역사는 여러 민족이 거대 국가를 건설하여 그 광대한 땅을 지배하다가 멸망하곤 했다. 7세기 이후만 보더라도 터키계 민족의 하자르 왕국(650 ~ 825년), 노르웨이계 민족의 키예프 공국(882 ~ 1240년), 몽골계 민족의 알탄올드(1240 ~ 1480년), 러시아계 민족의 모스크바 공국(1380 ~ 1598년)과 러시아 제국(1613 ~ 1917년) 등을 들 수 있다.
　이들 거대 국가 중에서 특히 몽골족이 지배했던 알탄올드는 오늘날 패권국으로서의 소련의 성격과 깊은 관계를 갖고 있으므로 살펴볼 만한 가치가 있다.
　노르웨이 민족이 지배하던 키예프 공국에 돌연히 몽골인이 물밀듯 침입해 온 것이 1237년의 일이었다. 칭기즈칸이 지배하는 대제국의 침입이었다. 그들은 1223년에 우선 정찰대를 보냈다.

그 일이 있은 지 14년 후 대군(大軍)이 공격해 왔다. 그 결과 러시아 전국이 삽시간에 몽골군에 점령당하였다. 몽골은 어떤 나라를 정벌할 때, 우선 정찰대를 보내어 탐지한 다음 상당히 오랜 세월이 지난 후 대군단을 몰고 쳐들어가는 전략을 갖고 있는 것 같다. 일본에도 1274년에 몽골군 정찰대가 먼저 왔고, 그로부터 7년 후에 대군을 이끌고 왔다. 만약 그때에 태풍이 없었거나 한반도와 일본이 육지로 연결되어 있었다면 일본은 틀림없이 러시아와 꼭 같은 운명의 길을 가게 되었을 것이다.

최근 냉전 종료 후, 드디어 몽골인민공화국에도 해빙의 무드가 찾아들어 그들의 영웅 칭기즈칸이 재평가되기 시작했다 한다. 그러나 다행히 운이 좋아 몽골에 정복당하지 않은 일본 같은 나라는 그렇지 않겠지만, 러시아처럼 고통과 굴욕을 맛본 국민은 몽골인들을 어떻게 생각하고 있을 것인가.

원정대장 바토(拔都)는 키예프 공국이 반항한다 하여 도시 전부에 불을 질러 대부분의 주민을 학살했다 한다. 그로 인하여 3세기 반이나 존속해 오던 키예프 공국은 여지없이 소멸되고 말았다. 몽골의 공격으로 겁에 질린 러시아 주민들은 북쪽으로 달아났다. 아이러니컬하게도 이 때문에 북방 한대지방인 모스크바가 일약 각광을 받아 갑자기 큰 도시로 발전하게 되었다.

바토는 몽골 중흥의 아버지라 불리는 칭기즈칸의 손자에 해당한다. 제2대 대칸(大汗)이었던 그는 몽골제국의 근대화를 도모하여 수도를 카라코룸으로 옮겼다. 그러나 그것은 중국, 페르시아, 유럽 등의 정복을 노린 원모(遠謀)이기도 했다. 바토는 정예 12만의 군대를 휘몰아 키예프를 공략한 다음 폴란드와 헝가리에까지 군마를 진군시켰다.

키예프가 멸망하고 나서야 처음으로 유럽인들은 몽골이 무섭다는 것을 실감하게 되었다. 폴란드와 헝가리에는 매우 강한 것으로 소문 난 츄톤 기사단의 원조가 존재하였음에도 불구하고 바토의 군대에 간단하게 굴복하고 말았다.

바토가 폴란드의 남부를 평정하고, 헝가리를 공략하고 있을 때였다. 1241년, 돌연 그에게 대칸(大汗) 오고타이가 사망했다는 연락이 왔다. 차기 대칸 선출의 중요성을 누구보다도 잘 인식한 바토는 즉시 헝가리로부터 전군을 철수하여 수도 카라코룸으로 회군했다. 전군을 거느리고 회군한 것은 경쟁 상대방에게 군사적 압력을 가하기 위해서였다.

유럽은 오고타이의 사망으로 구조된 셈이다. 유럽의 모든 봉건 영주는 하느님의 가호에 감사하고 숨을 돌리게 되었다.

대칸 자리를 두고 오고타이의 아들 귀위크와 바토 간의 싸움이 장장 4년간이나 계속되었지만 결과는 바토의 패배로 끝났다. 그는 서시베리아에서부터 현재의 카자흐 공화국 부분, 볼가 유역, 코카사스 산맥의 북부, 그리고 전 러시아의 광대한 영토를 받는 것으로 타협을 매듭지었다. 이것만으로도 광대한 대제국이라 생각되는데, 바토로서는 실리보다 명예를 취하고 싶었던 것이다.

바토제국은 정식으로는 피정복 민족의 이름을 따서 킵차크 한국(汗國)이라 불리어지고 있지만, 유럽에서는 알탄올드라 부르고 있다. 이것은 '황금의 장막'이란 뜻으로, 바토의 호인 금장한(金帳汗)에서 유래한 것이다.

알탄올드는 장장 2세기 반에 걸쳐 러시아의 대지에 군림했다. 그러나 제국 내에는 멸망한 키예프 공국의 대를 이은 류리크가(家)와 다른 슬라브 호족의 존속이 허가되었고 종교도 강제적으로 이슬람교로 개종하지는 않았다. 그러나 알탄올드는 14세기 초에 우즈베크 칸(汗) 때에 이슬람교를 국교로 삼았다.

알탄올드의 인구는 그 당시 약 1천만 명에 이르렀지만 그들을 지배하는 몽골인들은 불과 4만 명에 지나지 않았다. 얼마 되지 않는 몽골인이 인구가 많은 피정복 민족을 통치하기 위해서는 한 가지 방법 밖에 없었다. 그것은 압도적인 군사적 압력을 가함과 동시에 국세조사(國稅調査)를 하여 지역의 호족에게 징병과 징세의 책임을 맡기는 것이었다. 이리하여 몽골은 정복한 나라를 군대조직과 마찬가지로 백호, 천호, 만호 단위로 나누어진 군관구(軍管區) 방식으로 편성하고, 징세와 징병을 위한 정연한 행정 시스템을 확립했다.

말단의 징병과 징세는 그 지역 사정에 밝은 러시아 귀족이 담당하도록 했다. 그들은 필연적으로 살아남기 위하여 민중을 착취했다. 그것을 거절하면 각지의 전략지점에 배치되어 있는 몽골 주둔군이 달려와 당장에 진압했다.

이러한 가혹한 군사적 징병과 징세 시스템은 알탄올드가 러시아로부터 사라진 뒤에도 러시아 귀족에게 승계되어 그 후에 계속되는 모스크바 공국과 로마노프 제국에서 답습되었다. 그뿐만 아니라 로마노프 제국이 볼셰비키혁명으로 패망한 후에도 여전히 없어지지 않았다.

이러한 제도는 결국은 소련에까지 이어졌다. 주둔하는 붉은 군대의 위협 아래 동구와의 민수품 바터 시스템(물물교환 제도)이 냉전시기를 통해 가동됐고, 그 결과 소련은 초강대국으로 변모해 갔다. 그러므로 소련형 헤게모니는 사실 이 '몽골리안 메모리'를 기반으로 하고 있다.

몽골이 침입하기 전에 이 지역을 지배했던 광역 중앙 집권국가인 키예프 공국은 몽골의 점령 하에서 지리멸렬 분열했다. 본래 볼가 강에서부터 도비나 강에 이르는 광대한 지역에는 무수한 공국(公國)이 난립해 있었으나 몽골은 이들 공국들을 징세 및 징병을 위해서 정리하여 북부에는 우라지미르 대공국 이외에 츠베르, 니지니, 노브고로드, 랴잔 등의 여러 대공국 등을 배치했다.

그 후 우라지미르 대공국 내의 하나의 공국에 지나지 않았던 모스크바가 점차로 대두하여 독점적으로 우라지미르 대공을 겸임하는 강대 세력이 되었고, 오랫동안 모스크바에 대항해 온 츠베르도 모스크바의 지배 하에 들어와 러시아는 류리크가(家)의 모스크바 대공(大公) 아래 통일이 될 수 있는 징조를 보이기 시작했다.

이와 같은 움직임은 14세기 후반, 모스크바 대공 드미트리가 알탄올드의 징세에 응하지 않음으로써 현실화 되었다. 격노한 알탄올드는 대국 리투아니아의 협력을 얻어 15만 명의 몽골·리투아니아 연합국으로 모스크바를 공격했다. 이때에서야 이제까지 무력 군대였던 몽골군이 처음으로 돈강 연안의 싸움에서 패전했다. 이 전승을 기념해서 드미트리는 후일에 돈 수코이라 불리게 되었다.

러시아군의 승리는 이 전쟁에서 처음으로 사용된 무기 때문에 가능했다. 대포와 총이 처음으로 등장하여, 기마병에 의존하는 몽골군을 대항할 수 없게 만들었던 것이다. 이것을 계기로 몽골군의 위협은 급속히 줄어들었다. 특히 중국에서는 1368년 몽골의 본국이었던 원나라가 멸망하고 명나라가 창건되었다.

돈강의 패전으로 알탄올드 내의 권력투쟁은 격화되고 설상가상으로 티무르까지 공격해 왔다. 그 결과 수도 사라이는 불탔고, 이 나라의 산업과 무역기반은 철저히 파괴되었다. 그러나 티무르는 모스크바 대공국에 대한 공격은 포기하고 돌아갔다. 이로부터 백여 년 간 러시아에는 평화가 존속되고, 드디어 1480년 모스크바 공국은 몽골의 지배에서 벗어났다.

2. 프러시안 커넥션

앞에서 살펴본 바와 같이, 1382년의 전쟁에서 돈 수코이(모스크바 대공 드미트리)가 크렘린을 공격해 온 몽골군을 소수의 병사만으로 격퇴할 수 있었던 것은 새로운 무기 덕분이었다.

서유럽에서는 당시 겨우 대포나 간단한 화기(火器)가 전쟁에 사용되기 시작했다. 이들 무기는 상대를 살상할 정도의 고도 무기는 아니었고 다만 병사나 말(馬)을 위협할 목적으로 사용되었을 뿐이었다.

당시의 전술은 기마병을 중심으로 하고 있었기 때문에 고도의 기마전술을 구사하는 몽골군 앞에 유럽군대는 상대가 되지 않았다. 이와 같은 전세(戰勢)에 몽골군의 말을 깜짝 놀라게 한 것이 러시아의 대포와 머스킷 총이었다. 말이 앞으로 나가지 않는다면 몽골군이 위협적인 존재가 될 수 없음은 당연하다.

러시아가 몽골에는 신무기로 대항할 수 있었지만 같은 신무기로 대항해 오는 폴란드나 리투아니아에는 어찌할 수 없었다. 이 경우는 무기의 고도화와 전력을 증강하는 방법밖에 없는 것이다. 이를 위해서는 외국으로부터 기술을 도입해야 했다.

오랜 세월 동안 폴란드로부터 고통을 받아온 러시아는 옷깃만 스쳐도 몸서리친다고 할 만큼 가톨릭을 눈엣가시처럼 생각하고 있었다(폴란드의 국교가 가톨릭이기 때문이었다). 로마노프 왕조의 초대 황제 미하일의 아버지인 피라레트 로마노프가 그리스 정교(正敎)의 대주교였기 때문이기도 했다. 피라레트는 러시아와 폴란드의 휴전협정 교섭을 위하여 폴란드에 체재 중 학대를 받은 적이 있었다. 결국은 전쟁 범죄인으로 취급되어 장기간 투옥되었고 러시아로 돌아온 것은 평화가 성립된 1618년이었다.

그때 맺힌 한이 골수에 사무쳐 러시아는 루터파나 칼빈파 등의 프로테스탄트를 우대하고 가톨릭을 박해했다. 그 때문에 많은 독일 직업인과 네덜란드의 상인이 러시아로 이주해 왔다(독일과 네덜란드는 프로테스탄트이다). 이 점은 일본의 도쿠가와 이에야스(德川家康) 막부가 가톨릭인 폴란드를 배척하고 프로테스탄트인 네덜란드를 우대한 것과 매우 흡사했다.

원래 그리스 정교와 가톨릭은 같은 뿌리를 가지고 있다. 따라서 프로테스탄트가 이단이라는 입장은 가톨릭은 원래부터 그러했고 그리스 정교 역시 마찬가지였다. 그러한 프로테스탄트를 오히려 우대하고 가톨릭을 박해한다는 것은 러시아가 폴란드를 얼마나 미워했던가를 잘 말해 주고 있다.

러시아의 제2대 황제인 알렉세이 3세는 1652년 모스크바에 거주하고 있는 모든 외국인에 대해서 퇴거를 명령했다. 이때 폴란드인과 리투아니아인은 강제 퇴거시켰지만 프로테스탄트인 독일인과 네덜란드인들은 교외의 '독일촌'에 이주하는 것을 허용했다. 그리고 가톨릭 교회의 건립은 엄격하게 금지시켰다.

러시아의 외국기술 도입은 바로 이 독일촌을 통하여 달성되었다. 폴란드와 리투아니아에 이기기 위해서는 외국기술을 도입하여 무기의 고도화를 이룩하는 길 이외에는 선택의 여지가 없었다. 이미 1632년에는 네덜란드인 기사 안드류 비니우스에 의해서 러시아 최초의 제철소가 모스크바 남방 2백 킬로미터 지점인 토라에 건설되었다.

토라 제철소는 후일에 크게 확장되었다. 1618년부터 14년간 계속된 폴란드와의 휴전이 파기되어 다시 전쟁이 발발하자 러시아는 금방 패하여 굴욕적인 정전협정에 조인하지 않으면 안 되었다. 러시아는 이 전쟁의 결과를 깊이 반성하여 토라 제철소를 확장했다. 그 뿐만 아니라 외국으로부터 많은 무기기술을 도입하여 군의 근대화를 도모해 나갔다.

당시 유럽에서는 대포와 총은 점성(粘性 : 끈적하게 달라붙는 성질)이 높은 청동으로 만드는 것이 일반적이었다. 점성이 낮으면 대포를 쏠 때 포신이 갈라지기 때문이었다. 그러나 청동기술은 교회의 종을 생산하고 있던 가톨릭 국가가 보유하고 있었다.

그러한 배경으로 인하여 근대의 병기기술은 신성 로마제국과 프랑스가 독점하고 있었다.

이러한 시기에 프로테스탄트의 신흥국인 영국이 값싼 소재인 철을 사용해서 대포를 만드는 기술개발에 성공했다. 영국이 이 기술개발에 성공했다 해도 실은 영국에 이주한 위그노 교도, 즉 종교전쟁 때문에 프랑스를 떠난 신교도인 위그노들이 개발한 것이었다.

이리하여 영국은 16세기 말에서부터 17세기에 걸쳐 급속히 대국으로 대두하게 되었다. 이에 대항하여 일어난 나라가 같은 신교도 국가인 네덜란드였다. 네덜란드에도 위그노 교도들이 많이 거주하고 있었기 때문에 철로 대포를 만드는 영국의 무기제조 기술은 즉시 모방이 가능했다. 이 무기제조 기술이 네덜란드인 또는 독일인에 의해서 러시아에 이전될 수 있었다. 이렇게 볼 때에 러시아의 무기기술과 영국과 네덜란드의 무기기술은 실은 동일한 뿌리를 가졌다고 하는 매우 흥미 있는 사실을 알게 된다.

위그노는 전형적인 하이테크 이민이었지만 폴란드에 있는 위그노 이민도 실은 같은 하이테크 이민이었다. 제2차 세계대전 중 나치스에 살해당한 유태인은 4백만 명에 이르렀다고 한다. 그들의 대부분은 유태계 폴란드인이었다. 예를 들면, 악명 높은 아우슈비츠 수용소는 폴란드의 고도(古都) 크라크프의 서쪽 80킬로미터 지점에 있는 작은 도시의 이름(폴란드 이름으로는 오시피엔침)이다. 이 사실로서도 알 수 있는 바와 같이, 나치스는 폴란드에서 조직적으로 유태인을 학살했다.

그러나 중세기의 유태인 배척은 그들의 영악성, 음험성, 비인

간성의 시각에서 보면 나치에 비할 바가 아니었다. 이러한 중세의 유태인 배척이 실은 후일에 폴란드와 유태인을 결합하는 결과를 낳았다.

전쟁 전에 폴란드에는 약 350만의 유태인이 거주하고 있었다. 현재의 이스라엘 인구가 약 450만인데 비하면 얼마나 많은 유태인이 폴란드에 살고 있었던가를 알 수 있다.

그러면 어찌하여 그렇게 많은 유태인이 폴란드에 살게 되었을까? 그 이유는, 그들도 위그노 교도와 마찬가지로 종교적 박해를 받아 신흥 대국인 폴란드와 리투아니아에 기술이민 또는 상업이민으로 받아들여졌기 때문이다.

이러한 측면에서 폴란드와 리투아니아에 거주한 유태인의 역할은 영국, 네덜란드 및 독일에 거주했던 위그노의 역할과 아주 흡사했다고 할 수 있다. 또한 동시에 그것은 러시아에서의 네덜란드인이나 프러시아인의 역할과도 같은 것이었다.

왕정복고(王政復古) 후 영국에서는 국왕 찰스 2세가 위그노를 영입하기 위해 이민법을 제정했고, 30년전쟁 후의 독일에서도 프리드리히 빌헬름 왕이 포츠담령을 공포하여 위그노의 베를린 및 프러시아 이주에 편의를 제공했다. 마찬가지로 폴란드에서도 카시미르 3세(쿠라쿠후대학의 창립자)가 유태인 이민의 우대책을 발표했다. 그러나 이것은 3세기나 이른 14세기 후반의 일이었다.

위그노가 영국과 독일에서 우대받기 시작한 것은 17세기 중반 이후였기 때문에 폴란드의 유태인 우대정책은 그보다 3세기나 앞선 것이 된다. 즉, 같은 신흥국이라 하더라도 폴란드는 영국이나 네덜란드보다 2세기 내지 3세기 정도 앞선 국가였다고 말할 수 있다.

폴란드의 유태인 우대정책은 상당히 거슬러 올라간 1265년부터 시작되었다. 초기의 폴란드는 여러 개의 공국(公國)으로 나누어져 있었고, 그들 공국들은 서로 경쟁하여 경제부흥 정책을 실행하고 있었기 때문에 유태인뿐만 아니라 다른 외국인도 환영을 받았다. 예를 들면, 현재의 독일 국경지대가 된 포메라니아 저지대라던가 남쪽의 실레지아(슐레지엔) 지방에 독일인의 이주가 촉진되어, 그들은 도시의 건설과 수공업 발전에 기여하였다. 폴란드에의 유태인 이민은 13세기 후반에 제1파가 닥쳤고, 제2파는 그 보다 3세기 후인 16세기 후반에 일어났다.

오래전에 유태인은 이베리아 반도에 집중적으로 모여 살고 있었다. 이는 스페인과 포르투갈이 유태인을 우대하는 정책을 펴고 있었기 때문이었다. 이베리아 지역의 유태인은 '마라노'라고 불리는 잘 알려지지 않은 유태교도와 보통의 유태교도 등 두 개 교파로 갈라져 있었다.

그런데 14세기 말이 되자 이제까지 유태인 우대정책을 써 오던 스페인과 포르투갈에 갑자기 유태교도 박해의 물결이 노도와 같이 엄습했다. 그 이유는 독일에서 발단된 '흑사병 사건'의 여파가 이베리아반도에 까지 몰아쳤기 때문이었다.

그 당시 유럽에는 페스트가 유행하였고, 원인을 몰랐던 그들은 유태인이 우물에 독을 뿌렸기 때문이라는 유언비어를 유포시켰다. 페스트는 당시 흑사병이라 불리었고, 유태인이 이 병을 전파시키고 있다는 소문이 난무했다. 이 때문에 수많은 독일계

유태인이 학살당했다.

그런데 독일에는 상당히 오래전부터 반유태주의가 잠재해 있었다. 그 계기는 십자군에 참가한 독일 기사단의 귀국에서 비롯된다. 십자군에서 귀환한 그들은 직업을 구할 수 없었고, 실직상태가 계속됨에 따라 생활은 비참한 형편에 빠져들었다. 그들은 마침내 유태인들이 자기들의 직업을 빼앗아 갔다고 생각하게 되었다. 이것이 반유태주의가 시작된 원인이다. 특히 라인란트와 보헤미아 지방의 반유태주의는 격렬하였다. 이러한 반유태인 감정이 극도에 달한 것이 1348년의 흑사병 사건이었다.

박해를 받게 된 이베리아반도의 유태인들은 14세기 말 까지는 약 10만 명 정도가 그리스도교로 개종했다 한다. 15세기에 들어와서 신분이 낮은 아우구스티누스파의 수도사들과 사제들이 유태교 때문에 직업을 위협받는다는 위기의식을 강하게 느끼게 되자 그들은 유태인 배척운동의 선봉에 나서게 되었다.

이러한 영향 때문에 1481년에 스페인에는 이교도 신문소(異敎徒審問所)가 설치되어 소위 말하는 종교재판이 시작되었다. 많은 유태인이 박해를 받았고, 그 탄압에 굴복한 20여 만 명의 유태인은 가톨릭으로 개종했다. 개종을 거부한 수많은 유태인들은 이베리아반도를 탈주하여 해로로 발칸반도를 향하여 대탈주를 시작했다.

그들의 일부는 발칸반도에 정착했으나 대부분은 폴란드의 유태인 우대정책에 매력을 느껴 북쪽으로 갔다. 이것이 유태인의 폴란드 이주 제2파였다. 즉 폴란드에 정착한 대부분의 유태인은 이베리아반도로부터 이주해 온 사람들이었다. 그 후 독일에서 배척당한 수많은 유태인들이 이곳에 옮겨 왔다.

　1500년경의 폴란드 인구는 약 500만 정도였으며, 그 중 유태인의 수는 약 3만 정도였다 한다. 그러나 그로부터 100년이 경과한 뒤에는 유태인의 인구가 15만 정도로 늘어났다. 그들은 무역, 기술, 공예 등 모든 분야에서 폴란드 왕국의 중추적 위치를 차지하게 되었다.

　이러한 폴란드가 러시아를 괴롭히고 있었다. 따라서 러시아는 유태인에게 기술을 의지할 수는 없었다. 러시아 최초의 왕국 바잘이 유태교를 국교로 채택했던 일을 생각하면 역사의 무상함을 느끼게 하는 것이었다. 유태인에게 대항하고 있던 세력은 독일이었다. 그러므로 러시아는 독일인에게 기술을 의지하게 되었다.

　가톨릭과는 달리, 신도교는 금전적 활동을 인정하고 있었기 때문에 루터파의 독일인이 이와 마찬가지로 금전적 활동을 인정하는 유태교도에 대항하기 시작했다. 프랑스에서는 이미 신교도인 위그노가 경제와 산업을 좌우하고 있었기 때문에 유태인과의 불화는 없었다. 그 후 위그노는 체제파인 가톨릭으로부터 배척을 당해 나라 밖으로 추방되어 네덜란드 등에서 유태인과 공존했다. 문제는 네덜란드에서 우대를 받았던 유태인이 독일에 침투해 온 것이다. 그러니 당연히 독일 상인들과 마찰이 일어나기 마련이었다.

　원래부터 독일에서는 통일국가가 이루어지지 못하고 있었다. 따라서 독일인은 다른 나라에서 직업을 구하는 경향이 강했다. 또한 독일은 1648년의 웨스트팔리아(베스트팔렌) 조약 이후 분열이 오히려 굳어져(공국이 미니 주권국으로 승격했기 때문에)

통일 시장의 형성은 절망적이었다. 각 공국은 따로 따로 관세를 받아 상품의 유통을 저해하고 있었다. 그렇게 불리한 시장 조건에서는 견딜 수 없다고 생각하여, 독일의 직업인과 상인들은 외국으로 옮겨 갔다. 이러한 기회를 역이용하여 네덜란드로부터 유태인들이 들어오기 시작함으로써 독일인의 이민을 가속화 시켰다.

이것은 로마노프 러시아의 입장에서는 절호의 기회가 되었다. 독일인을 받아들여 군사기술을 근대화 하면 폴란드와 리투아니아에 대항할 수 있을 것이기 때문이다. 즉 러시아의 이완 대왕의 꿈이었던 러시아의 패권 실현을 위해서는 독일과의 제휴가 절대로 필요했던 것이다. 로마노프 왕조의 제2대 황제인 알렉세이가 모스크바 교외에 '독일촌'을 건설한 것은 바로 이때였다.

프러시안 커넥션은 이렇게 하여 17세기 후반부터 착실하게 진행되었다. 러시아의 프리드리히 대왕이 "야만인 놈들과의 우의를 돈독히 하라."고 명령한 배경은, 러시아와 폴란드 간의 불화, 폴란드 거주의 유태인과 외지 독일인과의 불화가 얽혀 있었던 사실을 모르고서는 그 의미를 파악할 수 없다.

3. 독일 기술과 소련의 군사기술 대국화
   (라팔로에서 카친까지)

제1차 세계대전이 끝나자 곧바로 소련과 폴란드 간에 새로운 대결 사태가 벌어지게 되었다. 독일제국이 패망함에 따라 독일군이 철수한 후의 구 독일령 프러시아를 점령할 목적으로 동쪽으로부터는 소련의 볼셰비키군이, 그리고 서쪽으로부터는 폴란드군이 진격해 들어갔다. 당연히 소련과 폴란드가 교전상태에 들어가게 되었다. 해묵은 불화의 불씨가 되살아 난, 러시아인과 폴란드인 간의 전쟁이었다.

소련은 이 기회에 독일을 대신하여 폴란드를 자신들의 지배하에 두고, 유럽에 인접함으로써 유럽 대국으로서의 지위를 구축하려 했다. 한편 폴란드는 오랜 세월의 식민지 생활을 이제 막 벗어나 나라를 되찾았기 때문에 국제사회에서 그 존재가 명확히 인식되어 있지 않았다. 따라서 무력을 이용해 국제적으로 국경선을 확정할 필요가 있었다. 이리하여 1919년 소련-폴란드 전쟁이 발발했다.

이 전쟁은 소련과 폴란드 간의 해묵은 원한 때문에 매우 격렬한 양상을 보였다. 초기에, 소련 측 적군(赤軍)이 어물어물하고 있는 사이에 폴란드군은 리투아니아의 대부분을 점령하고 키예프를 제압했다.

그러나 곧 적군은 반격을 개시하여, 우크라이나로부터 폴란드군을 격퇴하고 바르샤바까지 진격해 갔다. 이로써 소련이 승리한 것으로 관망되었으나 돌연 폴란드군은 츠하체프스키의 북진군과 스탈린의 남진군 사이를 파고 들어가 적군의 통신망을 분단함으로써 적군(赤軍)은 무너지고 말았다.

폴란드의 승리에는 같은 가톨릭 동맹국인 프랑스의 군사고문단 지원이 있었기 때문이었다. 츠하체프스키와 스탈린은 서로 책임을 전가하기에 바빴고, 군사위원인 토로츠키는 두 사람 다를 비난하고 나섰다.

결국 레닌은 붉은 군대의 패배를 시인하여 1921년 3월 라트비아의 리가에서 휴전조약을 체결했다. 이는 대단한 역사적 사건이었다. 1667년의 안드루소보 휴전으로 폴란드에 대한 소련의 우위가 지속된 이래 2세기 반 만에 역전된 것이기 때문이다. 폴란드의 승리는 영토의 확장을 가져다주었다. 소련은 폴란드에 완전히 패배한 것이다.

이는 소련으로서는 견딜 수 없는 굴욕이었다. 로마노프 왕조 이래 패권 달성의 길을 걸어온 러시아를 폴란드가 여지없이 짓밟고 말았으니 말이다. 기회를 보아 다시 한번 폴란드와 싸워 짓눌러 놓아야겠다고 다짐했을 것이다. 그 목적을 달성하려면 어떻게 해야 할 것인가. 당연히 군대의 힘을 기르는 수밖에 없었다.

소련으로서는 폴란드에 대항하기 위해서는 우방국인 독일과 손을 잡을 수밖에 없었다. 경제적으로도 러시아의 최대 무역국은 독일이었다. 독일 측으로서도 제1차 세계대전의 패전으로 서구 시장과 등을 지게 되어 동방 시장을 찾지 않으면 안 될 형편이었다. 그뿐만 아니라 막대한 배상금을 지불해야 할 형편이었다.

독일의 산업계는 사방파와 동방파가 논쟁을 벌이고 있었다. 우선 경공업계는 해외 원료에 의존해야 하기 때문에 서방과의 협조를 의식하여, 소련과의 무역도 서방의 눈치를 살펴서 할 수밖에 없다고 주장했다. 그와는 반대로, 원료의 자급이 가능한 중공업계는(루르지방과 슈레젠지방의 석탄과 철) 소련과의 직접 교역을 주장했다. 아이러니컬하게도 서방파의 경공업계는 동독지방에 존재했고 동방파의 중공업계는 서독지방에 존재하고 있었다.

한편, 당시 소련은 사회주의 정권을 배척하는 서방 여러 나라들의 견제 때문에 경제적으로 고립상태에 있었다. 때문에 경제개발 5개년 계획의 달성을 위해서 독일 중공업계의 원조가 절실한 처지였다. 따라서 소련과 독일의 접근은 자연히 깊어갈 수밖에 없었다. 그에 따라 군사적인 결속도 심화되었다.

제1차 세계대전 이후 독일은 연합군의 감시 하에 들어갔다. 독일의 재무장은 극도로 통제되었고, 물론 군수물자의 생산은 엄금되었다. 이러한 형편에서 가장 곤경에 처한 분야는 독일의 중공업계였다. 전쟁 전에 국가 주도로 카르텔을 형성하여 전쟁 목적에 적합하게 재편성되었던 중공업계는 전쟁에 패한 후 군수물자 생산을 금지당하고서는 살아남을 방도가 막막하게 되었다. 독일군인들 역시 같은 입장이었다.

이들 두 세력의 결속은 당연한 귀결일 수밖에 없었다. 그 결과 기발한 아이디어가 짜 맞추어지게 되었다. 그것은 연합군의 눈을 피하여 신흥국인 소련에서 조용히 군수물자를 생산하고, 군대를 길러내는 것이었다. 구체적으로는, 소련 영내에 항공기,

잠수함, 탄약 등을 제조하는 공장을 건설하고 그 제품을 케니히스 베르그 또는 레닌그라드로부터 비밀리에 해로를 이용하여 독일로 수송한다는 계획이었다.

독일 국내에서는 연합국의 감시가 엄격한 관계로 항공기나 전차를 사용하는 광역 군사훈련은 불가능했다. 따라서 그러한 훈련을 국토가 넓은 소련 영내에서 은밀히 실시할 생각이었다. 물론 소련에 대해서는 그 대가로 독일의 군사기술을 제공하여 붉은 군대의 근대화를 지원한다는 것이었다. 이것이 양국 간의 결속을 위한 아이디어의 내용이다.

이 내용을 소련에 제안했을 때, 소련은 즉각 찬성했다. 당시 소련과 폴란드 간에는 전쟁이 진행 중에 있었으므로 소련으로서는 군사기술을 모방 개량(에뮬레이트)하기에는 절호의 기회였다. 이리하여 1922년 이탈리아의 제노아에서 남동쪽으로 30킬로미터 지점에 위치한 라팔로에서 조약이 체결되었으며, 후세 사람들은 이를 '라팔로 조약'이라 한다.

라팔로 조약이 체결되자 세계는 모두 놀랐다. 공사주의자인 소련과 군국주의자인 독일이 손을 잡을 것이라고는 누구도 상상하지 못했기 때문이다. 라팔로 조약 자체는 순수한 외교조약으로서, 표면적인 내용은 소련의 독일 내 자산을 포기한다든가, 독일에 대한 소련의 배상권을 포기한다는 등이 주요 내용이었다. 그러나 한편으로는 독일이 폴란드의 공격을 받을 경우 붉은 군대를 파견한다든가 독·소 간의 군사기술 협력을 포함하고 있었으므로 일종의 안보조약이기도 했다.

1926년에 체결된 독·소 통상영사조약의 비밀협정 안에는 소련 영내에서의 독일군의 훈련이 포함되어 있다. 그러나 1927년에 독일에 주재했던 연합국 감시위원회가 해산하자 독일은 곧바로 소련 의존을 탈피하고 군비의 재확장을 공공연히 추진했다. 그리하여 1933년에 히틀러가 정권을 획득하고부터는 주지하는 바와 같이 파멸의 길을 걸었다.

독·소 조약의 효과는 여러 측면에서 나타났다. 특히 항공기의 경우는 그 효과가 현저했다. 소련의 유명한 항공기 설계기술자 안드레 츠포레프가 만든 ANT 9기는 독일의 융커스 52기를 그대로 모방한 것이었다. 또한 제2차 세계대전 중에 위력을 발휘한 독일 공군의 메서슈미트 BF110 폭격기도 츠포레프의 TU2기와 구별하기 어려울 정도로 비슷하다. 안드레 츠포레프는 그 때문에 오해를 받아 스탈린에 의해 스파이 죄로 체포되었다.

이와 같이, 소련은 1920년대부터 30년대에 걸쳐 서방제국에 현저히 눈에 뜨이게 '에뮬레이션 프로세스'를 완성했다. 되돌아보면, 이는 17세기의 모스크바 교외의 '독일촌'의 노력이 여기에서 결실을 볼 것이라 할 수 있다.

소련의 에뮬레이션(모방+개량) 과정은 우선 선진기술의 맹목적 모방(copy)에서 시작했다. 그러한 기간이 얼마 지난 후 러시아 풍으로 개량했다. 개량 과정에서는 경쟁의 원리를 도입했다. 다시 말하면, 복수의 설계집단을 경쟁시키면서 모방과 개량을 반복시켰다. 그리하여 가장 좋은 모델을 대량 생산했다.

예를 들면, 항공기 부문에서는 츠포레프, 일류신, 미코얀, 야코블레프 등에 각각 별도의 설계집단을 만들게 하여 서로 간에 경쟁하게 하였다. 이렇게 하여 후일에 백파이어라든가 미그 29

등의 우수한 항공기가 탄생하게 되었다.

 또한 특수차량부문, 즉 탱크 분야에서는 미국으로부터 구입한 단 2대의 크리스티 전차를 경쟁적으로 모방하고 개량하여 TD34 전차를 만들었다. 이 전차는 나치스 독일의 판텔 4형 전차와 성능이 같은 수준이었다고 한다. 히틀러는 러시아 전선에서 포획한 TD34 전차의 리버스 엔지니어링(reverse engineering ; 해체 분해해서 모방하는 것)을 위해 포르쉐박사를 단장으로 하는 조사단을 전선까지 파견할 정도였다. 그 후 나치스는 개량형 판텔전차를 실전 배치했다. 이와 관련된 재미있는 일은, 이번 걸프전쟁에서 이라크의 대통령 경호대가 사용한 TD72 전차의 근본이 바로 이 TD34 전차였다는 것이다.

 또한 자동차부문에서도 전형적인 에뮬레이션 과정을 거쳐 발전했다. 우선 최초에, 미국 포드 사가 소련정부의 초청을 받아 고리키 지방에 공장을 건설했다. 전쟁 전의 일이었다. 이 공장을 모방하여 소련은 자체적으로 많은 자동차 공장을 건설했다. 그리고 이들 자동차 공장들끼리 경쟁을 시켰다. 그러나 자동차는 민생용품이었기 때문에 에뮬레이션은 신통하지 않았다. 제2차 세계대전 후 소련은 이 문제를 해결하기 위해 매우 좋은 방법을 찾아냈다. 그러나 그에 앞서 서방측과 깊은 유대관계를 갖고 있는 폴란드를 제압해 놓지 않으면 안 되었다. '카친의 숲 사건'은 이 때문에 발생한 사건이었다.

 이 사건은 항구도시인 단티히에서 발단되었다. 나치스는 이 항구도시의 합병을 요구했으나 폴란드가 거부하자 독일군은 폴란드의 방위선을 돌파하여 침공했다. 1939년 9월 1일의 일이었다. 영국과 프랑스가 대독 선전포고를 함으로써 제2차 세계대전이 발발했다. 불과 20년도 채 못 되어 평화는 어이없이 무너졌다.

그런데 독일이 폴란드를 침공한지 16일 후에는 설상가상으로 소련이 동쪽으로부터 폴란드를 침공했다. 소련은 이미 리투아니아, 라트비아, 에스토니아 등을 점령했고 핀란드에까지 진군하고 있었다. 소련의 침공은 몰로토프-리벤트로프 비밀협약(제4차 핀란드 분할)에 따라 예정되어 있던 행동이었다.

당연히 폴란드는 소련에 응전했다. 2년 후 사태는 급진전했다. 1941년 6월 22일, 독소 비밀협정을 파기하고 히틀러는 소련을 침공했던 것이다. 이 전격적인 "바르바로사작전"으로 소련군은 지리멸렬 붕괴되었다. 이 기회를 노려 폴란드군의 시콜스키 장군은 스탈린과 휴전협정을 체결했다. 드디어 폴란드와 소련은 같은 보조를 취할 수 있게 되었다.

그러나 국제정치란 참으로 변화무쌍한 것이었다. 1943년 4월 11일, 독일의 국영방송은 돌연히 폴란드의 스몰렌스크 지방 근처의 카친에서 소련군에 의해 학살된 수많은 폴란드 병사의 시체가 발견되었다고 보도했다. 폴란드의 시콜스키 장군은 이를 근거로 소련에 강력한 항의를 제기하면서, 국제적십자사에 조사를 의뢰하고자 스탈린에게 제의했지만 소련은 그것은 나치스 독일의 모략이라고 일축했다. 오히려 소련은 폴란드가 나치스의 모략에 넘어가 적대행위를 자행한다고 비난하고, 그 이듬해에 폴란드에 침공하여 공산주의자가 중심이 되는 신정부를 수립하고 이를 폴란드 정부로 승인하였다.

이것이 유명한 '카친의 숲 사건'이다. 여하간 소련은 독일기술을 바탕으로, 무기의 근대화를 이룩하였으며 그 무기를 사용하여 폴란드를 다시 지배 하에 두었다.

어느 나라이건 그 나라가 정책적으로 역점을 두는 분야에 국내의 엘리트를 투입하게 마련이다. 전후의 일본은 민생기술 분야, 영국에서는 기초과학 분야, 미국에서는 우주항공 분야 영재들(best and brightest)을 투입했다. 소련의 경우는 군사기술 분야에 집중적으로 투입했다. 소련이 믿을 수 없을 정도로 신속하게 군사대국으로 성장한 비밀이 바로 이것이다. 그들은 군사기술 분야에 인재를 집중하고, 핵심기술 개발에 경쟁원리를 도입함으로써 에뮬레이션을 가속화했고 기술발전을 이룩했다. 그 결과 소련은 멋들어지게 단기간 내에 '가공할 군사대국'으로 성장했다.

나치스가 붕괴되기 직전, 미국과 소련은 독일의 로켓 기술과 원자폭탄 제조기술을 강탈하려고 특수 부대를 침투시켜 독일 기술자의 쟁탈전을 벌였다. 미국은 폰 브라운 박사 일행을 연행하여 앨라배마주의 헌츠빌에 '독일촌'을 건설하고, 그곳에서 미사일을 연구하게 했다. 하지만 러시아의 '독일촌'은 이미 3세기나 앞서 만들어졌다. 이러한 측면에서, 소련의 독일기술 습득에 대한 열의와 노하우(know how)는 미국보다 우월했다. 따라서 소련은 미국이 놀랄 정도의 속도로 원자폭탄 실험에 성공하고(1949년), 미국 보다 1년 먼저 스푸트니크를 쏘아 올렸다(1956년).

4. 군사기술 대국인 반면 산업기술 소국인 소련의 고민

국가의 최우수 인재를 군사기술 분야에 집중하면 당연히 민생기술 분야에 빈틈이 생기기 마련이다. 전쟁 전에는 나치스와의 전쟁 때문에 민생부문이 약화되어도 대의명분이 있었다. 그러나 전후는 기본적으로 평화시대이다. 따라서 국민생활의 안정을 위하여 민생부분을 결코 소홀히 할 수 없었다. 그러나 인재는 대부분 군사부문에 집중되어 있었다. 더욱이 러시아의 민생부문의 발전 역사는 짧았다. 19세기의 후반에야 러시아에도 드디어 산업혁명이 일어났지만 러시아 제품의 대부분은 섬유, 가공식품 등 경공업 제품이었다. 그러나 러시아의 면제품 생산은 세계 제4위였으므로 공업화에 크게 뒤떨어진 것은 아니었다. 다만 역사가 일천했을 뿐이었다.

허약한 민생부문의 약점을 보완할 수 있는 기발한 방안이 있었다. 그것은 소련의 지배권에 들어온 동구 제국을 이용하는 것이었다. 체코, 폴란드, 헝가리 등의 나라는 역사적으로는 선진 공업국이었다. 기술의 측면에서 보아도 이들 나라들은 독일의 영향이 강하게 남아 있었다. 포르쉐, 레드빈카 등 체코의 자동차기술은 천하일품이었다. 그들에게 민생품을 만들게 하여 소련에 공급하게 하면 문제는 풀리는 것이었다. 소련에 공급하고 남는 것은 동구권 제국에 분배하면 되었다. 그렇게 하면 소련의 민생부분에 뚫린 구멍을 메울 수 있다고 소련은 생각하였다.

이러한 시스템은 몽골이 소련을 지배했던 시스템인 알탄올드, 즉 '신탁통치 시스템'의 현대판 같은 것이었다. 러시아 귀족이 몽골로부터 알탄올드를 위한 징세권을 위임받은 것처럼, 크렘린으로부터 신탁권을 받은 동구 제국의 공산당 간부가 나라별로 생산을 분담하여 그 제품을 소련에 제공하고 나머지는 자기들 사이에 분배하는 것이다. 1949년에 설립된 '코메콘'은 이러한 알탄올드적 바터경제를 제도화한 것이었다. 이 코메콘 시스템의 예를 자동차에서 살펴보자.

소련이 본격적으로 자동차 생산을 시작한 것은 1930년대에 포드 자동차의 면허생산으로 비롯했다. 전후 '볼가'라던가 '모스크빗치' 등의 자동차를 만들었으니 서방측의 수준에서 보면 자동차의 축에 끼일 수 없을 정도의 조잡한 제품이었다. 그 때문에 60년대에 와서 다시 서방측 기술 도입을 시도하여 70년대 이후에는 프랑스의 르노 자동차 회사의 면허생산을 했었다.

체코슬로바키아는 자동차 역사가 비교적 깊은 나라이다. 포르쉐가 있은 곳이 체코의 스코다 사였다. 그 회사는 후에 국영기업화 되고 AZNP로 개명하여, 소형 승용차 '스코다'를 생산하고 있다. 이 회사는 체코 승용차의 대부분을 생산하고 있으며 폭스바겐의 원형인 "타틀러"란 이름의 차를 생산하고 있다. 다만 현재의 이 모델은 대형차로서 최근까지 소련과 동구 제국의 공산당 귀족들이 즐겨 탔었다.

헝가리에는 이카루스 회사의 버스가 유명하다. 생산의 90퍼센트 정도를 수출하는데, 그 대부분을 소련이 수입하고 나머지는 동독, 폴란드, 쿠바, 중국 등에 수출한다. 본래 이카루스 사는 제2차 세계대전 이전부터 잘 알려진 항공기 부품 메이커였다. 그러던 것이 전후에는 트럭을 생산하던 우프리 사와 합병하여 버스생산에 전념하게 되었다. 헝가리는 전쟁 전에 스포츠카와 호화 승용차를 생산한 자동차 선진국이었다.

한편 폴란드는 무기기술, 기계기술, 항공기기술 등이 전통적으로 강한 나라였다. 전후에는 그러한 선진기술을 기반으로 트럭을 만들었다. 또한 1967년부터는 이탈리아의 피아트 사와 기술제휴 하여 '폴스키 피아트'라는 이름의 소형 승용차를 생산하고 있다. 그리고 유고슬라비아도 동구에서는 인기가 높은 '유고'를 생산하고 있다. 유고도 지리적으로 가까운 이탈리아의 피아트 기술을 기초로 한 것이었다. 동독은 동유럽을 통틀어 가장 자동차 선진국이라 할 수 있었다. 독일 분단 이전의 아우디 자동차 공장을 접수한 국영 자동차 공장에서 '바타바타'란 이름의 자동차를 연간 20만대 이상 생산했다.

5. 무력과 석유에 바탕을 둔 패권국 소련

앞에서도 언급한 바와 같이, 어느 나라의 헤게모니는 두 가지 조건을 만족하면 성립한다. 제1의 조건은 비대칭적 국제관계의 정립이다. 제2의 조건은 중심국을 룰 메이커(rule maker)로 인정하는 추종국이 다수 존재해야 한다. 동구 블록을 이러한 기준에서 본다면 확실히 소련을 중심으로 한 헤게모니가 존재했다는 것을 알 수 있다. 우선 소련 시장은 동유럽 여러 나라에 비대칭적으로 개방되어 있어, 동구 제국은 민생품을 소련에 팔고 대가로서 석유를 받아 왔다. 한편 동구 제국은 소련 공산당의 지령으로 움직이고 있었기 때문에 그들은 틀림없이 추종국이었다.

그러나 소련의 헤게모니는 1956년의 헝가리 동란이나 1968년의 프라하의 봄 사건 등으로 입증되었듯이, 군사적 압력을 수반한 알탄올드적 헤게모니였다.

또한 소련은 압도적인 군사기술과 그에 필요한 기초소재 기술을 갖고 있었으므로 이 헤게모니는 동시에 '테크노 헤게모니'이기도 했다. 45년간의 냉전기간 중 동유럽 여러 나라 중 기술 분야에서 소련의 도전국이 될 수 있는 나라는 없었다. 따라서 소련형 테크노 헤게모니는 정치적 헤게모니와 중첩된 것이라고 보아야 한다.

소련의 경우, 알탄올드적인 헤게모니이긴 했지만 군사력에만 의존한 것은 아니었다. 군사력만으로 헤게모니를 지탱하기에는 로마, 몽골, 오스만터키 등과 같은 거대한 이민족 영토를 직접 통치할 수 있을 정도니 엄청난 군사력이 필요하고, 특히 현대에는 막대한 무기비용을 지원할 수 있는 경제력이 동시에 필요하게 된다.

소련형 헤게모니를 지탱하고 있었던 또 하나의 요인은 동구권의 특이한 경제 메커니즘이었다. 그것은 '에너지 본위제(本位制)'라고 불러야 할 특수 화폐 시스템이다. 세계 최대의 석유 및 천연가스 생산국인 소련의 무역용 화폐는 석유 또는 천연가스 자체 즉, 에너지 이외에는 없었다. 동유럽 여러 나라는 소련에 각종 제품을 수출하고 그 대가로 소련의 루블이 아닌 석유나 천연가스를 받아 왔다. 예컨대 동독, 폴란드, 체코슬로바키아 등의 경우 주로 기계류와 화학제품을 소련에 팔고, 그에 해당하는 에너지를 받아 왔다.

전후 미국이 유럽의 경제회복을 위하여 마셜 플랜을 통해 원조를 했듯이, 소련도 자국 내의 풍부한 에너지를 바탕으로 전쟁 피해에 고통을 받고 있던 동구 제국을 원조했다. 그들은 원조받은 에너지를 이용하여 산업부흥을 이룩하고, 그에 따라 생산한 제품을 소련이나 우방국에 환류했다.

그러나 자유경쟁 체제가 아닌 공산경제 체제는 시장의 자동조절 기능이 없기 때문에 일단 밸런스가 깨어지면 시스템은 심한 마찰로 붕괴할 우려가 있다. 따라서 소련형 헤게모니는 이러한 면에서 아킬레스적 취약점을 갖고 있었다. 이러한 구조적 취약점을 극복하기 위해 소련은 군사력과 오일카드, 즉 회초리와 사탕을 사용하지 않으면 안 되었다.

1956년의 헝가리 동란 이후 소련은 회초리정책으로부터 사탕정책으로 전환했다. 우선 석유의 증산을 통하여 동구권에 석유 공급을 증가했다. 1958년에는 거대한 석유 파이프라인 계획을 발표하여 동구 제국에 대해 석유화학 산업의 발전을 촉진했다.

그러나 석유화학 산업은 발전하면 할수록 그 원료인 석유를 보다 많이 필요로 한다. 소련으로서도 무제한적으로 귀중한 원료인 석유공급을 감당할 수는 없는 처지였다. 따라서 동구 제국에 에너지 자급을 요구할 수밖에 없게 되었다. 그런데 바로 이 요구가 소련체제의 아킬레스적 취약점을 표면화시키게 되었다.

즉 석유 생산국인 루마니아, 석탄 및 코크스 생산국인 체코와 폴란드 등이 소련의 컨트롤로부터 떨어져 나가려는 움직임을 보였다. 다시 말하면 헤게모니의 제2조건인 추종국이 줄어들 위험이 생겨난 것이다. 이에 대한 규탄에 책임을 지고 1964년 소련의 흐루시초프 수상은 해임의 고배를 마시게 되었다.

그러나 소련은 60년대 후반을 통하여 일관해서 동구 제국에 대해서 서방 국가로부터 석유 수입을 늘리도록 촉진할 수밖에 없었다. 이를 위하여 소련은 석유의 가격을 상향 조정했다. 이 정책 때문에 1968년에는 프라하의 봄 사건이 일어났다. 이 사건 이후 1970년대 초반까지 소련은 동구에 대한 에너지 공급을 증가했으나 석유보다는 천연가스 공급을 증가시켰다. 그런데 결국 청천벽력처럼 1973년 오일쇼크가 밀어 닥쳤다. 이로 말미암아 소련형 헤게모니는 붕괴의 길을 걸어갈 수밖에 없게 되었다.

6. 독일의 로켓 두뇌 쟁탈전과 미·소의 우주경쟁 (페이퍼클립 계획)

미국 사람들은 로켓 발명자 하면 로버트 H. 고다드라고 믿어 의심하지 않는다. 그를 기념하여 워싱턴 교외에는 거대한 고다드 우주연구소가 있다. 그러나 로켓의 원조라 할 수 있는 비상폭탄(飛翔爆彈)을 사용한 사람은 중국인이었다. 또한 1588년 유럽의 후발국 영국이 선진대국 스페인의 무적함대를 칼레 앞바다에서 공격했을 때 그들은 작은 배에 화약을 잔뜩 실어 함대함 미사일처럼 사용했다.

미국과 소련의 미사일 기술은 같은 뿌리를 갖고 있다. 즉 소련도 미국과 마찬가지로 나치스 독일의 로켓 기술자를 납치하다시피 하여 자국의 미사일 기술개발을 시작했던 것이다.

폰 브라운 박사와 125명의 기술자가 미국 육군의 특수부대 요원들에 의해서 동독의 항만도시 피네뮨데로부터 미국 캘리포니아 사막으로 비밀리에 호송된 것은 제2차 세계대전이 끝나기 직전이었다. 폰 브라운 박사가 왜 소련을 택하지 않고 미국을 선택했는가에 대해서는 잘 알려져 있지 않다. 후일에 그들은 미국의 재정능력이 월등했기 때문이라고 말했으나 진실은 알기 어렵다.

독일의 로켓 기지는 이 피네뮨데에 있었고, 런던 폭격으로 이름을 날린 V2호 로켓은 이곳에서 제작된 것이었다. 그런데 V2호의 V는 독일어인 'vergeltungswaffe'의 머리글자로 '복수를 위한 무기'란 의미를 갖는 말이다. 바로 이 나치스 로켓 기지의 기술총괄 책임자가 폰 브라운 박사였다. 그들을 송두리째 빼내어 간 것을 보면 로켓기술 확보에 대한 미국정부의 전략적 중요도를 짐작하고도 남음이 있다.

미국이 다수의 나치 로켓 기술자를 연행해 갔다는 보고를 받은 소련의 스탈린은 격노했다 한다. 왜냐하면 베를린은 물론 피네뮨데를 점령한 쪽은 붉은 군대였기 때문이었다. 이에 충격을 받은 소련은 총력을 경주하여 인공위성 개발에 돌입하게 되었다.

미국에 연행된 폰 브라운 박사와 그 일행은 캘리포니아로부터 앨라배마주의 헌츠빌로 옮겨가, 육군의 야전용 중거리 미사일

개발에 종사하게 되었다. 이 미사일은 헌츠빌에 있는 육군병기창의 이름을 따서 '레드스톤'이라 불렀다.

레드스톤은 그 후 개량되어 주피터 로켓으로 발전했다. 미국 육군은 이 주피터 로켓의 개발을 원활히 추진하기 위해 육군에 탄도미사일국(局)을 설치했다. 이 주피터를 사용해서 미국은 1958년 1월 31일 최초의 인공위성인 익스플로러 1호를 쏘아 올렸다.

소련형 테크노 헤게모니는 눈을 휘둥그레 하게 만들 정도의 것이었다. 1949년에는 원자폭탄 실험에 성공하고, 1957년에는 스푸트니크 1호, 그 1개월 후에는 스푸트니크 2호(여기에는 라이카란 이름의 강아지가 타고 있었다) 등의 인공위성을 세계에서 최초로 쏘아 올렸다.

1958년에 미국은 드디어 익스플로러 1호를 쏘아 올렸다. 그러나 그 다음 해인 1959년에 미국인의 얼굴을 창백하게 하는 일이 일어났다. 소련이 3개의 루나형 위성을 달을 향해 발사하여, 그 중 하나가 달의 표면에 착륙했기 때문이다. 원자폭탄, 로켓, 인공위성 등을 결합하면 미국뿐만 아니라 세계를 정복할 가공할 무기가 만들어진다는 의미가 되고, 달의 표면에 착륙시킬 정도의 정확도라면 하시라도 워싱턴을 초토화시킬 수 있기 때문이었다.

우선 루나 1호가 지구 중력을 탈출하는데 성공했고, 두 번째의 루나 2호가 달의 표면에 착륙했다. 그리고 최후의 루나 3호는 그때까지 인류가 결코 볼 수 없을 것이라 생각했던 달의 뒷면 사진까지 찍어 보내왔다.

초조해진 미국은 같은 해인 1959년에 파이어니어 4호를 달을 향하여 쏘아 올렸다. 그러나 결과는 보잘 것 없는 것이었다. 파이어니어 4호는 궤도를 벗어나 태양계의 어딘가를 돌아 다니는 미아가 되고 말았다.

이것을 비웃듯이, 소련은 1961년 4월 12일 유리 가가린이란 우주 비행사를 태운 보스토크 1호의 발사에 성공했다. 놀라운 것은 소련의 로켓 기술이다. 누가 보아도 소련기술 쪽이 한 차원 높다는 것은 의심할 여지가 없었다.

당시 미국인의 실망은 걸프전쟁의 승리에 도취해 있는 당시의 미국 사정으로는 상상도 할 수 없는 상황이었다. 당시 상원의 다수당 원내총무란 요직에 있었던 린던 B. 존슨은 텍사스의 목장에서 해떨어지기 직전의 황혼의 하늘에 한줄기 빛을 발하며 날아가는 스푸트니크를 보고 "나는 인생에서 처음으로 이 나라가 모든 분야에서 세계의 선두를 달리고 있는 것은 아니라는 사실을 깨달았다."라고 뉴스 캐스터인 월터 크롱카이트에게 술회했다.

고작 200년이란 짧은 미국의 역사 중에서 이 나라가 기술적, 경제적, 군사적으로 선두를 달린 것은 제1차 세계대전 이후부터 현재에 이르는 짧은 기간뿐이다. 따라서 미국이 스푸트니크로 경쟁국과의 기술경쟁에서 처음 진 것은 아니었다. 다만 텍사스 목장주의 가문에서 태어나 미국과 텍사스가 세계의 전부인 것으로 생각했던 존슨에게는 스푸트니크 쇼크가 강렬하게 느껴졌을 따름이다. 그후 그는 NASA의 설립, 아폴로 계획의 추진 등에 정력을 쏟아 넣기 시작했다.

가상 적국 소련에게 최초의 인공위성을 쏘아 올리는 것을 허용하고, 유인 인공위성도 추월당했을 뿐만 아니라, 마침내 달에 착륙하는 것도 뒤져버린 미국은 어떻게 하면 좋을 것인가? 그

해답은 오직 하나 뿐이었다. 달 표면에 인간을 먼저 착륙시키는 것이었다.

달에 인간을 보내겠다는 의사결정을 한 이유는 간단하다. 그 때까지 소련이 성공을 거두어 온 것을 다 합치고 그리고 그 후에도 소련이 간단히 이루기 어려울 것으로 예상되는 목표를 정하여, 먼저 달성한다는 것이었다.

소련은 명백하게 유인 인공위성 중심으로 개발을 추진하고 있었고, 그러한 일련의 우주계획의 최종 목표는 유인 우주정류장 건설에 두고 있었다. 이는 우주정류장으로부터 직접 미국을 공격할 수 있으므로 군사적 측면에서 절대적으로 유리한 입장을 차지할 수 있기 때문이다. 소련으로서는 달에 인간을 보내는 것은 그다지 중요한 일이 아니었다.

이러한 상황에서 미국이 유인 로켓으로 달에 인간을 먼저 착륙시킬 수 있다면 땅에 떨어진 미국의 위신을 회복할 수 있을 것이다. 이리하여 1961년 5월 25일 당시의 케네디 대통령은 상하 양원의 의원들 앞에서 '국가의 긴급과제'라는 제목으로, 아폴로계획을 발표했다. 국가 예산을 물 쓰듯 쏟아 넣어 추진하는 거대 프로그램은 이리하여 시작되었다. 노익장의 정치가인 소련의 흐루시초프는 '이 젊은 녀석이 무슨 불장난을 저지르나.'라고 생각했을 것이다.

미국 정부가 정식으로 인공위성 개발에 착수한 것은 아폴로계획보다 몇 년 앞서서였다. 즉 1955년 아이젠하워 정권이 국제지구년(國際地球年) 참가의 일환으로 '뱅가드계획'을 결정한 것이 시발이었다. 이 계획은 미국 해군을 중심으로 추진되었다.

육해공 3군이 경쟁의식이 강한 것은 어느 나라나 마찬가지이다. 미국 해군의 뱅가드계획에 대항해서 육군은 레드스톤을 개발 완료하고, 주피터 로켓을 만들고 있었다. 따라서 펜타곤(미국 국방부)에서는 육군의 계획이 주류이고 해군의 비군사적 계획은 호평을 받지 못했다.

국제 지구년은 1957년에 시작해서 1958년에 끝날 예정이었다. 미국으로서는 이 기간 안에 뱅가드 위성을 쏘아 올리면 그만이라고 생각하고 있었다. 그런데 놀랍게도 국제 지구년의 초년도인 1957년 10월 4일에 소련이 스푸트니크를 쏘아 올린 것이다. 이 때문에 민주당의 런던 B. 존슨이 커다란 쇼크를 받았다고 하는 것은 앞에서 언급한 바 있다.

그러나 공화당 출신 대통령인 아이젠하워는 오히려 냉담했다. 그는 "러시아인은 하늘에 작은 공을 쏘아 올렸을 뿐이다."라고 깎아 내렸다. 당시 미국 과학아카데미(National Academy of Science)의 총장인 D. 블롱크와 미국과학재단(National Science Foundation)의 이사장인 A. 워터맨 등이 스푸트니크의 군사적 위협은 무시할 정도라고 진언했기 때문이었다.

그러나 위협적인 것은 사실이었다. 소련 로켓이 갖는 거대한 추진력은 미국에 대해서 대단한 위협이었다. 그러한 로켓에 핵탄두를 장착하면 그야말로 미국은 위험한 상태에 빠지기 마련이었다. 이로부터 군부와 아이젠하워 대통령 사이에는 알력이 생겼다. 즉 화이트하우스와 펜타곤과의 갈등이 시작된 것이다.

우선 아이젠하워 대통령은 MIT공대의 총장인 제임스 킬리언을 대통령 과학보좌관으로 선임하여 장관급의 고위직에 보임하는 한편 대통령 과학자문위원회(Presidential Science Advisory Committee : PSAC)를 신설했다.

　PSAC의 역할은 단순히 미국의 과학기술 정책을 입안하는데 그치지 않고 무기개발 계획의 입안 및 심의, 그리고 과학기술적 관점에서의 군사전략을 수립하는 것이었다. 민간인을 이 위원회의 위원장에 임명한 데에 아이크의 남다른 의도가 있었다. 그 위원회의 17명의 멤버 중에는 제2차 세계대전 중 미국의 비밀무기를 개발한 MIT의 레이더 연구소와 로스앨러모스 원자력 연구소 등의 과학자가 포함되었다.

　킬리언 박사와 PSAC는 점차 아이크의 보수적인 우주프로그램 사상을 강하게 반영하기 시작했다. 아이크는 '미국의 우주프로그램은 통합되어야 한다.'는 군부의 주장은 군사목적과 과학기술 목적을 혼동하기 때문에 옳지 않다고 생각하고 있었다. 즉 과학기술 정책의 중앙 집권화를 군부 주도로 수행하는 것을 반대하는 입장이었다. 아이젠하워 원수의 이러한 위대한 사상은 아이러니컬하게도 민간출신의 케네디 대통령에 의해서 반전되었다. 1961년 1월 17일, 아이젠하워는 그의 대통령 퇴임연설에서 다음과 같이 말했다. '미국에는 군사·산업 복합체라는 위험이 다가오고 있다. 이제 정치가들은 미국의 정책이 한줌의 과학기술 엘리트들에 의해서 움직여질지도 모를 위험을 양지하지 않으면 안 된다.' 자칫 잘못하면 미국은 '페이퍼클립'(여기서는 폰 브라운 박사 호송작전의 암호명을 말하는 것이 아니라 종이집게를 의미한다)을 잘못 끼웠는지도 모른다. 아이크는 그의 연설에서 이렇게 직접적으로 표현하고 싶었는지도 모른다.

chapter 13

기술대국을 향한 중국의 포효

본 글은 2010년 10월 일본의 코단샤(講談社)가 발간한 이사신이치(伊佐進一)의 저서 『과학기술대국 중국의 진실』이란 책에서 우리에게 관심사가 될 부분만 발췌하여 재구성했다. 그 내용을 일본의 시각이 아닌 우리의 시각에서 조명하는 방식으로 편역했으며 일부는 내용을 추가하기도 했다. 이사신이치 씨는 일본의 문부과학성 과장 급 직원으로 2007년부터 2010년까지 재중국일본대사관의 과학담당관으로 파견 나가 중국의 과학기술현황과 과학기술정책에 관해 연구해 책을 펴낸 바 있다.

1. 우수인재는 과학입국의 알파요 오메가

등소평의 과학인재 양성 묘책

등소평은 과학입국은 낙후된 중국이 선진국을 추격하는 유일한 길이라는 신념을 가진 위대한 지도자였으며 우수인재는 과학입국의 처음이요 끝이라는 철학을 중국에 확고히 심어준 선지자였다. 그가 양성한 국보 급 과학인재 3만여 명이 오늘의 G2 경제대국이란 기적을 만들어낸 주역이었으며 모든 나라들이 경제가 어려워 힘들어 하고 있는 이때에도 독야청청 10%대의 성장을 지속하는 원동력이 되었던 것이다.

1980년대의 10여 년간 등소평은 중국의 박사 급 과학자(포스트닥, Post-doc) 3만여 명을 미국의 최첨단 기술현장에 파견하여 최고의 과학기술자로 길러내는 기적적 위업을 이루었다. 그는 오늘날과 같은 놀라운 중국 발전을 이루는데 필요한 미래를 이끌어 갈 최고급 인재양성부터 시작한 것이다. 그것도 그 당시 적대관계에 있던 미국에 보내어 인재를 길러내는 놀라운 기적을 이루어 내었다. 매년 중국에서 엄선하여 선발한 박사 급 수재(포스트닥) 3천여 명을 미국에 보내면 미국에서는 백악관 과학기술정책실이 주도하여 각 부처의 협조를 얻어 이들을 대학, 기업, 국립연구기관 등에 3년간 배치하여 첨단기술 현장에서 3년간 현장 실습 또는 공동연구를 마치고 중국으로 귀국하게 했다. 중국 측에서는 인재만 선발하여 미국까지 도착시키기만 하면 그 후에는 미국 측이 모든 경비를 부담해 후속 조치를 취하는 기적적인 일이 벌어졌다. 그 당시 한국의 과학자들은 오히려 첨단기술 현장에의 접근을 엄격히 제한당하는 사정이었는데 중국 과학자들은 당당하게 첨단기술 현장에 배치되고 있었다. 3천 달러를 지급해 파견한 젊은 과학자들이 3백만 불의 사나이로 변신하여 귀국했던 것이다.

어떻게 냉전시대의 적대관계에 있었던 두 나라 간에 이런 기적적인 일의 발생이 가능했을까? 이는 2차 대전 이후부터 동서 진영으로 나뉘어 30여 년간이나 냉전시대의 적대관계를 유지해 온 중국이 미국과의 적대관계를 풀어 주는 대신 그 대가로 최고급 과학인재 양성을 해달라고 요청했고 미국은 중국 측 요구를 수용할 수밖에 없는 사정이었다. 이와 같은 요청은 그 당시 중국의 부주석이었던 등소평의 기발한 아이디어였다.

미국은 1970년대 말까지 구소련과 중국이라는 두 개의 거대 강국을 냉전시대의 적국으로 상대하고 있었으며 이들을 상대로 하는 군사체제 유지에 천문학적인 예산을 지출하고 있었으나 거의 한계점에 도달해 있었다. 그때 마침 소위 말하는 핑퐁외교 사건이 발생하여 중국과의 화해가 급속히 추진되었으며 미국은 두 개의 강대 적국을 1개의 적국으로 줄임으로서 군사 및 외교상의 대폭적 부담 축소와 거대한 예산 절약이란 이득을 볼 수 있었다. 바로 이 기회를 최대한 이용할 목적으로 등소평은 과학인재 양성을 미국 측에 요구했던 것이다. 그 경위를 좀 더 자세히 살펴보면 다음과 같다.

1971년 4월 일본 나고야에서 개최된 제31차 세계 탁구대회에서 자국 팀 버스를 놓쳐 난처해하고 있는 미국 선수를 우연하게도 발견한 중국 선수가 자기 팀 버스에 타도록 미국 선수를 도와준 해프닝이 일어났다. 모택동 주석은 이를 보고받고 적대관계를 초월하여 미국 탁구 선수 팀의 중국 방문을 공식 승인했으며 이것이 미-중 간의 적대관계 청산의 시발점으로 발전한 소위 말하는 미-중 간 핑퐁외교 사건이다. 그 이듬해인 1972년 미국 닉슨 대통령의 베이징 방문으로 모택동 주석과의 만남이 성사되었고 미-중 간에는 상주 연락사무소의 설치 등 교류가 이루어지기 시작했다. 그 후 미-중 간에는 대만 문제에 관한 입장 조율이 이루어진 1979년 1월을 기점으로 정식 국교관계 즉 완전한 외교 및 무역관계의 성립을 발표했다. 이를 기념하기 위해 당시 중국 부주석 등소평은 미국 워싱턴을 방문하여 카터 대통령을 만났다. 등소평의 미국 방문을 기념하여 미국이 양국 간의 과학기술협력 협정이라는 선물을 내어 놓도록 만든 것이 등소평의 아이디어였다.

1979년 1월 31일, 카터 대통령과 미국에 온 등소평 부주석 간에 미-중 과학기술협력 협정이 체결되었다. 동 협정은 14개 과학기술 분야(농학, 우주, 고에너지, 측정표준, 의학, 수력발전, 환경, 지구과학, 해양, 대기과학, 지진, 과학정책학, 기초과학, 기타 등)에 관한 협력 사업과 유학생과 과학자의 교류에 관한 협력 사업 등 총 15개 사업으로 이루어졌다. 이 중 가장 중요한 협정은 과학자 교류 협정이었다. 등소평의 주안점이 우수 과학자 양성이었기 때문이다. 협력 담당 부서로 미국 측은 백악관 과학기술정책실을, 중국 측은 국가과학기술위원회를 두었다. 미-중

과학기술협력 사업은 1989년 천안문 사건 발생 때까지 10여 년간 매우 활발히 진행되었다.

이 협력 사업의 추진을 위하여 미국과 중국 간에는 매년 미-중 과학기술협력 회의가 개최되었는데 회의는 베이징과 워싱턴에서 번갈아 개최되었다. 수석대표로는 미국 측은 백악관과학기술정책실장(장관 급) 겸 대통령 과학고문이었고 중국 측은 국가과학위원회 위원장(부총리 급)이었다. 회의가 베이징에서 개최되는 때에 등소평은 대표가 아닌 데에도 항상 동 회의에 직접 배석하는 큰 관심을 보였으며 매일 저녁 미국 대표단을 위한 화려한 연회를 열어 국빈 대접을 해주는 열성을 보였다고 한다. 그래서 베이징 회의 때는 미국 정부의 과학기술관련 모든 부처의 대표가 대거 몰려 베이징으로 갔기 때문에 미국 내의 과학기술 외교 업무는 회의 기간 중에는 휴무 상태가 되었다고 한다. 그런데 이렇게 활발히 진행되던 양국 간의 과학기술협력 사업은 1989년에 돌연 중단된다. 바로 그때가 천안문 사건이 발생한 해였다.

중국에는 국가 운명이 걸리는 중차대한 일에는 국가 지도자의 가족을 직접 참여시키는 전통이 있다고 한다. 그러한 의미로 이 인재양성 사업에 등소평의 막내아들 등질방(鄧質方)이 직접 참여했다. 그는 30대 중반의 나이로 1980년대 중반에 미국에 유학 가서 물리학 박사학위를 마치고 돌아갔다. 놀라운 것은 그때 그의 부인도 함께 박사학위를 마쳤다. 또한 재미있는 것은 그들은 미국 뉴욕 주 로체스터대학의 고에너지물리 연구소에서 핵융합 분야의 학위를 마쳤다. 그 당시 로체스터대학의 핵융합연구

사업은 MIT와 쌍벽을 이루는 경쟁관계의 세계적 관심사가 된 연구 사업이었는데 인류의 에너지 문제를 바닷물 중의 수소를 연료로 하여 영원히 해결하겠다는 연구 사업이었다. 등소평의 차녀 등남도 아버지의 뜻에 따라 과학기술위원회 부위원장의 직책으로 미-중 과학기술협력 사업에 깊이 관여했다.

1990년대 이후 중국의 눈부신 발전은 등소평이 이렇게 해서 1980년대 10년간 기적적으로 길러낸 최고급 인재 3만여 명이 이루어낸 업적이라 한다. 중국에는 유난히도 기술직 고위 관료가 많은 것은 그렇게 길러낸 최고급 인재를 적재적소에 배치한 결과라 한다. 우선 눈에 띄는 것은 나라의 핵심 정책을 결정하는 고위 관직에 기술관료를 대거 등용한 것이다. 중앙부처의 장차관직과 지방행정기관의 성장(省長), 시장 등에 그렇게 양성한 최고급 인재를 대거 등용하고 국가과학위원회 위원장은 부총리 급이다. 중국 30여 개의 모든 성, 시, 자치구에 기술담당 부성장(副省長), 부시장(副市長) 자리를 만들고 기술관료로 임명했다. 중국의 경제발전이 경이롭게 보이는 이면에는 등소평이 길러놓은 최고급 기술관료의 지대한 역할이 숨어 있었기 때문이었다.

2011년 현재 현직 국가 지도층을 보면 중국이 이공계 출신을 얼마나 중시하는가를 금방 알 수 있다. 우선 국가 주석 후진타오(胡錦濤)는 청화대학 수리공학(水利工學)학부 출신이고, 총리 원자바오(溫家宝)는 중국지질대학의 지질학과 출신이고, 국회의장 우방궈(吳邦國)는 청화대학 무선전자 공학과 출신이다. 중국 국가 최고 지도자의 권력 서열은 당중앙정치국 상무위원 서열에서 나타나는데 1위부터 9위까지 중에서 한 사람만 제외하고 모두 이공계 출신이다. 그 1위는 후진타오 주석이고 비이공계 출신은 부총리인 경제학 박사 리커창(李克强)이다. 이제 중앙부처의 과장 급 이상의 대부분의 관료는 외국 유학을 마친 이공계 박사학위 소지자로 구성되어 있다고 한다.

등소평은 평소에 과학기술은 제1의 생산력이라 주장했다. 중국에서 민생기술의 기반 없이는 경제개발도 국제경쟁력도 수출도 제대로 이루어질 수 없다는 것을 누구보다도 철저히 믿고 행동에 옮긴 사람은 바로 국가 최고 지도자 등소평 자신이었다. 고위 관직에 그렇게 많은 기술관료를 등용하는 것은 등소평의 슈퍼 파워가 아니면 불가능한 것이다. 민생기술의 기술입국을 위한 대장정은 고위 관직에 기술관료를 대거 등용하는 것으로부터 시작되었다. 이들 기술관료들이 이루어 놓은 대표적 업적은 탄탄한 기술력에 바탕을 둔 경이로운 경제발전이었다. 중국이 한국의 기술수준에 따라오려면 아직 멀었다는 얘기는 빗나가고 말았다. 모든 것은 사람이 이루는 것이며 최고급 인재가 넘쳐나는 한 기적적 발전은 일어날 수밖에 없는 것이다. 최근 한국에 만연되고 있는 기술천시 풍조는 심히 우려스러운 일이다. 머지 않아 중국이 모든 면에서 한국을 추월하고 말 것이기 때문이다.

강력히 추진되는 국비 해외 인재양성 사업

미-중 과학기술협력 사업에 의한 인재양성 사업은 1989년에 끝났으나 그 후 중국의 경제발전이 급속히 진전됨에 따라 중국은 '국가유학기금관리위원회'를 설립하여 자국 경비로 박사학위 취득을 위한 해외 유학생 파견을 강력히 지원했다. 동 위원회는 현재 연간 약 5천명 규모로 대학원생을 선발하여 박사학위 취득을 목적으로 하는 해외 유학생을 지원하고 있다. 이는 미-중 과학기술협력에 의한 연 3000명 보다 훨씬 많은 인원이다. 지원 대상은 국가가 중점대학(重點大學)으로 지정한 유명대학에서 선발한 우수한 학생들이며 해외에서 박사학위 과정을 이수하는 3년 내지 4년간의 경비를 지급한다.

이에 추가하여 2008년부터는 국가가 지정하는 중점 연구 분야에서 매년 1000명을 선발하여 해외 유학으로 박사학위를 취득하는 것을 지원하는 장학금 제도를 마련했다. 중점 분야는 우주, 에너지, 자원, 환경, 농업, 제조업, 바이오, 나노테크 등이다.

이러한 적극적인 해외 유학 파견정책에 의해 해외에서 활약하는 중국인 우수 과학인재의 수는 급격히 증가하고 있다. 2006년에 미국에서 배출한 박사학위 취득자는 약 5만 명이었는데 그들의 3분의 1이 외국인 유학생이었고 그 중 중국인이 5002명, 인도인이 2228명, 한국인이 1529명이었다. 같은 해에 미국에서 박사학위를 취득한 과학자의 출신 대학을 조사한 결과 가장 많은 사람들이 중국 청화대학(淸華大學) 출신이었다(571명). 그 다음 2위가 북경대학(北京大學, 507명), 3위가 UC 버클리대학 (427명), 4위가 서울대학이었다(393명). 앞으로도 중국 출신의 박사학위 소지 과학자로서 해외에서 활동하는 과학자의 숫자는 계속 증가할 것으로 예측된다.

인재의 회귀(回歸)를 촉진하는 바다거북(海龜) 정책

알에서 깨어난 바다거북 새끼들은 거친 파도가 치는 큰 바다에 뛰어들어 건실하게 성장한 후 많은 알을 낳으러 해변 모래사장으로 되돌아온다. 그리하여 바다거북의 일생과 비슷하게 해외에 나가 우수한 과학기술자로 성장한 재외 중국 연구원들이 금의환향 귀국하여 나라를 위해 일하도록 우대 조치하는 정책을 해구(Haigui, 바다거북)정책이라 명명했다. 해구(海龜)와 해귀(海歸)는 중국말로는 다 같이 Haigui로 발음하는데 해귀(海歸)는 해외에서 살다가 귀국한다는 의미를 갖기 때문에 그렇게 작명했다고 한다. 이 사업은 한국에서 과거 1970년대에 실시한 해외 과학자 유치 사업과 같은 내용이다. 그런데 세계 제2위의 경제대국으로 군림한 중국이 지금도 오히려 보다 적극적으로 과학자 우대 정책을 펼치고 있는 것은 관심거리이다.

해구정책은 귀국하는 박사 급 과학자에게 높은 봉급, 주택, 보험, 차량 등 각종 경제적 우대는 물론 자녀들의 좋은 학군 배치까지 세심한 배려를 한다. 해구정책은 과학기술관련 몇 개 기관에서 분담하고 있다. 한국의 과학재단과 유사한 기관이면서 거대한 액수의 기금을 관리하고 있는 '국가자연과학기금위원회'에서는 '국가걸출청년연구계획(國家傑出靑年硏究計劃)'이란 사업으로 해구정책을 집행한다. 또한 5만 명의 연구원을 거느리는 거대 연구기관인 중국과학원(中國科學院)은 '해외걸출인재도입계획(海外傑出人材導入計劃)'이란 사업으로 해외에서 뛰어나게 활약하는 중국인 연구원을 대상으로 귀국할 경우 그들이 만족할 수 있는 수준의 연구자금과 연구환경을 제공하는 일을 담당한다.

우수한 해외 과학자를 계속 유치하는 것은 매우 바람직하나 그들이 활동할 일터를 어떻게 지속적으로 마련하는가가 중요 관심사가 된다. 중국의 연구기관이나 대학에는 이미 거의 모든 직책이 포화 상태에 이르고 있다. 최근에는 그들을 하이테크 벤처 창업으로 유도하고 있다. 중국은 이미 유치 과학자 벤처창업 단지를 100개소 이상이나 건설하여 6000개 이상의 벤처 기업이 창업되었다. 베이징의 대표적인 유치 과학자 벤처창업 단지에서는 중소규모의 벤처 창업을 지원하고 있는데 외자기업이든 국내 기업이든 상관없이 적극 지원하고 있다. 이는 외국 유학한 유치 과학자가 해외에서 만들어진 인적관계를 이용하여 외국 자금을 끌어올 경우가 많기 때문이라 한다. 동 단지에서는 벤처 창업자에 대해 일정기간 사무실 임대료 및 광열비 면제, 3년간 소득세 면제, 편리한 금융서비스, 입주 시 한화 약 1500만 원 정도의 무상 자금 제공 등 적극적 지원을 하고 있다.

이러한 해구정책의 추진에 의해 많은 해외 과학자가 귀국하고 있는데 2009년까지 약 10만 명이라는 거대한 숫자의 해외 과학자가 귀국했으며 그런데도 귀국자의 숫자는 오히려 증가 추세에 있다고 한다. 앞서 살펴본 바와 같이 해외로 내보내는 중국 국비 유학생의 숫자도 대단하지만 해구정책에 의해 귀국하는 과학자의 숫자도 대단하여 현대판 화교의 대순환이 이루어지고 있다.

등소평이 실천한 위대한 신념처럼 과학이나 기술 특히 연구개발에 있어서는 우수한 인재의 사전 확보가 무엇보다 중요하다.

우수한 과학자가 없는 연구시설이나 조직은 무의미한 것에 지나지 않고 장님에게 자동차 운전을 맡긴 것과 다름없다. 막대한 연구비만 낭비할 뿐이고 결과는 생산되지 않기 때문이다. 요즈음 조 단위 투자가 소요되는 거대과학 시설이 설치되는 경우를 가끔 접하는데 위대한 과학자가 없는 거대 시설은 무주공산이 될 수밖에 없을 것이다.

2. 중국의 IT 분야 하이테크 기업

세계 일류 수준에 달한 하이테크 기업

중국이 군사기술과 기초과학 분야에서 세계 수준에 달해 있다는 것은 누구나 인정하고 있다. 그러나 경제발전과 직결되는 민생기술 분야에서도 세계 수준에 달해 있는지에 대해서는 의문시하는 사람도 있다. 중국에도 이젠 하이테크 기업 수가 급속히 증가하고 있다. 그런데 그러한 중국 기업들이 중국 스스로가 말하는 자칭 하이테크 기업인가 아니면 세계적으로 통용되는 기준에 걸맞은 진짜 하이테크 기업인가는 다음과 같은 화웨이 (Huawei, 華爲技術) 사의 사례를 통해 일 단면을 볼 수 있다.

세계지적재산권기구(WIPO)는 매년 초에 그 전년도에 집계된 세계 톱 수준 하이테크 기업별 국제특허출원 현황을 발표하고 있는데 2009년 2월 발표에 의하면 2008년도에는 중국의 통신기기 메이커인 화웨이(Huawei, 華爲技術) 사가 1737건 출원으로 세계 1위를 차지했고 2위가 일본의 파나소닉으로 1729건, 3위가 홀란드의 필립스로 1551건이라고 발표했다. 그 전년도인 2007년에는 1위가 일본의 파나소닉, 2위가 홀란드의 필립스 사였다. 이 통계는 특허협력조약(PCT)에 근거한 국제특허출원 건수를 집계한 것인데 그 다음 해인 2009년에는 파나소닉이 1위를 재탈환하고 화웨이가 2위를 기록했다. 또한 화웨이의 특허출원 중 85%는 발명특허여서 명실공히 연구개발형 기업임을 입증한다.

화웨이는 심천(深土川) 시에 거점을 두고 1988년 설립된 기업인데 브로드밴드 통신, 데이터통신, 모바일 단말기 등의 통신설비나 제품을 공급하는 회사이다. 2008년의 매출액은 233억 달러였고(참조: LG전자가 약 500억 달러) 그 중 75%를 해외로 수출하고 있어 세계시장에서 화웨이의 제품이 인정을 받고 있음을 알 수 있다.

화웨이는 2001년 이후 매년 매출액의 10% 수준으로 연구개발에 투자하고 있어 IT 기업의 세계 평균 수준인 5%의 2배에 달하고 있으며 전체 종업원의 약 43%가 연구원으로 구성되어 있어 이것도 일반 수준인 25%보다 훨씬 높아 톱 랭킹 하이테크 기업의 면모를 여실히 보여주고 있다.

중국에는 최근 화웨이와 유사한 하이테크 기업이 급증하고 있어 중국 전체의 특허출원 건수도 급상승하고 있다. 2009년의 국가별 특허출원 랭킹에 있어서도 세계 5위를 차지했으며 특히 그 증가 속도가 연 30% 수준에 달하고 있어 주목된다.

아시아의 실리콘밸리

중국의 하이테크 기업 집합 단지의 대표적 사례가 북경시의 서북부에 위치한 중관촌(中關村/Zhongguancun) 사이언스파크(Science Park)이다. 중관촌은 국가가 지원하는 과학기술집적지대(科學技術集積地帶) 즉 사이언스파크 중의 하나인데 북경시 서북부의 여러 구(區)에 걸친 하이테크 밀집지대를 말한다. 중국에는 이러한 대규모 국립 사이언스파크 또는 하이테크파크가 54개소나 존재한다. 그 중 중관촌은 규모가 가장 크고 가장 오래된 거대 규모의 과학단지로 중국에서는 아시아의 실리콘밸리라 부른다. 중관촌에는 IT관련 하이테크 기업이나 연구소, 대학 등이 밀집해 있으며 랩톱 컴퓨터는 국내시장의 40 %, 노트북 컴퓨터는 25 %, 소프트웨어 25 %, IC 회로설계 30 % 등을 중관촌이 공급한다.

중관촌은 중국 전 사이언스파크의 중추적 역할을 담당하며 중관촌 내부에서도 하이뎬(海淀區)이 그 도약을 선도한다. 하이뎬에는 북경대학, 청화대학(淸華大學) 등 대학만 해도 80여 개, 중국과학원(과학기술부 상당) 산하의 200여 개 연구소, 1만8천여 개의 기업(벤처기업 포함)이 밀집한 인구 300만 규모의 거대 사이언스파크이다. 또한 인구의 50 % 이상이 대졸이상 학력으로 중국 최고의 고학력 도시이다.

해정구의 GDP 성장률은 매년 20 %를 넘고, 지역 내 기업의 매출액은 1988년 이후 2008년까지 매년 30 %의 성장률을 달성하고 있다. 해정구는 중관촌뿐만 아니라 전국의 IT 산업을 견인하는 강력한 엔진 역할을 수행하고 있다.

　해정구에 있는 거대한 국립연구기관인 중국과학원의 연구성과를 이용해 급성장한 벤처기업도 다수 존재한다. 중국의 PC 시장에서 1위를 점하고 2005년에는 IBM의 PC부문을 흡수 통합하는 기적을 낳은 벤처기업인 레노버(Lenovo) 사는 그 대표적 사례이다. 레노버는 중국과학원 계산기과학연구소에 속해 있던 연구원 11명이 나와서 1984년 설립한 벤처기업이다. 처음에는 legend라는 상품명으로 IBM이나 HP(Hewlett Packard)의 PC를 중국어로 사용 가능케 하는 중요부품(mother board)을 생산했으나 지나친 사업 확장으로 부도를 내고 말았다. 그 후 IBM의 영업 사원이었던 양위안칭(楊元慶) 씨가 1994년 기업을 인수해 급격히 발전했다. 양위안칭 씨는 3년 만에 Legend 사를 중국의 톱 PC 메이커로 만드는 기적을 이루었고 2004년에는 사명을 Lenovo로 바꾸고 얼마 전에는 IBM의 PC부문을 매수하는 세계적인 기업으로 키웠다. 2009년에는 중국 PC시장의 35 %를 점유하고 매출액은 150억 달러를 초과하는 세계적 대기업으로 발전했다.

　북경대학이 1988년 설립한 벤처 기업인 방정집단공사(方正集團公司)는 중국 PC시장에서 레노버에 다음가는 거대 기업으로 성장했다. 무선전기, 물리, 수학 등 3분야의 연구원 3명으로 시작한 방정집단공사는 2005년에는 매출액 40억 달러의 대기업으로 성장했다. 또한 청화대학은 연간 매출액 15억 달러의 동방(同方)홀딩스, 5억달러 매출액의 자광(紫光)홀딩스 등 청화대학만으로 총액 30억 달러에 상당하는 연간 매출액의 기술집약형 기업을 거느리고 있다. 중국에서는 이와 같이 대학 자체가 경영하는 사이언스파크에서 대학이 창출한 벤처기업이 기적적으로 성공을 이루는 사례를 만들어 가고 있다. 2008년 1년간 북경대학이 기술이전으로 획득한 기술료는 2000만 달러에 달했다. 이는 같은 해 동경대학의 기술료 수입의 6배에 해당하는 거액이다.

3. 맹렬히 추격하는 중국의 바이오테크

세계 최초의 iPS(인공 다능성 줄기세포) 마우스 탄생

2009년 7월 중국과학원 동물연구소와 북경생명과학연구소는 마우스(실험용 쥐)의 피부 세포로부터 인공 다능성 줄기세포(iPS/ induced Pluripotent Stem-cell)를 만들어 그 세포로부터 세계 최초로 iPS 마우스를 탄생시키는 성과를 올렸다고 발표했다. 이는 생식과 관련되는 수정난이 아닌 체세포를 이용하여 생명체를 창조했다는 의미이다. 최소한 난자는 있어야 온전한 생명체가 탄생할 수 있다는 종전의 관념을 깨어버린 것이다. 이 뉴스는 생명과학 분야의 중국의 실력을 세계에 알리기에 충분한 것이었다. 이 세계 최초의 iPS 마우스는 세계 최고의 과학학술지인 네이처(Nature)의 표지를 장식했다.

그런데 iPS 세포를 만드는 방법을 세계 최초로 발명한 과학자는 일본 교토대학(Kyoto University)의 야마나카 신야(Yamanaka Shinya/ 山中 伸弥) 교수였으며 그 획기적 방법은 2006년에 발표되었다. iPS 세포란 체세포에 인공적인 조작을 가하여 수정난의 배아줄기세포와 비슷한 기능을 할 수 있도록 만들어낸 세포이다. 즉 장기, 혈액, 피부 등 여러 가지 부위를 만들어 낼 수 있는 능력을 가진 다능성 줄기세포를 말한다. 따라서 iPS 세포 기술은 일본이 먼저 발명했는데 그 기술을 이용하여 새로운 생명체인 iPS 마우스를 먼저 탄생시킨 것은 중국이었다. 그것도 iPS 기술이 발표 된지 3년 만에 이루어 낸 것으로 이 분야의 경쟁이 얼마나 격심한가를 알 수 있다.

줄기세포를 이용하여 인공으로 인체부위를 만들어 보려고 필사의 노력을 기울이고 있던 의학 분야인 재생의료(再生醫療) 분야에서는 구세주가 나타난 것이었다. 윤리 문제 때문에 갈 길이 꽉 막혀 있던 그들에게 새로운 돌파구가 생겨난 것이다. 난자로부터 얻어지는 줄기세포는 ES세포(배아줄기세포)라 하는데 증식력이 강하고 여러 가지 기관으로 분화할 수 있는 다능성(多能性)이고 부작용이 적어서 재생의료 분야에서 난치병에 활용하기에는 안성맞춤이나 윤리 문제 때문에 진퇴양난이 된 것이었다. iPS 세포 제조 기술은 이러한 윤리 문제를 초월할 수 있는 돌파구를 만들어 주었던 것이다.

야마나카 교수의 iPS 세포 제조 기술은 환자의 피부 세포 즉 이미 분화를 마쳐 체세포로 된 보통의 세포에 4개의 유전자를 투입함으로서 분화 전의 상태로 역류시킬 수 있는 기술이다. 즉 심장, 폐, 혈액, 골수 등으로 다시 분화될 수 있는 다능성 줄기세포 즉 난자에서 만들진 줄기세포와 유사한 세포로 만들 수 있는 방법을 발명한 것이다. 이 기술은 세계가 직면한 윤리 문제를 뛰어 넘을 수 있는 가능성을 보여준 일대 발명이었다. 임신 중절을 반대하는 입장이었던 미국 공화당의 부시 대통령은 수정란을 파괴하여 줄기세포를 얻는 연구는 제한했다. 그러나 야마나카의 iPS 세포 방식의 줄기세포 연구에 대해서는 적극적인 연구비 지원을 표명했다. 또한 로마 교황청도 iPS 세포 방식을 높이 평가하고 인정했다.

이로서 야마나카의 iPS 세포는 세기적 대 발명으로 인식되었고 2006년 이후에는 그 방식을 이용한 각국의 줄기세포 연구에 커다란 탄력이 붙게 되었다. 미국은 일본의 10배나 되는 연구비를 투입하여 iPS 세포 기술의 실용화에 박차를 가하고 있다. 중국도 많은 연구원을 동원하여 미국을 따라 가려고 속도를 내고 있다. 그러한 노력으로 그들은 2009년에 iPS 마우스를 세계 최초로 탄생시키는 성과를 얻었고 지금은 27마리로 증식되어 제3세대 마우스까지 탄생했다. 한편 그 후 야마나카는 인간의 체세포로 iPS를 만드는 연구에 집중하여 상당한 성과를 얻고 있다.

이상적인 연구관리 모델로 획기적 성과를 내는 바이오 연구소

최근 2004년에 새로 설립된 북경생명과학연구소(北京生命科學硏究所)는 과학계가 열망하는 이상적인 연구관리 모델로 운영하여 설립 후 불과 5년 만에 전 세계적 관심이 집중된 획기적 연구 성과를 내는 연구소로 유명해졌다. 전술한 iPS 마우스를 탄생시킨 것은 그들이 해낸 획기적 업적이었다. 젊은 천재들이 모여든 연구소, 인사권과 예산권의 완전한 자율성과 독립성이 보장된 연구소, 무제한 지원되는 연구비, 자유분방한 연구 분위기 등이 시너지 효과를 일으켜 매우 높은 연구 성과를 창출해 가고 있다.

600여 명의 연구원의 평균연령은 30세 미만이고, 23명의 책임연구원 급 연구팀장들은 전원 미국에서 두각을 나타낸 우수 과학자를 유치해 임명했으며 그들의 평균연령은 40세 미만이다. 연구비는 전액 국가가 지원하며 연구소장은 예산과 인사에 관한 100% 재량권을 갖도록 조치하여 정부의 관료적 간섭을 완전히 배제했다. 연구소에는 23개의 연구팀이 있고 그들의 연구활동을 8개의 연구보조팀이 완벽 지원한다. 이러한 연구관리 모델은 한국의 초창기 KIST 모델이나 최근 설립된 일본의 독립행정법인 모델보다 한 단계 앞선 모델이다.

연구원들이 연구에만 전념할 수 있도록 가능한 모든 조치를 취하고 있다. 우선 연구비 확보나 평가를 받기 위해 거치는 모든 번잡한 과정을 완전히 제거하고 오로지 연구에만 전념토록 했다. 각국에서 관행적으로 취해지는 연구비 배분방식인 공개경쟁적 연구비 배분방식도 채택하지 않았다. 기본적으로 충분한 연구비가 연구소에 배정되고 연구팀별로 연구소장에게 연구비를 신청만 하면 소장 재량으로 연구비가 배정된다. 기본적으로 5년 단위로 연구가 진행되며 평가는 중간평가와 사후평가 밖에 없어 최소한 5년간은 연구에만 몰두할 수 있다. 연구원의 천재적 재능을 모든 가치의 최우선이라 전제하고 그 재능 발휘에 걸림돌이 되는 모든 번잡한 절차는 일반 행정관행과 상충되더라도 과감히 제거해 버렸다. 연구원의 연구 몰입 환경 조성 없이는 연구의 효율성 및 성과를 절대 기대할 수 없다는 철학을 철저히 실행하고 있다. 바로 이 점이 다른 나라의 행정 지상주의 연구 관리 방식과 뚜렷이 대조되는 것이다. 그들은 연구원의 연구 몰입 보장을 위해 연구원의 가사 문제까지 지원한다. 연구원의 주택 확보를 위해 가택 구입비의 50%를 연구소가 부담하고 자녀 교육 문제와 생활환경 문제까지 세심한 배려를 한다.

 연구소의 중점 연구 분야 선정도 천재적 재능 존중 위주의 위인설관 방식을 택한다. 연구소의 경영 철학이 과학자의 천재적 재능을 살리는 것을 최우선 한다는 의미이다. 천재적 인재가 먼저 존재하고 그의 구상과 아이디어를 살리기 위해 모든 시설과 기자재와 지원 시스템을 구성해 간다는 경영 철학이다.

 북경생명과학연구소는 생명과학 분야의 연구를 추진한다는 기본방향만 주어져 있고 세부 중점 연구 분야는 천재적 연구원이 나타나면 그가 결정하는 대로 따라 가도록 되어 있다. 이는 대표적 위인설관 방식인데 일반 행정관행과는 크게 상충될 수밖에 없는 것이다. 동 연구소에서 일하고 싶다는 확고한 의지만 있고 과학계에서 객관적으로 인정받을 수 있는 톱 레벨 연구원이면 누구나 연구 팀장으로 채용될 수 있는 자격이 있다. 이 경우 연구소 전체로서의 명확한 임무와 기능이 모호해지고 연구방향이 중구난방이 될 수 있다는 결정적 단점이 있는데 동 연구소는 오히려 그 반대로 연구 능률이 올라가는 기적이 일어나고 있다. 그들은 연구 분야를 자유롭게 선택할 수 있기 때문에 융합효과 등 서로 간의 협력이 잘되는 시너지 효과가 나온다고 한다.

 동 연구소는 이제 설립 후 6년밖에 지나지 않았는데 Nature지나 Science지 등 세계적 학술지에 게재된 80여 건의 획기적 연구성과를 이루어냈으며 그러한 논문들의 SCI 인용건수는 평균 10회로 타 연구소에 비해 2배 정도였다.

북경생명과학연구소 관리 모델은 너무나 이상적이어서 모든 전제 조건을 충족할 수 있는 중국에서만 가능하다고 생각된다. 그러나 확실한 사실은 그 모델이 성공적으로 운영될 수만 있으면 노벨상 지향형 기초과학 연구 분야에서는 가장 빠르고 가장 혁신적인 연구 성과를 이룰 수 있다는 것이다.

바이오 벤처에 대한 국가의 전략적 지원

중국은 바이오 분야에서 세계적 이니시어티브를 장악한다는 확고한 목표를 갖고 연구개발에서 기업화에 이르는 전 사이클에 걸쳐 정부의 강력한 전략적 지원이 이루어지고 있다. 특히 정부가 전략적으로 중요하다고 지정한 기술에 대해서는 서구 선진국의 정부 차원에서는 한계를 벗어나는 수준의 지원을 과감히 실행하고 있다.

청화대학에서 개발한 '바이오칩' 기술로 벤처기업을 설립한 경우를 대표적 사례로 그 기업화 과정을 살펴보면 다음과 같다. 청화대학은 거대한 연구활동에 추가하여 연구결과의 기업화를 위한 완벽한 지원 시스템도 구비하고 있다. 대학 소속의 '청화홀딩스(清華 Holdings)'는 기업화 단계의 투자를 담당하는 캐피털 회사이다. 동 바이오칩 벤처 회사도 청화홀딩스가 40%의 시드머니를 제공했다. 동 회사의 모든 CEO 및 CTO 등의 경영진은 청화대학 교수이거나 대학원 학생들이다. 회사가 필요한 연구사업은 대학원 학생들이 파견되어 수행하거나 학교 연구실에서 지원한다. 이는 산학협력 수준을 넘어서 산학 동일체라고 해야 할 수준이다.

　동 벤처의 태생도 매우 독특하다. 1990년대 말에 원자바오 수상이 청화대학을 방문해 순시하는 도중에 바이오칩 연구실을 둘러보고 그 기술의 중요성을 확실히 이해하게 되었는데 그는 바이오칩 기술의 고도화 및 산업화를 정부가 전폭적으로 지원할 것을 결정한다. 바이오칩 기술은 즉시 중국 제10차 5개년계획(2001~2005년)에 포함되었고 청화대학의 바이오칩 연구실은 국가 급 연구센터로 승급되었다. 2001년에는 동 센터 설립자금으로 4억 위안(한화 약 700억 원)이 지원되었고 추가로 기업화 연구비 8천만 위안(한화 약 140억 원)이 지원되었다. 또한 2003년에는 과학기술부에서 동 센터를 '국가 하이테크 연구개발계획 성과 산업화 기지'에 포함 되도록 지정해서 기업화 과정의 각종 우대조치를 받도록 했다.

　바이오칩 기술은 IT 산업에서의 반도체처럼 모든 바이오산업의 공통 기반이 되는 핵심기술이라 할 수 있다. 모든 바이오산업은 생명현상과 연관되는 바이오 물질이 그 원자재 또는 제품이 되고 있다. 바이오 물질은 주로 생명체에서 생성되는 생화학적 물질인데 이들의 분자구조는 매우 복잡하여 얼마 전까지만 해도 그 구조나 기능을 분석하는 것은 매우 어렵고 장시간이 필요하며 고가의 기기와 고급 분석 전문가가 동원되어야 하는 작업이었다. 따라서 바이오산업의 기술개발이나 기업화에 있어 바이오 물질의 구조와 기능을 가능한 염가로 빨리 분석해 내는 기술의 확보가 바이오산업 경쟁력의 핵심이 될 수밖에 없다.

바이오칩은 그러한 목적 달성을 위하여 생명공학기술, 반도체기술, 나노기술, 마이크로 로봇기술 등 최첨단기술을 총동원하고 융합하여 개발하고 있는 초소형, 초고속, 초고성능 바이오물질 분석기라 할 수 있다. 요즈음 자주 듣는 DNA 분석용 DNA 칩이 그 대표적 사례이다. 바이오칩의 일반적 형태는 반도체칩처럼 작은 기판 위에 다수의 미세한 바이오센서를 바둑판처럼 나열하여 고정화한 모양이다. 바이오 물질이 바이오칩과 접촉하면 다수의 동시다발적 상호작용이 일어나면서 그것을 바이오센서가 검출하도록 되어 있어 검출 및 분석에 필요한 시간과 노력을 대폭 축소할 수 있게 된다.

동 기업의 초창기에는 바이오칩을 개발하는 연구기관과 비슷한 성격을 띠었으나 차츰 기업 성격으로 변신해 갔다. 처음에는 종업원의 70%가 연구원이었으나 지금은 약 30% 수준이다. 그러나 정부로부터의 연구비 지원은 중단 없이 계속되고 있다. 금년(2011년)부터 시작되는 제12차 5개년계획에도 1억2000만 위안(한화 약 200억 원)이 책정되어 있다. 동 바이오칩 벤처기업은 수입품에 비해 3분의 1 수준인 파격적으로 낮은 가격으로 바이오칩을 중국 내수시장에 공급하면서 중국 바이오 기업 전체의 경쟁력 향상에 획기적으로 기여하고 있으며 생산품의 약 20%를 수출하고 있다고 한다. 세계 바이오칩 시장은 2010년 현재 약 45억 달러인데 연평균 약 36%로 고속성장하고 있어 2015년에는 200억 달러에 달할 전망이다.

이와 같이 중국에서는 정부가 중요하다고 판단하는 파급효과가 큰 기술에 대해서는 기업화에 성공할 때까지 거의 무한정으로 지원한다는 입장을 취하고 있다. 이는 연구결과가 기업화 되는 과정에서 소위 말하는 죽음의 계곡(Death Valley)을 통과해야 하는 리스크를 국가가 부담한다는 의미인데 선진국에서는 이 부분은 직접지원이 아닌 간접지원만 허용한다. 특정 민간 기업의 이익과 연관되기 때문이다.

세계 최고 정보유통의 장을 통째로 유치

치열해 가는 연구개발 속도전에서 최신 정보의 신속한 수집은 승패를 가름하는 지렛대가 될 정도로 중요한 수단이 되고 있다. 이를 위해 각국은 과학기술 분야 국제회의나 국제학회를 경쟁적으로 유치해 최신의 정보를 수집할 수 있는 장(場)을 마련하는 데 열을 올리고 있다. 그런데 중국은 한발 더 나아가서 세계 최고 생명과학 정보유통의 장을 통체로 유치하여 정보유통의 장을 붙박이로 구축하는 적극성까지 보이고 있다.

미국의 '콜드 스프링 하버 연구소(Cold Spring Harbor Laboratories/ CSHL)'는 DNA의 분자구조를 밝혀 바이오 혁명의 창시자가 되었고 그 공로로 노벨상을 수상한 왓슨(James D. Watson) 박사가 35년간이나 소장으로 재임한 세계 최고의 바이오 연구소다. 1890년에 설립되어 130년의 역사를 갖는 명문 연구소로 주로 생명과학 분야의 연구를 선도해 왔는데 암, 신경과학, 식물바이오, 유전인자, 바이오정보 등의 분야의 연구를 주도하고 4명의 노벨상 수상자를 배출했다. CSHL은 미국 뉴욕주 롱아일랜드의 아름다운 해변에 위치하고 있다.

이 CSHL의 독특한 특징은 유능한 젊은 연구원의 양성과 발굴을 연구사업 못지않게 중요시 한다는 것이다. 재미있는 것은 그 목적을 위해 다양한 토픽으로 일 년 내내 계속해서 세계 톱 수준의 과학자가 모이는 국제회의를 연구소 내에서 개최하고 있다는 것이다. 이는 노벨상 수상자 왓슨의 명성 때문에 가능한 것이었다. 젊은 연구원이 이 연구소에서 개최되는 국제회의에서 발표할 기회를 갖는다는 것은 자기 분야의 세계 수준의 과학자들에게 알려지는 등용문을 통과하는 의미를 갖는다.

CSHL은 도시에서 멀리 떨어진 해변의 아름다운 자연경관 속에 있는데 국제회의에 참가하는 젊은 연구원들이 회의 개최기간인 1주일 동안은 이 연구소에서 외출하기 힘든 지리적 장소에 위치하고 있다. 연구소 내의 식당에서 같이 식사하고 다수의 침대가 나열된 커다란 침실에서 합숙하게 되어 있다. 아침에 일어나서 저녁에 취침할 때까지 세계 각지에서 모인 우수한 젊은 연구원들은 서로 교류하면서 자극을 받도록 하는 것이 목적이다.

CSHL의 가장 큰 매력은 세계적으로 저명한 많은 과학자들이 캠퍼스에 모인다는 것이다. CSHL의 젊은 연구원들은 자기들의 연구성과를 들어주고 평가해 줄 세계적 과학자와 만나는 기회가 주어지는 것 자체가 꿈같은 일이며 그들이 자기들과 동일한 공간에서 행동하고 있다는 것이 기적이라 느끼게 된다. 젊은 연구원들에게는 구름 위의 사람들이라 느껴지던 대학자가 목전에서 같이 식사를 하고 연구소 안에서 같이 산보하고 있는 것이다. 세계적으로 위대한 학자들과 같은 테이블에서 식사하며 의견을 교환하고 아름다운 자연 속을 같이 산책하면서 가르침을 받는다는 것은 연구인생에 있어 무엇과도 바꿀 수 없는 귀중한 추억

이 된다.

 매년 한 번 개최되는 CSHL 주종 심포지엄은 그해의 최대 관심 토픽을 주제로 전 세계의 노벨상 급 과학자가 모이는 회의가 개최된다. 세계의 최첨단 연구현장에서 수행되고 있는 최신 연구내용의 정보가 이 시골 마을 연구소에 총집중되는 기간이다. 이 때문에 CSHL은 생명과학 분야에서 연구하는 전 세계의 젊은 연구원들이 꿈꾸는 성지라 불린다.

 그런데 작년(2010년)에 전 세계 생명과학 분야 과학자들에게 충격을 준 쇼킹한 뉴스가 발표되었다. CSHL - 아시아 연구소가 중국의 쑤저우(蘇州)에 설립되었다는 뉴스였다. 캠퍼스를 벗어나지 않는다는 불문율을 지켜오던 CSHL의 성지가 중국에 제2의 성지를 만들어 놓은 것이다. 중국의 CSHL - 아시아 연구소는 미국의 CSHL 본소와 완전히 동일한 방법으로 운영된다고 발표했다. 일 년 내내 국제회의가 개최되고 톱 레벨 과학자들이 전 세계에서 대거 초청된다고 한다.

 CSHL - 아시아는 작년(2010년) 4월에 오픈했다. 오프닝 포럼에는 DNA 분자구조 발견자, 바이오 혁명의 창시자 그리고 노벨상 수상자인 제임스 왓슨 박사가 80세를 넘은 고령의 몸으로 직접 참가했으며 세계 최고의 바이오 과학자가 대거 참석했다고 한다. 누구도 CSHL의 분소가 중국에 설치될 것이라 예상한 사람은 없었다.

 중국은 과학발전을 위해 좋은 발상이라 생각되면 주저 없이 과감히 실행하는 결단력을 보여주고 있으며 목표 실현을 위해 매진하는 강한 돌파력을 과시하고 있다. 그러기에 세계가 부러

워하는 생명과학의 성지를 자국으로 끌어드리는 기적을 일으킨 것이다. 중국이 과학기술 분야 정보의 중요성을 제대로 인식하고 예상을 초월하는 방식으로 그것을 집적하는 장(場)을 구축하는 것을 세계는 경이로운 시선으로 주시하고 있다.

병원의 대형화에 따른 임상시험 능력의 거대화

다가오는 바이오산업 혁명에 있어 새로 열리는 가장 큰 시장은 인간의 건강과 난치병 퇴치에 연관된 건강식품, 신의료, 신약 등이라는 것은 자명하다. 줄기세포 한 개 분야만 해도 앞으로 2020년까지 연 20%씩 성장해 30조 원의 시장이 형성될 것이라 한다. 이러한 건강과 난치병 퇴치관련 산업개발에 있어 관문 역할을 담당하는 것이 임상의학이다. 임상의학은 새로 개발되는 건강식품, 신의료, 신약 등이 인체에 대해 부작용 없이 안전하고 그 효능이 확실하다는 것을 과학적으로 입증하는 의학 분야를 말한다. 따라서 임상의학적 관문을 통과하지 않고서는 그러한 산업 자체가 존재할 수 없는 것이다. 바이오산업 혁명의 진전에 비례해 폭발적으로 증가할 임상 수요를 충족하기 위해 현재까지 진료를 위주로 하는 병원업무에 추가하여 임상업무가 획기적으로 늘어날 수밖에 없는 것은 필연적 귀결이다. 중국 정부가 이러한 추세를 놓칠 리가 없다. 그들은 앞서 설명한 바와 같은 전략적 바이오 연구지원, 핵심기술 바이오 벤처 육성, 첨단 바이오 정보 수집에 추가해 임상의학 분야도 그 전략적 중요성을 인정해 과감한 지원을 함으로서 바이오산업 혁명의 전주기적 인프라 구축을 실현하고 있다.

상해교통대학교 의과대학은 최근 임상의학 분야를 획기적으로 확대하고 있는 명문대학의 사례이다. 동 대학은 1952년 설립 후 4개의 대학을 통폐합하면서 종합대학으로 성장하는 과정을 거쳐 특히 2000년 이후부터 의과대학을 집중적으로 확대해 임상 수요 증가에 대비해 온 대학이며 현 위생부장(보건사회부 장관)이 동 대학 출신이다.

동 의과대학은 상상하기 힘들 정도의 거대한 의과대학으로 급성장했는데 2만 1000여 명의 스태프(인턴/레지던트), 595명의 정교수, 1366명의 부교수, 1000여 명의 대학원생이 재적하고 있다. 또한 동 대학 부속병원은 12개나 되는데 각 병원이 300병상 이상의 대형병원이다. 선진국에서 의과대학 부속병원의 수는 일반적으로 1개 내지 2개 정도이니 12개의 부속병원은 중국에서만 가능할 것이다.

이뿐 아니라 임상을 지원하기 위한 기초의학 분야의 연구소로서 '건강과학연구소'를 동 대학 부설연구소로 2002년 설립했다. 특히 이 연구소는 기초과학 분야와의 협력을 필요로 하기 때문에 중국과학원 상해생명과학연구소와 협력하여 공동으로 설립되었다. 이 연구소는 전술한 12개의 부속병원과 긴밀한 협력으로 운영되는데 임상 현장에서 일어나는 문제의 해결이나 그 원인 규명을 위한 기초연구를 수행하고 있다. 임상 현장의 문제를 생명공학적 기초과학 측면에서 연구 분석하여 그 결과를 의료 현장에 되돌려 줌으로서 신약 개발을 중심으로 한 바이오기술 실용화를 촉진한다. 동 연구소는 현재 24개의 프로젝트를 추진하고 있는데 프로젝트별로 연구팀이 구성되어 있으며 팀별 연구책임자는 모두 미국이나 일본에서 두각을 나타낸 실적을 보유한 우수한 과학자를 유치해 임명했다.

이공계 대학으로는 중국 최우수 대학인 청화대학에서도 최근 임상연구 체제를 대폭 강화하기 시작했다. 우선 2004년에는 북경 시내 종합병원 2개를 흡수 합병하여 임상연구 체제의 기반을 갖추기 시작하고 연이어 2000병상의 거대한 부속병원을 북경시 북부에 건설하고 있다. 청화대학의 바이오 엔지니어링 분야는 이미 높은 수준의 연구 체제를 보유하고 있었기 때문에 새로이 구축하는 임상의학과는 기초과학 측면의 지원 협력관계 형성을 추진하고 있다.

중국은 이와 같이 거대한 규모의 임상 현장 구축, 임상과 연구가 일체화된 협력연구 시스템 정비, 해외로부터 최우수 연구팀 리더의 유치 등으로 최강의 바이오 기술 개발 체제를 완성함으로서 일본을 추월하는 연구 인프라를 구축한 것으로 평가되고 있다.

4. 우주개발 대국

위성 로켓 개발과 상용 위성 발사 서비스

2003년 10월 중국은 자력으로 유인 우주선 발사에 성공했다. 현재 독자적으로 유인 우주선을 발사할 수 있는 나라는 러시아, 미국, 중국 등 세 나라뿐이다. 유럽에서 우주선 발사에 성공한 나라는 프랑스, 영국 등 몇 개국이 있으나 자력으로 유인 우주선을 발사하는 데는 아직 도전하지 못했다. 무인 위성 로켓과 유인 위성 로켓은 다 같이 우주 공간에 쏘아 올리는 수송수단이지만 그 기술 난이도에는 매우 큰 차이가 있다. 유인 위성 로켓은 무엇보다 우주인이 살아서 귀환할 수 있어야 하기 때문에 로켓의 추진력과 크기는 물론 허용되는 가속도, 진동, 충격 등 모든 것의 안전도가 대폭 높아져야 한다. 안전성 기준만 비교해도 유인 위성 로켓은 100배 이상 높은 안전도를 요구한다.

이러한 매우 높고 엄격한 기술 기준을 만족해야하는 유인 위성 로켓을 독자적으로 개발 운영 하고 있는 중국의 우주기술 수준은 의심할 여지없이 세계 최상의 수준이라 할 수 있다. 그리고 중국은 우주개발에 계속적으로 박차를 가하고 있어 2008년 9월 25일에는 최초로 우주인이 우주선 밖으로 나와 움직이는 우주 유영에 성공했다. 중국의 유인 우주선은 하늘이 내린 선박이란 의미로 '신주(神舟)'라 하는데 중국인 우주 비행사가 신주 7호의 해치를 열고 우주 공간에 나오는 순간이 생중계로 중국 전역에 방영되었다. 우주 비행사의 일거수일투족을 그대로 생방송으로 전국에 방송한다는 것은 진실로 중국의 우주기술에 대한 자신과 긍지의 표출이었다. 한국이 무인 위성 로켓 한 개도 성공하지 못하고 있는 현실과 비교하면 하늘과 땅 차이로 보인다. 이를 보고 아직은 우리 민생기술이 중국에 앞서 있다는 말을 할 수 있을지 의심스럽다.

그 우주 유영에 의해 우주개발에 연관된 당장 무슨 구체적인 성과가 이루진 것은 아니다. 국제 우주 스테이션 활동에 참가해 각국이 협력하여 수행하고 있는 우주개발 실험이나 작업처럼 구체적인 목적이나 의미를 갖는 단계까지는 아직 이르지는 못했다. 그러나 다른 나라들은 여러 나라가 협력하여 유인 우주 활동을 추진하고 있는데 비해 중국은 독자적으로 그러한 우주개발 활동을 시도하고 있다는 것은 주목해야 할 점이다.

중국의 우주개발은 1956년 '국방부제5연구원'의 설립으로 시작되었다. 동 연구원을 설립함으로서 모택동이 주창한 '양탄1성(兩彈一星)' 프로젝트가 본격적으로 출범하게 되었다. 양탄(兩彈)은 원자탄과 수소탄을 의미하고 일성(一星)은 인공위성을 의미한다. 1950년대 후반부터 중-소 관계는 악화되기 시작했다. 소련과 미국이란 양대 최강국 사이에서 중국은 독자적인 안전보장을 추구하는 길을 선택했다. 중국의 독자적 방위력 확보를 위해 모택동이 최우선적으로 착수한 사업이 핵무기와 우주개발이었다.

1960년 상해 시 교외에서 중국 최초의 액체 로켓 발사가 성공적으로 이루어졌다. 그리고 그 10년 후인 1970년에는 중국 최초의 인공위성인 '둥팡훙(東方紅)'의 발사에 성공했다. 중국은 우주기술을 군사력의 확보라는 관점을 넘어서 '국가 기간기술'로서 민생기술에 광범한 영향력을 미치는 기술이란 인식을 갖고 국력을 다해 추진하고 있다. 최근에도 연간 로켓 발사 회수를 6~10회를 유지하고 있다. 또한 중국은 야심적인 달 탐사계획을 추진하고 있는데 2010년에도 두 번째 달 주위 회전 위성을 발사했다. 유인 위성 사업 계획은 달 탐사뿐 아니라 독자적 우주 스테이션 건설도 포함되어 있다. 금년(2011년) 9월 29일 '천궁(天

宮)' 1호의 성공적 발사는 하늘의 궁전 즉 우주 스테이션의 독자적 건설을 시작한 최초의 한 발짝이었다.

중국의 우주 로켓 개발 사업인 '장정(長征, Chang Zheng) 시리즈(series)'는 2010년 3월까지 123회의 발사 실적을 확보했다. 그 중 실패는 단 9번뿐이어서 그 성공률이 다른 우주개발 선진국과 동등한 90% 이상이다. 2009년 8월에 3단 엔진에 문제가 있어 궤도 진입에 실패한 사고가 발생하기까지 그 전 12년간은 실패가 없었다. 이는 장정 로켓의 신뢰도가 매우 높다는 것을 입증한다. 우리는 우주 로켓 발사 한 번 성공도 그렇게 어려운데 중국은 한 해에 열 번이나 성공적으로 쏘아 올린다니 중국의 기술력 진보에 경의를 표할 뿐이다.

우주 로켓 발사 성공의 실적이 쌓여 가면 그 로켓에 관한 국제적 신뢰성이 높아가고 신뢰성이 높아지면 상업용 발사 서비스가 가능해 진다. 상업용 발사 서비스란 의뢰자의 화물인 인공위성을 원하는 날짜와 장소에 확실히 운반해 주는 서비스이다. 인공위성의 발사를 원하는 나라는 세계시장에서 서비스를 제공할 수 있는 국가의 사정과 자기 나라의 요구조건이 맞을 경우 상업용 발사 의뢰가 성사된다.

상업용 발사 서비스에 있어 가장 중요한 것은 신뢰성이다. 인공위성 개발에는 통상 수천억 원이 투자되는데 로켓에 미세한 결함이라도 발생하여 발사가 실패하면 인공위성에 투입된 투자는 쓰레기통에 쓸어 넣은 것과 마찬가지가 되고 만다.

중국은 이미 3건의 상업용 인공위성 발사 서비스를 성공적으로 마쳤다. 2007년에 나이지리아 위성, 2008년에 베네수엘라

위성, 2009년에 인도네시아 위성 발사를 성공했다.

독자적 위치측정 위성 시스템(GPS) 개발

우주기술 중에서 우리의 일상생활과 가장 밀접하게 연관되어 있어 필수 불가결하다고 느낄 수 있는 대표적 사례는 GPS(Global Positioning System) 기술이라 할 수 있다. GPS란 인공위성을 활용해 지구의 전 지역을 대상으로 위치정보를 제공하는 서비스 시스템을 말하는데 위치측정 인공위성 즉 측위위성(測位衛星)과 자기가 보유한 통신 단말기 사이의 교신에 의해 우주에서 측정한 자기의 위치와 정확한 시간을 동시에 알려주는 시스템을 말한다.

전 세계의 수많은 자동차에 달고 다니면서 경이로울 정도로 편리하게 사용하고 있는 카 내비게이션이나 스마트 폰에 입력된 내비게이션 기능은 GPS의 위치측정 서비스 기능에 지도표시 기능을 결합해 운행을 안내하는 기능이다. GPS는 자동차뿐 아니라 하늘을 날아다니는 모든 항공기와 그들의 관제 시스템 등 민생 분야는 물론, 날아가는 미사일이나 움직이는 탱크, 잠수함 등의 위치 추적과 같이 군사 분야에서도 광범하게 사용되고, 범죄 문제 해결 등 경찰과 사법 분야에도 없어서는 안 될 수단이 되었다.

위치측정 위성 즉 측위위성(測位衛星)을 최초로 개발한 기관은 미국의 국방성(DOD)인데 1973년에 GPS 시스템을 개발해 군사 목적과 민생 목적을 구분해서 서비스를 제공했다. 군사 목적은 위치 정밀도가 높은 20 m 이하 오차의 정보를 제공하고 민생용은 위치 오차가 100 m 이상의 낮은 정밀도의 위치정보를 제공했다. 그런데 100 m 이상의 오차는 카 내비게이션 등 일반 민생용 목적 기기의 실용화에 적용하기에는 정밀도가 부족했다. 일례로 자동차가 복잡한 도로에서 운행하는데 100 m 이상의 위치 오차가 있어서는 사고의 위험이 있었기 때문에 내비게이션을 실용화는 것은 불가능 했다. 그래서 클린턴 대통령은 2000년부터 GPS 시스템에서 군 – 민간의 차별화된 위치정보 서비스 관행을 철폐하도록 조치하여 20 m 이하 수준의 높은 정밀도로 서비스하게 했다. 이로서 카 내비게이션 등 여러 가지 민생 목적의 기기에 GPS 위치정보 사용이 2000년 이후부터 급진전하게 되었다.

  GPS는 지구를 둘러싸고 있는 측위위성 31기로 구성되어 있는데 지구 어디서나 작은 단말기 하나로 측위위성과의 간단한 통신을 통해 자기의 위치를 20 m 이내의 오차로 알려 준다. 그런데 더 놀라운 것은 미국이 이러한 서비스를 무상으로 제공하고 있다는 것이다.

  미국의 GPS 시스템 서비스를 무상으로 제공받아 전 세계에서 다양한 용도로 편리하게 사용하게 된 것은 매우 고마운 일이었다. 그러한 클린턴 대통령의 조치로 각국은 민생용 GPS 서비스의 정밀도를 군용 수준으로 올리는 데는 정밀도열화장치를 제거하는 간단한 방법으로 가능했다는 기술적 비밀을 알게 되었다. 미국 국방성은 정밀도가 높은 군사용 GPS 서비스 통신에 간단히 노이즈 전파를 섞는 방법으로 정밀도를 낮추는 정밀도열화장치를 사용하고 있었던 것이다. 이는 미국이 마음만 먹으면 GPS

서비스 중단은 간단히 이루어질 수 있다는 것을 의미하고 그렇게 될 경우 한 나라의 총체적 교통체계가 일시에 무너질 수 있다는 것을 알게 된 것이다. 더욱이 공짜로 서비스를 이용하고 있으니 서비스를 갑자기 중단해도 그에 대항할 방법이 없다는 것을 의미한다. GPS는 이미 수많은 자동차와 항공기 운행에 있어 필수 불가결의 수단이 된 것은 물론 범죄 수사와 군사 분야에서의 무기체계 운용에도 불가결의 수단이 되어 있기 때문에 GPS 서비스 중단은 곧 국가기능 마비를 의미하게 되었다. 이는 미국이 핵무기에 버금가는 또 하나의 강력한 기술 패권 수단을 갖게 되었다는 것을 의미한다. 이에 강대국들은 독자적 GPS 시스템 확보를 시작하는 움직임을 보이고 있다. 그러나 약소국들이 수십 기의 측위위성을 독자적으로 확보한다는 것은 상상도 할 수 없는 일이기에 이는 속수무책일 수밖에 없다.

각국의 움직임을 보면 러시아는 GLONASS(Global Navigation Statellite System)라는 측위위성 시스템을 구축하고 있는데 작년(2010년)까지 이미 18기의 측위위성을 쏘아 올려 지구 주위에 배치했으며 앞으로 지구 전체를 커버하는데 필요한 24기까지 배치할 계획이다. 또한 유럽은 2003년부터 Galileo계획을 개시했는데 기술적 문제와 경제적 문제로 일시 중단하고 있으나 2012년부터 재개하여 2014년부터 서비스를 개시할 계획이라 발표했다.

중국은 역시 강대국의 입장을 취하여 2000년부터 독자적 측위위성 확보계획을 시작했다. 이미 5기의 측위위성 '베이더우(北斗)'를 쏘아 올렸으며 2012년부터는 아시아태평양지역을 대상으로 하는 서비스를 개시할 계획이고 2020년까지 전 지구를 커버하는 GPS 시스템을 구축할 계획이다.

우주개발을 소프트파워 지지대로 자원외교에 활용

2007년 5월 상해에서 아프리카 개발은행 정기총회가 개최되었다. 아프리카의 53개국을 포함한 77개 가맹국의 각료 및 중앙은행 총재가 참가한 대규모 회의였다. 중국은 아시아에서 처음으로 동 회의를 유치했으며 아프리카 이외에서 개최되는 것은 두 번째였다.

원자바오 수상이 회의장에 나타나고 아프리카의 대표들이 거의 다 출석한 시점에 타이밍을 맞추어 깜짝쇼 발표가 있었다.

'지금 막 발표된 뉴스를 소개합니다. 중국의 장정 로켓은 나이지리아 통신위성의 발사에 성공했다고 합니다. 중국과 아프리카 간의 우호적 협력을 상징하는 우주 프로젝트가 지금 막 성공했습니다!'

우주개발의 소프트파워가 때맞추어 터져 나온 훌륭한 장면이었다. 회의장에 있던 아프리카 제국의 수뇌 진들은 우레와 같은 박수로 화답했다. 중국은 우주 선진국으로서의 위상을 십분 발휘하는 소프트파워 방식으로 자원외교를 수행하고 있었다. 이러한 돌파력을 갖춘 프레젠테이션 능력을 바탕으로 중국은 그들의 현실 문제인 '자원외교'에 성공적인 결실을 맺어가고 있다. 그 몇 가지 사례를 살펴보면 다음과 같다.

당초 나이지리아는 영국의 Surrey Satellite Technology 사에서 통신위성을 공급받으려 했다. 그런데 2004년에 돌연 영국에 등을 돌리고 중국과 통신위성의 개발, 발사 및 지상국 운영 요원 양성 등을 포함하는 포괄계약을 체결했다. 중국은 그것을 발판으로 나이지리아의 석유자원에 파고들어 유전 매수 계약 및 정유공장 설치권 획득 등을 이루어 내었다. 그런데 그 통신위성이 2008년 11월 태양전지 패널의 고장을 일으켜 현재 궤도상에서 가동 중지되어 있는 불행한 일이 발생했다. 한국도 과거 대통령이 나이지리아를 방문하여 석유자원 개발권을 확보하려고 거액의 원조 자금을 제공한 일이 있었다고 한다.

또한 2006년에는 베네수엘라와 통신방송위성과 재해감시위성의 공급 협정을 체결했다. 중국이 인공위성 제작은 물론 로켓 발사 서비스까지 함께 포괄적으로 제공한다는 내용이다. 중국은 그뿐 아니라 나이지리아의 경우와 같이 베네수엘라의 유전개발 우선권을 획득하고 그로부터 생산되는 석유를 유리한 조건으로 도입하도록 합의했다.

중국의 우주개발은 중국 인민을 고무시키고 국위선양을 피부로 느끼도록 세심한 배려를 한다. 2007년의 나이지리아 통신위성 발사 때와 마찬가지로 2008년 9월 25일의 신주7호의 우주 유영 때도 의미 있는 타이밍에 맞추려고 무척 노력한 흔적이 보인다. 2008년 9월 25일은 바로 한 달 전에 베이징 올림픽이 끝나 큰 잔치를 마친 후의 허탈감을 메워 주는 한편 중국의 개혁개방 30주년 겸 건국 기념일이 되는 10월 1일 직전에 타이밍을 맞추었다. 생중계 되는 신주7호는 국민의 눈과 귀를 사로잡았다. 전 국민은 우주비행사의 일거수일투족에 시선을 집중했다. 해지를 열고 우주비행사가 천천히 우주공간으로 나와 중국 국기를 힘차게 흔드는 장엄하고 영웅적인 모습을 텔레비전은 생생하게 방영하고 있었다. 중국도 이제 자력으로 우주 유영을 이루어 냈다는 자랑스러운 순간이었다. 그 후 이 순간의 영상을 몇 번이고 다시 방영했다. 신주7호가 무사히 지구에 귀환하는 시점은 건국 기념일 직전에 맞추었다. 우주개발의 소프트파워가 중국의 국위선양과 인민의 단결 강화는 물론 과학기술 개발에 대한 국민의 절대적 지지를 이끌어 낸 것이었다.

위대한 달 탐사계획

중국어로 '창어(嫦娥/상아/Chang'e)'는 아름다운 여인이란 뜻인데 달에 살고 있는 전설의 선녀를 말한다. 중국은 달 탐사 위성의 이름을 '창어'라 하고 2007년 10월 24일 중국 최초의 달 탐사위성인 '창어1호'를 성공적으로 발사했다. 창어1호는 무사히 달 궤도에 진입하여 달 주위를 1년 반 동안 선회하면서 달 표면을 상세히 조사한 후 달 표면에 낙하했다.

창어2호는 2010년 10월 1일에 발사되어 달 궤도에 진입 후 달 주변 선회를 계속하고 있다. 창어2호에는 해상도 10 m의 고성능 CCD카메라가 장착되어 있고 고도 100 km의 저공궤도로 선회하고 있어 달 표면에서 인간이 사용 가능한 수준의 상세 지도 작성이 가능할 것이다.

창어3호는 2013년에 발사할 계획인데 120 kg 중량의 무인 월면차를 달 표면에 연착륙시켜 10 km 정도를 움직여 보는 것이고, 창어4호는 2017년경 발사할 계획인데 무인 우주선을 달 표면에 연착륙시킨 후 월면차로 흙과 돌을 채취한 후 그 우주선을 지구까지 귀환시키는 계획이다. 이렇게 무인 우주선의 계획은 끝나고 그 이후는 유인 우주선을 계획하고 있는데 빠르면 2025 ~ 2030년경으로 예상하고 있다.

5. 중국식 기술혁신 전략

중국식 수직분열형 기술혁신 체제

국가연구기관이나 대학의 연구개발 결과를 근거로 기업화에 성공하여 기술혁신을 이루기까지 이끌어 가는 과정은 매우 험난하고 어려운 과정으로 대부분의 후진국이 이 최종 기업화 개발과정에서 실패하기 때문에 기술혁신에 좌절하고 만다. 따라서 중국이 어떤 전략을 택했기에 기술혁신에 성공하고 있는지는 매우 큰 관심의 대상이 될 수밖에 없다.

중국은 중국만이 구사할 수 있는 '수직분열형' 기술혁신 전략으로 이에 대처하고 있다. 수직분열형이란 하나의 제조기술을 그에 속한 하부 요소기술로 세분하여(수직분열) 개발 전략을 짜는 것을 말한다. 예를 들면 자동차 제조기술을 엔진, 타이어, 바디 등으로 세분하여 개발 전략을 짜는 것이다. 이렇게 세분한 후 요소기술별로 자체개발이 가능한 기술과 자체개발이 불가능해 외부에 의존해야 할 핵심기술 등으로 분류해 개발전략을 짠다. 문제는 핵심기술 부분을 어떻게 해결할 것인가이다. 이에 비해 핵심기술을 포함하는 모든 요소기술을 자력으로 개발하는 것을 '수직통합형' 방식이라 한다.

　중국은 모든 핵심기술을 자력 개발로 해결하는 것은 시간이 걸리고 어려운 것이기 때문에 돌아가는 전략을 구사하고 있다. 중국이 갖고 있는 결정적 강점인 방대한 내수시장과 염가의 생산력을 미끼로 핵심부품을 선진국 기업이 중국에 들어와 생산 공급토록 유도하고 있다. 즉 전체 부품의 조립은 자사에서 하되 자체 기술이 없는 하위 계열 핵심부품은 선진국 기업이 중국에 들어와서 생산 공급토록 하는 수직분열 전략을 구사하고 있다. 핵심부품 공급을 의존하는 외국 자회사라 해도 일단 중국 영토 내에 들어와 있기만 하면 시간이 지나면 기술 자립할 수 있다는 계산이다.

　중국의 자동차 시장은 이미 세계 최대 규모로 커졌으며 중국 자동차 메이커는 국내시장의 절반을 공급할 정도로 급성장했다. 그런데 자동차의 핵심부품인 엔진기술은 자력개발하지 않고 외국인 투자 회사를 유치하여 공급받고 그것을 다른 부품과 조합하여 자동차를 생산하고 있다. 에어컨의 경우도 마찬가지이다. 핵심부품인 컴프레서(공기압축기)는 외국인 투자 회사에서 조달하고 있다. 이와 같이 최종 조립 및 판매는 자사에서 담당하나 기술요소별로 나누어 개발하기 어려운 컴포넌트(부품)는 선진국 기업에서 공급받아 제품 개발을 완성하기 때문에 기업화 속도가 매우 **빠르고** 연구개발 투자도 대폭 감소되는 이점을 갖고 있다. 짜깁기해서라도 우선 생산 능력을 갖추어 경제가 돌아가도록 해 놓고 부족한 핵심기술 부분은 시간을 갖고 차츰 해결하는 전략이다. 그러나 부가가치가 가장 높은 코어(core) 부분이 **빠졌다**

는 근본적 문제도 내포하고 있다.

일반적으로 선진국은 후진국에 핵심기술을 이전하기 꺼려한다. 그래서 핵심기술에 관한 한 후진국은 선진국이 '팔아주기'를 간절히 바라는 약자의 입장에 서게 마련이다. 그런데 중국의 경우는 그와는 반대로 오히려 기술을 '사준다.'는 강자의 입장에 서 있는 현상이 벌어지고 있다. 이는 중국 기업의 배후에 있는 크나 큰 버팀목 즉 거대한 시장과 유능한 기술관료의 전략이 담긴 국가지원 정책이 존재하기 때문이다. 거대한 시장의 위력은 핵심기술을 보유한 선진국 기업의 입장을 대폭 약화시킬 수 있다. 중국은 그 강점을 이용하여 거대한 시장을 노리는 외국 투자 기업을 끌어들이고 그들 간의 경쟁을 유발함으로서 핵심기술 확보를 손쉽게 이루어 가고 있다.

그러나 제품의 품질에 결정적 영향을 미치는 핵심기술을 자체 개발하지 않고 수직분열 방식으로 끼워 맞추어 비즈니스에 성공했다고 하여도 기술개발력 자체가 선진국 수준으로 향상한 것은 아니기 때문에 기술혁신 체제가 제대로 갖추어졌다고는 할 수 없을 것이다.

이러한 기술혁신 모델은 품질은 부족하지만 가격 경쟁력이 있어 팔릴 수 있는 제품 생산은 가능할 것이고 팔리면 그 돈으로 다시 만들 수 있어 부족한 부분을 차츰 해결할 여유를 갖는다는 전략이다.

중국 정부의 3단계 기술혁신 체제 강화 전략

중국 정부도 이러한 문제를 잘 알고 있어 1985년 이후 3단계

발전 전략을 추진하고 있는데 그 큰 방향은 국가가 기술혁신의 주역으로서 모든 것을 독점하던 사회주의 방식에서 경쟁적 환경 속에서 기업이 기술혁신의 주역을 담당하는 시장경제주의 방식으로 일대 전환하는 것이다.

제1단계 조치는 1985년 등소평이 취한 조치로 기술혁신의 모든 과정을 담당하던 중국의 거대한 국가연구개발조직에 있어 경쟁력을 상실한 연구기관을 과감히 폐쇄하는 내용이었다. 특히 이윤 창출과 직결된 산업기술로서 기업에서 개발해야 타당한 부분을 담당하던 연구기관을 과감히 정리하려 했다. 이로서 국가연구기관은 기초연구에 보다 충실한 쪽으로 역할을 전환했다.

제2단계 조치는 1992년의 벤처기업 창업 촉진 조치였다. 이는 대학이나 국가연구기관의 기초연구 결과를 경쟁적 시장경제 환경 속의 기업으로 옮겨가서 기업화 및 산업화를 이루어 내는 시장 경제적 기술혁신 방식에 도전토록 하려는 의도였다. 이때를 시발점으로 대학이나 국가연구기관 주변에 벤처기업 설립이 가속화되었고 거대한 사이언스파크들이 형성되기 시작했다. 이 조치는 중국처럼 우수한 기술관료 조직이 존재하여 제대로 된 전략을 구사할 수 있을 경우에 성공한다고 생각된다. 1990년대 말에 우리도 이 전략에 도전했으나 역부족임을 실감했다.

제3단계 조치는 1998년의 '과학흥국(科學興國)' 조치였다. 이는 앞서 말한 수직분열형 기술혁신 체제의 완성으로 중국 나름대로의 하이테크형 기술혁신 체제를 완성하는 조치였다. 이는 대학이나 국가연구소의 연구결과가 기업에 이전되어 기업화에 성공함으로서 기술혁신 전주기를 완결하는 단계의 조치를 의미한다. 대부분의 후진국은 이 단계에서 좌절하고 말아 과학으로 국부를 이루는 '과학흥국'을 실감하지 못하는데 중국은 거대한 시장의 힘과 과학 우선 국가정책으로 이를 나름대로 극복했다. 이 과정에서 핵심기술을 자력으로 해결하는 중요 단계를 우회했다는 결점을 안게 되었으나 우선 국부를 이루는데 결정적 기여를 했다는 것이 더 중요한 의미를 갖는다. 경제가 발전하면 연구개발비의 증액이 가능하고 연구비의 증액은 시간이 지나면 핵심기술 자력개발 문제를 해결할 수 있기 때문이다.

　이러한 중국식 '과학흥국' 조치는 기업주도의 기술혁신 체제 구축을 가능케 했다. 대학이나 국립연구기관의 기술 씨앗을 근거로 하이테크 기업이 다수 생겨나고, 그들이 그 씨앗을 길러 조기에 결실함으로서 자립하여 스스로 연구개발을 추진할 수 있게 되는 선순환이 이루어져서 명실공히 과학흥국이 달성된 것이다.

　이러한 선순환의 결과는 국가 총연구개발비 중 기업의 연구비 비중으로 확인할 수 있다. 중국은 이제 국가 전체 연구비의 70 %를 기업이 부담하고 있어 이는 선진국 수준의 비율에 달했음을 의미한다. 일반적으로 개발도상국의 기업연구투자 비율은 30 % 이하 수준으로 인도, 태국, 말레이시아 등이 그러하다.

6. 돈이 넘쳐나는 연구개발 현장

연구비 투자 확대를 강력히 선도하는 정부

계속 확대되는 무역흑자, 대량으로 유입되는 외화 유동성 등에 의해 중국의 외화 준비고는 2006년에 일본을 추월하여 세계 1위 자리를 차지했다. 2009년 말 중국의 외화 준비고는 2조4천억 달러로 일본의 2배 이상이었다. 또한 2010년에는 GDP가 일본을 추월하여 미국 다음의 세계 제2위의 경제대국에 군림하게 되었다. 중국 대부분의 과학기술자들은 연구비가 풍족하다고 느끼고 있다. 연구개발에 필요한 자금은 언제나 손쉽게 지원받을 수 있다고 한다.

중국은 2000년대 들어 정부의 연구비 투자를 매년 20%씩이나 증가시키는 초고속 투자 확대를 이루고 있다. 중국의 정부 연구비 투자는 2003년의 500억 위안(약 8조 원)에서 2008년의 1100억 위안(약 18조 원)으로 5년 만에 2배 이상 증가되었다. 이 기간 동안에 중국 정부는 우리 정부의 연구비 투자액(약 15조 원)을 추월하고 말았다.

이러한 정부연구비의 초고속 증가는 중국 정부의 연구비 투자 확대에 대한 특별한 의지 때문이다. 중국 정부는 재정 수입 증가 속도보다는 연구비 투자 증가 속도가 확실히 빨라야 한다는 의지를 법으로 명문화하는 매우 보기 드문 특별 조치를 취했다. 어느 나라에서도 특정 예산 항목의 증가 속도를 법으로 명문화하는 사례는 찾기 힘들다. 1993년에 제정된 중화인민공화국과학기술진보법(中華人民共和國科學技術進步法)에는 다음과 같은 규정을 명문화했다. '국가 재정에 있어 과학기술경비의 증가율은 재정수입의 성장률을 상회해야 한다.' 이뿐 아니라 중국 정부는 민간 투자를 포함한 국가 전체의 연구개발비 투자 증액 목표를 정책 선언하는 조치도 취했다. 2007년 정책 발표에 의하면 국가 전체 연구개발비의 대 GDP 비율을 2007년의 1.4%에서 2020년까지 2.5% 이상으로 증액할 것이라 선언했다.

중국 경제는 연 10%대의 성장속도를 지속하고 있는데 그에 비해 연구개발 투자의 증가율은 그 두 배에 해당하는 연 20%대라는 경이적인 확대를 지속하고 있다. 2007년의 미국의 연구개발 투자는 한화로 약 600조 원, EU가 490조 원, 일본이 270조 원, 중국이 84조 원으로 세계 4위였다. 주목해야 할 점은 과학기술 투자규모의 성장속도다. 2008년에는 20%를 넘는 24.4%로 증가했는데 이는 중국 정부가 창신국가(創新國家)라는 슬로건을 내어 걸고 과학기술에 기반을 둔 국가 발전을 추진하고 있기 때문이다. 중국이 이런 속도로 연구투자비 확대를 지속하면 2015년경에는 일본을 추월할 것이라 예상된다.

'국가자연과학기금위원회(國家自然科學基金委員會)'는 중국의 자연과학 분야의 연구활동을 지원하는 기관이다. 즉 기초과학 분야의 학술연구 활동을 지원하는 최대 기관이다. 학술연구 분야 이외의 연구활동에 대해서는 과학기술부, 교육행정부 등 각 부처에서 지원한다. 국가자연과학기금위원회의 예산은 2010년에는 한화로 약 1조 5000억 원(90억 위안)이었는데 연간 25%

씩 급증하고 있어 3년마다 두 배로 증가하는 속도다. 이는 중국이 이제부터 기초과학 분야의 연구비를 빠르게 증액하는 조치를 취하고 있다는 것을 보여준다. 중국의 기초과학 분야 연구비 비율은 현재 약 5% 수준인데 이는 선진국 수준인 14~24% 수준에 비하면 낮은 수준이었다. 기초과학을 강화하는 것은 모방에서 창조로의 전환을 가속화 하고 원천기술의 확보 능력을 강화하겠다는 의지로 해석된다.

중국에서는 최근에 '창신(創新)' 또는 '자주창신(自主創新)'이란 말을 자주 들을 수 있다. 이노베이션을 의미하는 창신은 제11차 5개년계획(2006 ~ 2010년)에서 가장 많이 눈에 띄는 슬로건 이었다. 2020년까지의 국가 과학기술정책의 기본방향을 규정한 '국가 중장기 과학기술발전 규획강요(規劃綱要/계획요강)' 또는 후진타오 주석 및 원자바오 수상의 연설에도 자주 사용되는 용어이다. 원자바오 수상의 연설에 등장한 사례를 보면 '자주 창신 능력의 향상과 창신형 국가의 건설은 국가 발전 전략의 중핵이며 종합 국력 향상의 키포인트입니다.'라고 했다. 이와 같이 창신은 차세대를 향한 국가발전의 중요 전략으로 인식되고 있다.

가속화 되는 최첨단 연구 인프라 구축

요즈음 세계 최첨단 연구기기 메이커들은 뜨겁게 달아오르는 중국 시장으로 모여들고 있다. 대당 약 20억 원 수준인 DNA-시퀀서(DNA sequencer)는 요즈음 생명공학 연구에 필수 불가결한 연구 장비이다. 그런데 일본 최고의 기초과학연구소인 이

화학연구소는 이 장비를 5대 보유하고 있는데 중국과학원의 북경게놈연구소는 30대나 보유하고 있다. 암 진단용으로 사용되는 최신 장비인 PET(Positron Emission Tomograph)는 임상의학 연구에 필수장비이다. 미국은 이를 약 3000대 정도 보유하고 있으며 일본은 그 15분의 1인 약 200대인데 중국은 2005년부터 급속히 도입하기 시작하여 2007년에는 약 100대 정도로 불어났으며 2011년에는 일본과 비슷한 수준인 200대로 추산되고 있다. 또한 단백질의 입체 구조 분석 등에 사용되는 약 10억 원 정도의 고가인 분석기기인 NMR(핵자기공명) 장치는 도처의 연구실에서 최근에 구입하여 새로 설치된 것을 볼 수 있다.

중국의 연구소나 대학에는 국가가 중점적으로 연구비를 투자하는 연구센터로 지정한 '국가실험실(國家實驗室)'이 9개가 있다. 그 중의 하나가 우리가 이제부터 건설하려는 장치와 같은 가속기 장치이다. 상해응용물리연구소에서는 약 2400억 원(14억 위안)을 투자하여 2010년에 완공한 가속기를 국가실험실로 지정받아 보유하고 있는데 약 20만 평방미터의 대형 부지에 건설되었다. 이와 같이 중국의 연구 인프라는 급속히 최첨단 기기로 정비되고 있어 거의 선진국 수준에 접근한 것으로 보인다. 그러나 한 가지 문제점은 이들 고가 첨단 대형 연구기기를 원하는 대로 원활히 운용하는 능력 즉 소프트 인프라가 아직은 미숙한 수준이라는 점이다.

7. 맺는말

 중국은 기술대국을 향한 사자의 큰 울음처럼 즉 사자의 포효(咆哮)로 그 위세를 키워 가고 있다. 중국은 등소평이 구상한 '과학흥국(科學興國)'의 꿈을 향해 전력 질주해 왔으며 그 꿈을 제대로 이루어 가고 있다. 과학흥국은 그 시발점도 그 끝점도 우수한 과학기술 인재 확보라는 철학을 무엇보다 강력히 실천해 왔다. 그러한 우수한 인재들이 정부의 도처에 기술관료로 자리 잡고 제대로 된 정책과 전략을 구상해 집행했다. 그들은 등소평이 주장한 '과학기술은 제1의 생산력이다. 기술 기반 없이는 경제개발도 국제경쟁력도 수출도 이루어질 수 없다.'는 가르침에 따라 민생기술의 과학흥국(科學興國)을 이루기 위한 대장정을 시작했다. 그들은 그리고 드디어 G2 달성의 경이로운 위업을 이루었다. 중국이 한국의 기술 수준을 따라오려면 아직 멀었다는 얘기는 빗나가고 말았다. 모든 것은 사람이 이루는 것이며 최고급 인재가 넘쳐나는 한 기적적 발전은 일어날 수밖에 없는 것이다. 머지않아 중국이 모든 면에서 한국을 추월하고 말 것처럼 보인다.

 이에 비해 최근 한국에 만연되고 있는 이공계 기피 풍조는 심히 우려스러운 일이다. 우수한 과학자와 기술관료를 공급할 원천이 말라가고 있다. 더욱이나 국가 과학기술 발전의 원동력을 다루는 과학기술부를 폐지해 버린 것은 이해할 수 없는 처사라 생각된다. 과거에 중국은 한국의 과학기술 정책과 체제를 배워 갔으며 그것을 바탕으로 한국보다 훨씬 훌륭한 것으로 만들었다. 이제는 우리가 그들로부터 배워야 한다. 훌륭한 과학기술 체제를 다시 만들어야 한다. 그리고 중국처럼 최고급 인재로 그 자리를 메워야 한다는 것을 유념해야 한다.

찾 • 아 • 보 • 기

ㄱ

가트(GATT) ········ 31, 135, 136, 137, 138, 165
계몽사상 ················ 101, 102, 103
공정(公正)무역 ················ 73, 138
과학흥국 ················ 271, 272, 277
관세동맹 ················ 68, 136, 187
군국주의 ····················· 141, 175
규모의 경제 ············ 47, 50, 62, 86
기술이민 ··· 49, 63, 76, 113, 114, 206
기술이전 ·········· 41, 42, 63, 192, 245

ㄴ

나폴레옹전쟁 ······ 56, 57, 59, 60, 61, 66, 114, 177
남북전쟁 ····························· 105
낭트칙령(勅令) ························ 48
내연기관 ····················· 76, 79, 81
내향국가 ············ 169, 170, 171, 172
냉전체제 ··················· 20, 143, 196
노블레스 오블리주 ····················· 74
뉴딜정책 ······················ 133, 134

ㄷ

다이너미즘(Dynamism) ······· 25, 196
대륙봉쇄령 ························ 58, 59
더 포뮬러(The Formula) ············ 94

덤핑(Dumping) ···· 99, 138, 164, 165
독립전쟁 ························ 41, 102
동인도회사 ······················ 39, 100

ㄹ

라팔로 조약 ························· 214
러일전쟁 ···························· 158
레짐(regime) ······· 31, 135, 137, 171, 185, 192
로컨트리(Low Country) ······ 36, 39, 40, 41, 42, 43, 48, 49, 50, 77
리버럴리즘(Liberalism) ········· 166, 167, 168, 172

ㅁ

마셜 플랜(Marshall Plan) ······ 162, 223
마이너리티 레짐 시시스(Minority regime thesis) ····· 185, 187, 188, 192, 195
메이지유신(明治維新) ··············· 149
몽골리안 메모리(Mongolian Memory) ··················· 197, 201
무력주의 ····························· 150
무역관리령 ····················· 29, 99
무인 위성 로켓 ······················ 259
미-중 과학기술협력 ········ 234, 235,

236, 237, 238
밀리테크 헤게모니 ···················· 16

ㅂ

바르바로사작전 ······················ 217
바이오산업 ····················· 251, 256
바이오칩 ················· 250, 251, 252
바터경제 ································· 220
바터 시스템(Barter System) ··· 201
반연방주의 ····························· 105
반유태주의 ····························· 208
백년전쟁 ··················· 36, 40, 41, 43
뱅가드계획 ······················ 228, 229
베스트팔렌 조약 ················ 31, 209
베트남전쟁 ····························· 137
보스턴 차 사건 ················ 100, 101
보호주의 ·· 60, 98, 100, 101, 133, 135,
  136, 137, 138, 139, 164, 166, 167
볼셰비키혁명 ··························· 200
비관세 장벽(NTB) ···················· 138
비차별주의 ····························· 136

ㅅ

사회주의 ····························· 213, 271
산업혁명 ···· 19, 29, 35, 36, 40, 42, 44,
  49, 50, 51, 52, 54, 55, 62, 74, 75,
  79, 87, 88, 154, 219
30년전쟁 ············ 67, 69, 78, 149, 206
상쇄관세 ································· 138
상업용 인공위성 발사 서비스 ··· 261
상업이민 ································· 206

상표법 ···································· 72
상호주의 ··························· 136, 137
소득세법 제도 ··················· 132, 133
소프트파워 ······················ 265, 267
소프트 헤게모니 ······················ 16
수입 수량 할당제 ······················ 138
수직분열형 기술혁신 체제 ······· 268,
  269, 270, 271
스푸트니크 ·· 143, 218, 226, 227, 229
스푸트니크 쇼크 ···· 20, 23, 143, 227
스핀 오프 ····················· 23, 109, 110
스핀 온 ································· 24
시장경제주의 ························· 271
시파워 ···································· 38
신 보호주의 ········ 138, 139, 165, 166

ㅇ

아메리칸 시스템 ········ 106, 108, 109,
  112, 113, 115, 116
양산기술 ······················ 62, 63, 64, 65
에뮬레이션(Emulation) ·· 17, 18, 19,
  20, 21, 26, 32, 33, 40, 44, 54, 89, 92,
  105, 106, 112, 115, 148, 186, 188,
  215, 216, 218
연방주의 ······························ 105, 134
영미전쟁 ············· 107, 113, 115, 133
오스트리아전쟁 ··························· 177
오일쇼크 ··························· 164, 224
유레카 계획 ······························ 168
유인 위성 로켓 ··························· 259
이민법(移民法) ········· 29, 63, 77, 206

찾아보기 **281**

인공염료 ···· 70, 86, 87, 88, 91, 94, 120, 151, 196

ㅈ

자동차 자주 규제 ··············· 99, 101
자본주의 ···································· 19, 47
자원외교 ·· 265
자유무역 ································· 60, 138
자유무역 시스템 ························· 135
자유무역주의 ············ 31, 61, 64, 73
자유무역 체제 ·········· 34, 59, 60, 64
자유방임주의 ································ 135
자유주의 ·· 59, 98, 100, 101, 102, 131, 134, 135, 136, 137, 138, 164
자유주의 무역 ····························· 135
자주 규제 ······················· 98, 99, 165
재팬 배싱(Japan Bashing) ········ 16
적국 통상법 ······································ 97
제1차 세계대전 ···· 31, 61, 66, 73, 86, 97, 158, 159, 178, 182, 187, 189, 196, 211, 212, 213, 227
제2차 세계대전 ···· 20, 22, 31, 59, 94, 95, 96, 97, 138, 139, 141, 170, 188, 196, 205, 215, 216, 217, 221, 225, 230
종교개혁 ·· 179
종교전쟁 ······························· 192, 205
종합조사법 ·························· 109, 111
중상주의 ·· 31
증기기관 ······ 19, 52, 53, 54, 62, 76, 79, 80, 81

ㅊ

차조례(茶條例) ····························· 100
청교도혁명 ·· 47

ㅋ

카르텔 ································· 95, 213
카친의 숲 사건 ················ 216, 217
코콤사건 ························ 28, 29, 30
콘로(Corn Law) ··························· 60
크리미아전쟁 ············ 150, 157, 189

ㅌ

타운쉐트법 ····································· 100
탈냉전(脫冷戰) ···························· 196
태평양전쟁 ···················· 140, 158, 159
테크노 헤게모니 ···· 15, 16, 17, 18, 20, 21, 22, 23, 24, 26, 27, 94, 193, 194, 222, 226
통상보호법(通商保護法) ··············· 39
통상주의 ··· 150
트러스트 ·· 131
특허법 ········· 45, 65, 91, 93, 103, 187
특허소송 ·········· 82, 93, 118, 120, 123
특허 침해 소송 ···· 91, 120, 122, 165
특혜관세 제도 ················ 73, 134, 135

ㅍ

팍스 브리태니커(Pax Britanica) 19, 31, 32, 34, 35, 40, 58, 129, 132, 133, 151

팍스 소비에티카 ·················· 197
팍스 아메리카나 ·· 20, 23, 31, 132, 134
팍스 콘소르티스 ······················ 171
포괄 통상법 ······················ 167, 168
포에니전쟁 ································ 34
프라하의 봄 사건 ············· 222, 224
프라하 조약 ···························· 178
프랑스전쟁 ···························· 177
프러시안 커넥션 ·············· 202, 210
프로테스탄티즘 ························ 179
핑퐁외교 사건 ··············· 233, 234

ㅎ
하바나 헌장 ···························· 135

하이테크 이민 ···················· 48, 205
항해조례(航海條例) ··············· 39, 60
해구정책 ························· 239, 240
헝가리 동란 ····················· 222, 223
헤게모니(hegemony) ·· 21, 30, 32, 34, 61, 62, 64, 66, 67, 76, 134, 168, 169, 201, 221, 222, 223, 224
헤게몬(hegemon) ····· 32, 34, 56, 59, 61, 64, 132, 133, 134, 137, 154, 155, 164, 166, 167, 168, 169, 170, 171
헤지모닉(hegemonic) ················ 34
헤테로제니티(heterogenity) ······ 40
호환성 기술 ········ 106, 108, 115, 121
흑사병 사건 ······················ 207, 208

영문
BOP(Balance of Power) ····· 30, 31
GPS(Global Positioning System)
  ························ 262, 263, 264, 265
iPS(induced Pluripotent Stem-cell)
  ································ 245, 246, 247
NASA(National Aeronautics and Space Administration) ········ 23, 143, 227

테크노 헤게모니와 중국

2012년 1월 20일 1판 1쇄
2026년 1월 20일 2판 1쇄

저자 : 야쿠시지 타이조
역자 : 강박광
펴낸이 : 이정일

펴낸곳 : 도서출판 **일진사**
www.iljinsa.com

(우) 04317 서울시 용산구 효창원로 64길 6
대표전화 : 704-1616, 팩스 : 715-3536
이메일 : webmaster@iljinsa.com
등록번호 : 제1979-000009호(1979.4.2)

값 18,800원

ISBN : 978-89-429-2055-6

* 이 책에 실린 글이나 사진은 문서에 의한 출판사의
동의 없이 무단 전재 · 복제를 금합니다.